HELMUT SIEPMANN

PORTUGIESISCHE LITERATUR DES 19. UND 20. JAHRHUNDERTS IN GRUNDZÜGEN

HELMUT SIEPMANN

PORTUGIESISCHE LITERATUR DES 19. UND 20. JAHRHUNDERTS IN GRUNDZÜGEN

WISSENSCHAFTLICHE BUCHGESELLSCHAFT
DARMSTADT

Einbandgestaltung: Neil McBeath, Stuttgart.

Einbandmotiv: Costa Pinheiro, „Fernando Pessoa – Heterónimo“, 1978
(im Original vierfarbig).

Die 1. Auflage 1987 erschien als Band 65
der Reihe ›Grundzüge‹

Die Deutsche Bibliothek – CIP-Einheitsaufnahme

Siepmann, Helmut:
Portugiesische Literatur des 19. und 20.
Jahrhunderts in Grundzügen / Helmut Siepmann. –
2., überarb. Aufl. – Darmstadt: Wiss. Buchges.,
1995
ISBN 3-534-08794-1

Bestellnummer 08794-1

2., überarbeitete und erweiterte Auflage

Gedruckt auf säurefreiem und alterungsbeständigem Werkdruckpapier
Satz: Setzerei Gutowski, Weiterstadt
Druck und Einband: Wissenschaftliche Buchgesellschaft, Darmstadt
Printed in Germany
Schrift: Linotype Times, 9.5/11

ISBN 3-534-08794-1

INHALT

VORWORT ZUR ZWEITEN AUFLAGE

Die zweite Auflage dieser portugiesischen Literaturgeschichte des 19. und 20. Jahrhunderts gehorcht denselben Prinzipien wie die erste. Die positive Aufnahme durch das Publikum rechtfertigt die Kontinuität von Ansatz und Methode.

Die umfangreiche literarische Produktion der 80er und 90er Jahre und das Rezeptionsverhalten des portugiesischen Publikums machten für die neueste Zeit einige Modifikationen und Zusätze notwendig, denen u. a. ein neues Kapitel am Ende des Buches Rechnung trägt. Es gilt weiterhin, daß die Auswahl der Autoren und Werke keine Vollständigkeit anstrebt, aber Tendenzen innerhalb einer überaus lebendigen Literatur vermitteln will, die auch außerhalb Portugals mehr und mehr Anerkennung findet.

Für die Aktualisierung der Register danke ich Isabel Raposo.

Aachen, im Juni 1994 — Helmut Siepmann

VORBEMERKUNG

Die vorliegende Darstellung der portugiesischen Literatur des 19. und 20. Jahrhunderts soll Tendenzen der portugiesischen Literatur durchsichtig machen. Das geschieht exemplarisch an Autoren und Werken, die diese Tendenzen im besonderen Maße offenlegen können. Die Auswahl ist selbstverständlich subjektiv, versucht aber, dem Bild zu entsprechen, das ein literarisch interessierter Portugiese von den letzten zwei Jahrhunderten seiner nationalen Literatur hat. Besonders gegen Ende des Buches wird mancher über fehlende Namen enttäuscht sein. Die Nichterwähnung eines Autors soll keine Abwertung seines Werkes sein, sondern entspringt der Notwendigkeit, die dem Titel dieser Reihe entsprechenden Konturen zu erzeugen. Die Grundzüge der portugiesischen Literatur des 19. und 20. Jahrhunderts sollen kein literaturhistorisches Lexikon ersetzen.

Namen und Titel werden weitgehend der heute üblichen Schreibweise angepaßt, also O Céptico, O Misantropo, Afonso, Alcácer-Quibir statt O Scéptico, O Misanthropo, Affonso, Alcácer-Kibir u. ä. Selbständige Titel erscheinen kursiv, unselbständige wie z. B. Gedichtüberschriften werden wie Namen von Zeitungen und Zeitschriften in Anführungszeichen (« ») gesetzt. Herrschernamen werden nach portugiesischer Praxis zumeist mit dem Titel D. (Dom oder Dona) versehen und in portugiesischer Fassung zitiert.

Die Register wurden von Sabine Stante erstellt, der ich für ihre Mühe herzlich danke.

Aachen, im Mai 1985 H. S.

POLITISCHER LIBERALISMUS UND ROMANTIK

Das Ende der arkadischen Dichtung und der Beginn der Romantik

Portugals Literatur des 19. Jahrhunderts folgt wie die Literaturen der übrigen europäischen Länder zunächst den allgemeinen Bedingungen der Romantik. Die portugiesische Romantik ist zugleich eine literarische und politische Bewegung, die sich als liberale Erneuerung versteht. Ihre Hauptphasen erstrecken sich über den Zeitraum von 1835–1880, wobei mit den Jahren 1850 und 1865 markante Wendepunkte gesetzt werden können.

Vorläufer, die aus dem aufgeklärt-philosophischen Gedankengut des endenden 18. Jahrhunderts hervorgingen, aber die streng didaktische Mentalität klassizistischer Dichtung zugunsten einer freieren, persönlicheren Artikulation aufgaben, waren Tomás António Gonzaga (1744–1810) und José Anastácio da Cunha (1744–1787). Beide dichteten im Stil arkadischer Formen, beide benutzten die Hirtentravestie, aber ihre persönliche Situation, die Erfahrung leidenschaftlicher Liebe, ihr Konflikt mit der staatlichen Macht und der Inquisition auf dem Hintergrund der von ihnen rezipierten französischen Aufklärer drückten ihren Dichtungen den Stempel des aufklärerischen Geistes auf, der sich mit dem Ruf nach mehr Freiheit der liberalen Romantik näherte. José Anastácio da Cunha übersetzte neben englischen Autoren u. a. Schriften von Montesquieu und Voltaire. Seine Gedichte wurden erst 1839 publiziert. Die bekanntesten Gedichte Gonzagas sind die unter dem Titel *Marília de Dirceu* in drei Teilen ab 1792 veröffentlichten Liebesgedichte. Bohemienhafter Libertinismus kennzeichnet das äußere Lebensbild von Bocage (Manuel Maria de Barbosa du Bocage: 1765–1805), hinter dessen freizügigen Satiren und Pastoralgedichten die quälende Frage nach dem Tod, dem Nichts, der „ewigen Nacht“ als metaphysisches Problem erkennbar ist. Der zeitweilig agnostische Rationalismus verlagert das Interesse des Dichters auf das Diesseits, die Natur, die er in Form der exotischen Landschaft bei Bernardin de Saint-Pierre entdeckte (dessen *Paul et Virginie* er übersetzte) und die er auch in der Ruinendichtung englischer und französischer Provenienz goutieren konnte.

Der antik-klassizistische Geist bestimmt allerdings weiterhin die Literatur. Filinto Elísio (Francisco Manuel do Nascimento: 1734–1819) verbrachte viele Jahre bis zu seinem Tod in Paris, wohin er sich vor der Inquisition geflüchtet hatte. Dort schrieb er neben seinen klassizistischen Gedichten eine Poetik zur Verteidigung der klassischen Ideale der portugiesischen Sprache und Dichtung *(Da Arte Poética Portuguesa)*. Mit der Übersetzung von Chateaubriands *Martyrs* (*Os Mártires* – Paris 1816) öffnete er aber weiteren portugiesischen Kreisen den Zugang zu neueren Bewegungen der französischen Literatur: der epischen Gestaltung des christlichen Helden, der positiven Bewertung des Christentums und der Hinwendung zur spätantiken und frühmittelalterlichen Geschichte.

Wie die zeitgenössischen spanischen Dichter waren die Portugiesen zum Teil in der Emigration mit den Ideen, vor denen eine kurzsichtige Regierung das Land schützen wollte, erst richtig bekannt geworden. Die Marquesa de Alorna (1750–1839) erlebte die Französische Revolution in Marseille, war durch ihre Heirat mit dem Grafen von Oeynhausen mit Deutschland konfrontiert worden und lebte später über zehn Jahre im englischen Exil. Ihr Werk, das postum (*Obras Poéticas*, 1844 ff.) in sechs Bänden erschien, verarbeitet die in Europa verbreiteten Ideen Voltaires, Rousseaus und der Enzyklopädisten. Ihr kämpferisches Engagement wächst um so mehr, je schmerzlicher sie die Abgeschlossenheit der politisch-kulturellen Situation Portugals als geistiges Getto empfindet. Die Marquesa de Alorna wurde zum Ausgangspunkt des literarischen Geschmackswechsels. Sie machte die Portugiesen mit den nordischen, d. h. deutschen und englischen Literaturen bekannt. Sie übersetzte nicht nur Lamennais' *Essai sur l'indifférence en matière de religion*, sondern auch Popes *Essay on Criticism*, Grays *Elegy written in a Country Churchyard*, Ossian/Macpherson und Wieland. Sie setzte als «Mme de Staël portuguesa» den Dekor der Friedhofsstimmung und der mysteriösen Melancholie der Nacht an die Stelle der Klarheit klassisch-antiker Tradition. Sonette, Eklogen, Elegien und Epigramme bilden die Form für ihren dem Fortschritt und der Wissenschaft geöffneten Geist, der Fanatismus und Despotismus verachtet.

Allerdings litt die portugiesische Literatur noch stark unter der politischen und klerikalen Repression, die zum Verbot von Voltaires und Rousseaus Schriften *(Emile, La Nouvelle Héloïse, Confessions)* unter dem Marquês de Pombal geführt hatten, so wie schließlich auch Chateaubriands *Atala* verboten wurde. Das Eingreifen Napoleons in die portugiesische Politik, die Übersiedlung des Königshauses nach Brasilien brachten den Herrschenden eine Minderung ihres Ansehens, die der Entwicklung liberalen Gedankenguts zugute kam, dessen politische Artikulation der Revolution von 1820 schließlich unter Einbeziehung spanischer Vorbilder (Constitución de Cádiz) gelang.

1821 erschienen dann auch zwei portugiesische Übersetzungen von Rousseaus *Contrat Social*: anonym in Lissabon und in der Übertragung des Dichters Bento Luís Viana (1794–1823), der schon Chateaubriands *René* ins Portugiesische übersetzt hatte (Paris 1818), in Paris. Die Dichter, allen voran Almeida Garrett (1799–1854), lobten die neuen Freiheiten (vgl. *Lírica de João Mínimo* – 1829). Seine Gedichte wie «A Pátria», «A Liberdade», «Aniversário da Revolução de 24 de Agosto» usw. sind sicher noch dem klassischen Stil arkadischer Dichtung verhaftet, dennoch auch auf dem Hintergrund romantischer Freiheitsideale zu begreifen. Das neue Freiheitsgefühl bildet auch den Kern der ansonsten recht klassisch konzipierten Tragödie *Catão* von Garrett (1821), die mehrfach aufgeführt wurde. Der Erfolg des Stückes weckte im übrigen in seinem Autor den Ehrgeiz, die vernachlässigte portugiesische Dramatik neu zu beleben. Die Konterrevolution von 1823 führte Garrett einige Jahre ins Exil nach England und Frankreich. Jetzt brachten die Exilierten nicht mehr so sehr aufklärerische Ideen mit nach Hause, sondern den neu entdeckten „Geist des Mittelalters", die gotische Architektur, Türme, Schlösser, die englische Landschaft und das Mysteriöse, das Walter Scotts, der erst 1837 ins Portugiesische übersetzt wurde, und Byrons Werke kennzeichnet.

Während Garrett im Exil die Wende in der portugiesischen Literatur vom selbstgefälligen Arkadien zur sozialromantischen Erneuerung vollzog, dichteten die Daheimgebliebenen in den gewohnten Bahnen. Sein Zeitgenosse António Feliciano de Castilho (1800–1875) schrieb Idyllen, für die Bocage und der Züricher Dichter und Kupferstecher Salomon Geßner (1730–1788) das Vorbild waren. Joaquim Franco de Araújo Freire Barbosa hatte Geßners Werke übersetzt und mit dem Titel *Idílios e Poesias Pastoris de Salomão Gessner* in Lissabon veröffentlicht. Wenn Garrett den Autor des portugiesischen Nationalepos, Camões (1525–1580), zum Thema eines Gedichts in zehn Gesängen (Paris 1825) machte, so folgte er nicht nur einer europäischen Mode, die zur Übersetzung der *Lusiaden* (1572) ins Deutsche (1806 und 1833), Englische und Französische führte und die die ihnen entnommene Inês-de-Castro-Episode zur romantischen Theater- und Opernvorlage par excellence werden ließ, sondern er glaubte sich selbst im Schicksal seines Helden zu entdecken. Die psychologische Verfassung von Autor und Held weisen in der Tat ähnliche Züge auf: fern von der Heimat und der geliebten Frau fühlt dieser sich wie der im Elend verstorbene Camões von seinem Vaterland verlassen. Die Figur des Camões hilft ihm über den Ausdruck des menschlichen Schmerzes hinaus, sein Verhältnis zur Welt zu definieren. Camões wird zur mythologischen Figur der vaterländischen Geschichte: mit dem Untergang seines Königs D. Sebastião und dem Tod seiner geliebten Frau verliert der Indienheimkehrer seinen Lebenssinn. Bevor die spanischen Könige die Herrschaft in Portugal antreten, stirbt der Dichter im Elend. Die undankbare Nation hat nicht einmal sein Grab überliefert. In Garretts *Camões* ist der Held der unverstandene Dichter, für den Herz und Gefühl des Romantikers sich einsetzen und mit dem er sich in dem unbestimmbaren Gefühl der «Saudade» (Sehnsucht und Melancholie) verbunden weiß.

Mit *Camões* und dem 1826 in Paris publizierten epischen Gedicht *Dona Branca ou a Conquista do Algarve* greift Garrett auf Ereignisse und Legenden der portugiesischen Geschichte zurück. Stolz verkündet der Dichter in einem «Autobiografia» genannten Text, daß die griechische, römische, französische und italienische Phase der portugiesischen Literatur abgeschlossen sei. Der literarische Neubeginn setzt für Garrett den Rückgriff auf die nationale Thematik, die Besinnung auf das volkstümliche Erbe des portugiesischen Volkes voraus. Die Liebe der christlichen Prinzessin Dona Branca zu dem schönen Maurenjüngling gehört dem portugiesischen Sagenbereich an, für dessen literarische Erschließung es einer fremdländischen Anregung bedurfte. Garrett erwähnt Christoph Martin Wielands *Oberon*, der ihn auf die geheimnisvollen Schätze der volkstümlichen Tradition gelenkt habe.

Auf die liberale Revolution von 1820, die schließlich vom König nach seiner Rückkehr nach Lissabon (1821) auch anerkannt wurde, folgten neue politische Wirren in Portugal, an denen die führenden Literaten maßgeblich beteiligt waren. Die königliche Familie war selbst uneins. König D. Joãos VI. Sohn Dom Pedro übernahm die Herrschaft in Brasilien, wo er sich 1822 den Titel Kaiser von Brasilien zulegte. Sein Bruder Dom Miguel hatte sich 1823 auf die Seite des reaktionären Adels gestellt und die portugiesische Verfassung außer Kraft gesetzt. Auf Anordnung seines Vaters weilte Dom Miguel im Exil. Er befand sich in der Umgebung Metternichs in Wien, als König D. João VI. 1826 starb und die Thronfolge zu einem Problem der portugiesischen Politik wurde. Die konkurrierenden Brüder einigten sich schließlich in der Weise, daß Dom Pedro zugunsten seiner Tochter Dona Maria auf den Thron in Portugal verzichtete und diese, obwohl erst sieben Jahre alt, als zukünftige Ehefrau Dom Miguels gelten sollte, der mit sofortiger Wirkung zum Regenten in Portugal ernannt wurde. Dom Miguel verzichtete aber keineswegs auf seine absolutistischen Neigungen, annullierte die Absprachen und ließ sich 1828 bei seiner Rückkehr aus Wien in Portugal zum König krönen.

Die reaktionäre Politik Dom Miguels führte zu einer verstärkten Emigration eines Teils der geistigen und politischen Elite. Als Dom Miguel 1830 durch die politischen Wirren der Juli-Revolution in Europa seine Unterstützung verlor, gelang es Dom Pedro, nachdem er die brasilianische Kaiserkrone seinem Sohn Pedro II. übertragen hatte, die Herrschaft in Portugal wieder an sich zu reißen. Das ging nicht ohne Bürgerkrieg, der Portugal mit einigen Unterbrechungen bis 1857 erschütterte. Ein Teil des alten Adels und der Kirche stellte sich auf die Seite Dom Miguels, zumal er die Rückkehr der Jesuiten nach Portugal zuließ. Allein die Vertreter des gebildeten Bürgertums und des Handels hatten gegenüber der Politik Miguels die Haltung des passiven Widerstandes angenommen, die sie häufig die Freiheit kostete beziehungsweise ihnen das Exil einbrachte. Bei den vorliegenden Machtverhältnissen dauerte es lange, bis Dom Pedro und die sich auf das Bürgertum stützende liberale Bewegung die Macht in Portugal endgültig gewinnen konnten.

Der Bürgerkrieg war natürlich in erster Linie auch ein ideologischer Krieg, der von den Nachbarländern beeinflußt wurde. Engländer und Franzosen standen auf der Seite Dom Pedros, die spanischen Karlisten auf der Seite Dom Miguels. Das internationale Kapital unterstützte die liberale Politik Dom Pedros, und die Neuorganisation des Staatswesens im Jahre 1833 nach französischem Vorbild erlaubte es vielen bürgerlichen Vertretern, in der portugiesischen Administration neue Aufgaben zu übernehmen, denen sie sich mit großen Enthusiasmus widmeten.

Die konstitutionellen Vorstellungen der portugiesischen Politiker und Denker waren sehr unterschiedlich. Eine Konstitution aus dem Jahre 1822 sah eine unauflösbare Kammer vor. Die Verfassung von 1826 ging von zwei Kammern aus. Die eine sollte direkt gewählt werden, die andere sollte dem alten Adel vorbehalten sein. Außerdem war hier der Krone ein Vetorecht beim Gesetzgebungsverfahren und das Recht, das Parlament aufzulösen, zugestanden worden. Die dritte Position wurde von den Anhängern Dom Miguels vertreten, die ein konstitutionelles Regime vollends ablehnten. Die letzte Partei war nach der Niederlage und dem Exil Dom Miguels im Jahre 1834 zunächst ausgeschaltet. Die beiden konstitutionellen Strömungen feierten das Ende des Absolutismus mit der Abschaffung aller geistlichen

Orden und der Beschlagnahmung ihres Eigentums. Diese letzte Maßnahme war notwendig geworden, um die kritische Finanzlage zu meistern, die durch das Ausbleiben der brasilianischen Waren und Gelder in der Folge von Brasiliens Selbständigkeit entstanden war. Die Regierung verkaufte die konfiszierten Güter zusammen mit zahlreichen Staats- und Krongütern.

Die Vertreibung der Orden erforderte natürlich die Neuordnung des gesamten Erziehungswesens. An die Spitze einer Kommission zur Neuordnung des Erziehungswesens wurde Almeida Garrett gerufen. Es wird die Einrichtung einer Akademie der schönen Künste betrieben, es werden Pläne für die Einrichtung eines Nationaltheaters in Lissabon aufgestellt, und es wird eine Schauspielschule gegründet (Conservatório de Arte Dramática). Die Anhänger des Einkammersystems, die im September 1836 die Regierung übernahmen, waren davon überzeugt, daß die Ideale des Liberalismus und der Aufklärung nur durch eine durchgreifende Reform des Erziehungswesens im Sinne der Errichtung eines öffentlichen Erziehungswesens als Schule der Nation zu verwirklichen waren.

Neben Alexandre Herculano (1810–1877) interessierte sich Castilho für die pädagogischen Probleme. Castilho entwarf unter dem Titel *Leitura Repentina* (1850) einen Lektüreschnellkurs, welcher später als *Método Português de Castilho* bekannt wurde. ›Glück durch Erziehung‹, *Felicidade pela Instrução*, heißt eine Schrift Castilhos aus dem Jahre 1854. Nicht alle diese Traktate scheinen unmittelbar ein Gebot der Stunde zu sein. Schließlich sind Schriften zur Pädagogik nicht erst seit der Aufklärung des 18. Jahrhunderts Teil der literarischen Tradition. So lassen sich in Garretts *Tratado de Educação* (1829) über Rousseau hinaus Einflüsse von Fénélon und Montaigne entdecken. Wie begeisternd die Aufgabe den Zeitgenossen erschien, im Lande Wissenschaft, Literatur und Kultur zu verbreiten, läßt sich aus der Gründung einer Vielzahl von kulturellen Vereinigungen ersehen, die Namen wie Sociedade Promotora, Sociedade Propagadora, Sociedade Civilizadora trugen. 1833 entstand in Porto eine Gesellschaft für Medizin und Literatur, 1836 in Lissabon die Gesellschaft der Freunde der Literatur und 1846 ebendort mit Garrett unter den Gründern das literarische Gremium (Grémio Literário).

Neben all diesen Bemühungen verblaßte die Aktivität der offiziellen portugiesischen königlichen Akademie, die seit 1779 mit ihren diversen Sektionen (von der Ökonomie und der Mathematik bis zur Sprache, Literatur und Geschichte) bestand. Der Akademie haftete für die Liberalen der ersten Hälfte des 19. Jahrhunderts ein gewisser Aristokratismus an, der ihr auch nicht durch diverse Statutenänderungen genommen werden konnte. Zu den volkserzieherischen Idealen der liberalen Romantik in Portugal muß schließlich als Krönung die Herausgabe der *Portugaliae Monumenta Historica* nach dem Vorbild der *Monumenta Germaniae Historica* durch Herculano zählen (1856ff.). Die beiden großen Romantiker Portugals Herculano und Garrett bemühten sich ständig um das Gesamtwohl. Ihre literarischen und historischen Schriften enthalten nicht nur eine Vielzahl von politischen Reflexionen, sie werden auch von Publikationen begleitet, die man ohne weiteres als Ausdruck einer politischen Theorie zusammenfassen könnte. Dabei werden Romantik und Liberalismus zu austauschbaren Begriffen.

Garretts Schrift *Portugal na Balança da Europa* (London 1830) erläutert in 6 Teilen die historischen Voraussetzungen und die politischen Konsequenzen der Ohnmacht Portugals innerhalb des Konzerts der europäischen Völker. Sie weist ihn als Anhänger der Zweikammerlösung, so wie sie die Verfassung von 1826 vorsah, aus. Mit seinem Eintreten für die gebildeten Mittelschichten als dem eigentlichen demokratischen Element einer Regierung, der selbstverständlichen Zuweisung einer politischen Rolle an den Adel und der Anerkennung der hierarchischen Spitze, die durch den König repräsentiert wird, vertritt Garrett eine Theorie der repräsentativen Monarchie, wie sie die „Chartisten" («Cartistas») im Gegensatz zu den «Setembristas» forderten.

Die fortschrittliche Regierung vom September 1836 hatte die Verfassung von 1822 mit der einen Kammer, die in direkter Wahl von allen des Schreibens und Lesens kundigen Männern gewählt wurde und die dem König nur ein suspensives Veto einräumte, wieder für zwei Jahre einführen können. Während diese Verfassung der französischen Verfassung von 1795 folgte, war die Verfassung von 1826, die Dom Pedro dem portugiesischen Volk als «Carta Constitucional» oktroyierte, der französischen Verfassung von 1814 gefolgt, die als Ausdruck der konservativen Reaktion in Europa galt. Die «Carta Constitucional» sah zwei Kammern vor: die Abgeordnetenkammer und das Oberhaus. Die Vertreter der Abgeordnetenkammer wurden für vier Jahre in indirekter Wahl von der männlichen Bevölkerung gewählt. Die Mitglieder des Oberhauses wurden vom König auf Lebenszeit ernannt. Durch das Recht des Königs, das Oberhaus einzuberufen und das Abgeordnetenhaus aufzulösen, die Regierung zu ernennen oder zu entlassen und die erlassenen Gesetze durch sein Veto unwirksam zu machen, hatte der Monarch gegenüber der Regierung und dem Parlament eine herausragende Stellung. Trotz aller politischen Wirren galt diese Verfassung von 1826 bis 1828, von 1834 bis 1836 und schließlich von 1842 bis zur Ausrufung der Republik am 5. Oktober 1910. Einen Kompromiß zwischen den beiden Verfassungskonzepten bildete die Verfassung von 1838, die bis 1842 galt. In ihr ging die Staatsgewalt nicht vom König, sondern von der Nation aus. Das Oberhaus wurde in eine Senatorenkammer verwandelt, in die einzelne Vertreter einer ausgewählten großbürgerlichen Schicht gewählt werden konnten, und die Vertreter der Abgeordnetenkammer wurden in direkter Wahl bei weiterhin eingeschränktem Wahlrecht gewählt. Man war also noch weit entfernt von der Idee einer Legitimation der Staatsgewalt aus dem Volke heraus.

Rousseaus Gedanken faszinierten zwar, aber niemand traute sich, sie in die Tagespolitik umzusetzen. Garrett urteilt dementsprechend zurückhaltend. Freiheiten und Rechte konnten nur von jenen in Anspruch genommen werden, die durch ihre Bildung oder die soziale Position dazu befähigt waren. Er wehrte sich gegen eine Nation „ohne Ordnung und Gesetz“. In «O Português Constitucional» vom 2. Juli 1836 schreibt Garrett: „Wir wollen die Freiheit ..., aber wir wollen sie mit Gesetzen, ohne Anarchie, ohne Unmoral, mit Religion, mit Reformen.“ Wenn Garrett auch die diktatorische Regierungsform Costa Cabrals (von 1839 bis 1846 und schließlich nach dem dreijährigen Bürgerkrieg wieder von 1849 bis 1851) scharf attackierte, so gibt es über seine konservative politische Haltung keine Zweifel. Auch ein gewisser Antiklerikalismus läßt nicht darüber hinwegtäuschen, daß für ihn Religion und Ordnung die Fundamente einer freiheitlichen Regierungsform blieben.

Eine liberale Ideologie bedeutete ebenfalls für Herculano die Absage an jede Form organisierter Massendemokratie. Sein übertriebener Individualismus sah in den radikalen Volksbewegungen die Tyrannei des Abschaums der Gesellschaft. So jedenfalls betrachtet er in der episch-apokalyptischen Vision *A Voz do Profeta* (1836) die Septemberrevolution von 1836. Träger einer demokratischen Bewegung konnten für Herculano nur Besitz und Arbeit sein, also im Sinne der Verfassung von 1826 der Großgrundbesitzer, der Geschäftsmann, der Fabrikant und der Handwerker.

Die Wendung zur nationalen Vergangenheit und der volkserzieherische Gedanke

Angesichts dieses politischen Hintergrundes erkennt man, daß für den späteren Minister Garrett der Begriff Romantik mehr enthalten mußte als das hymnische Feiern einer mysteriösen Schönheit in einem Szenarium aus Ruinen verlassener Schlösser und efeubedeckter Kreuzgänge unter bleichem Mondlicht. Es ist deshalb verständlich, daß sowohl Garrett als auch Herculano das Attribut romantisch für ihre Literatur ablehnten. Für beide hatte Literatur eine soziale Aufgabe als Schule der guten Sitten. Dennoch muß die portugiesische Romantik als Teil einer europäischen Bewegung gedeutet werden, deren Ursprünge in deutschen, englischen und französischen Quellen zu suchen sind. Allerdings wird diese erste Phase der portugiesischen Romantik noch von den volkserzieherischen Gedanken der Aufklärung beeinflußt.

Die sogenannten „nordischen" Literaturen hatten für Herculano Beispielcharakter in dem Sinne, daß sie die portugiesischen Literaten zur Rückbesinnung auf die eigenen literarischen Quellen führen konnten. Die literarische Beschäftigung mit der eigenen Geschichte, der legendären Vergangenheit und den nationalen Mythen war für Herculano Ausdruck des nationalen Bewußtseins, das Portugal als Volk zurückzugewinnen hatte. Der Wert der volkstümlichen Überlieferung wird von Garrett im Vorwort zu seiner frühen Versromanze *Adozinda* (1828) als Bestandteil einer nationalen Literatur gewürdigt. Der patriotisch-nationale Aspekt der portugiesischen Romantik wird von Garrett und von Herculano immer wieder betont. Garretts *Dona Branca* ist für Herculano ein Dokument nationaler Dichtung, das er in seinen Überlegungen zur zeitgenössischen Literatur (*Qual é o Estado da Nossa Literatura* – 1835) als romantisch bezeichnet.

Mit der Zurückweisung antiker Thematik und antiker Mythologie verbindet sich die Neubewertung auch der christlichen Religion. Chateaubriand hatte das Beispiel für eine solche neue Betrachtung der Werte echter Religiosität gegeben, und bei Lamartine schätzte man außer der Lyrik des Gefühls vor allem den Ausdruck der Religiosität. Das Beispiel der politischen und sozialen Romantik in Frankreich konnte die portugiesischen Romantiker eigentlich in ihren eigenen Ambitionen nur bestärken. Lamartine als Dichter, Politiker und Geschichtsschreiber, Victor Hugo als Romancier und Theaterschriftsteller und Béranger als politischer Sänger hatten in Portugal Resonanz und Nachahmer. Parlamentsabgeordnete wie José Estêvão

(1809–1863) und der Dichter Bulhão Pato (1829–1912) verglichen sich mit Lamartine. Garrett brachte seinen mittelalterlichen Roman *O Arco de Sant'Ana* (1845/50) in Verbindung mit Hugos *Notre-Dame de Paris*, und der Dichter Luís Augusto Palmeirim fühlte sich als der «Béranger português».

Die Rückwendung in die Vergangenheit ist für die portugiesischen Romantiker, allen voran Garrett und Herculano, durch ihre Sorge um die Gegenwart motiviert. Garretts Werk ist Ausdruck dieser Doppelung: Neben die Sammlung des *Romanceiro e Cancioneiro Geral* (1843/1851) stellt er die *Viagens na Minha Terra* (1843/1846), in denen er seine Reiseeindrücke durch das Portugal seiner Zeit fixiert. Das Beispiel der zwei Großen verpflichtete auch die übrigen Zeitgenossen. Der frühere „Arkade" Castilho wurde für die Sache der Romantik gewonnen. Der Titel seines 1836 veröffentlichten Werkes *A Noite do Castelo* bedarf in dieser Hinsicht keiner weiteren Erläuterung. Damit war auch für ihn die „schöne und gefällige" Poesie der Klassik nach den Worten Garretts abgelöst worden von der „dunklen, schwarzen und schreckenerregenden" Poesie der Romantik.

Das Schwanken zwischen einer klassischen oder klassizistischen Konzeption der Literatur und einer romantischen betraf nicht nur den Dichter Castilho. Auch in Garretts Werk schließen sich Elemente der Romantik und der Klassik nicht aus, sie bilden eher eine dialektische Synthese. So erklärt sich die in der portugiesischen Literaturgeschichtsschreibung übliche Scheidung zwischen den «poetas românticos» und den «poetas ultraromânticos», die einer späteren Phase angehören.

Da sich für die Romantiker der nationale Aspekt nicht von der Tradition und der Geschichte lösen ließ, wendet sich Garrett in den drei von ihm gepflegten Gattungen, dem Theater, dem Roman und der Poesie, in gleicher Weise der Aktualität und der nationalen Vergangenheit zu. Der *Romanceiro e Cancioneiro Geral* ist eine Sammlung mündlich überlieferter Dichtung, die Garrett 1843 publizierte und der er 1851 neue Funde aus der gleichen Traditon hinzufügte. Die Kompilation dieser Dokumente einer noch im Volk lebendigen Tradition verlangte von Garrett zahlreiche Reisen durch das Land. Aus diesen Reiseerlebnissen erwuchs das berühmteste seiner Werke, die *Viagens na Minha Terra*. Es handelt sich um einen Reisebericht im Stil der ›Empfindsamen Reise‹ von Laurence Sterne *(A Sentimental Journey)* und Xavier de Maistre *(Voyage autour de ma chambre)*. In impressionistischer Schreibweise werden die Landschaft und die volkstümlichen Gebräuche der Reiseroute beschrieben, und zwar zumeist im

Gesprächsstil. Volkstümlicher Ton und humorvolle Ironie verbinden die volksnahe Gefühlswelt mit dem aristokratischen Beobachterstandpunkt. Der Aristokrat, der die bürgerliche Gesellschaft mißachtet, da sie nur politische und finanzielle Schachzüge zu kennen scheint, wendet sich der Kultur des einfachen Volkes zu, ohne die geistigen Werte des alten Systems zu vergessen. Hinter diesem romantischen Konzept zeigt sich Garretts gesellschaftliche Konzeption. Er knüpft Freundschaften mit Vertretern des Volks und der aufgeklärten Aristokratie, tauscht mit beiden seine Ideen und Eindrücke, begleitet mit seinen Kommentaren die Ereignisse in Politik und Gesellschaft, welche er mit ironischem Scharfsinn kritisiert. Mit dem zehnten Kapitel der Reisebeschreibung beginnt eine Art Roman im Roman, der, mit autobiographischen Zügen seines Verfassers ausgestattet, die Bezeichnung der gesamten Reise als „empfindsame" Reise rechtfertigt.

Der Protagonist Carlos stellt nach einem Exil in England fest, daß er sich in seine jüngere Cousine Joaninha, mit der zusammen er bei seiner Großmutter aufgewachsen war, verliebt hat. Carlos sieht sich aber gleichzeitig zu der jungen Engländerin Georgina hingezogen und fühlt sich in dieser doppelten Situation überfordert. Die Lösung bahnt sich an, als Carlos die tragischen Umstände seiner Herkunft erfährt. Carlos' Mutter hatte den Tod ihres Ehemannes, den ihr Geliebter unwissentlich verschuldet hatte, nicht lange überlebt. Der einstige Geliebte seiner Mutter, der jetzige Franziskanermönch Frei Dinis, gibt sich dem in seiner Gefühlswelt gespaltenen Jüngling als Vater zu erkennen. Carlos scheint zunächst diese wahren Zusammenhänge über seine Vergangenheit nicht verkraften zu können. Er flieht. Während Georgina in ein Kloster geht, verfällt Joaninha dem Wahnsinn und stirbt schließlich. Der feinfühlige, aber labile Held Carlos widmet sein weiteres Leben einer glänzenden Karriere als Politiker.

Die poetische Liebe der „Joaninha mit den grünen Augen" endet im Wahnsinn der romantischen Leidenschaft. Die Konfrontation der beiden Protagonisten zeigt die symbolische Perspektive der Handlung. Carlos ist der junge Liberale, der auf seiten Dom Pedros Krieg und Exil nicht scheut, während Frei Dinis als Vertreter des alten, Dom Miguel getreuen Mönchtums erscheint. Die tragische Situation um Carlos' Herkunft, das Vater-Sohn-Verhältnis der Protagonisten deuten Verwirrungen der Gefühlswelt an, denen auch Carlos nicht entkommen kann. Carlos sucht permanent Klarheit über seine Gefühle, er sucht die Wahrheit, seine Wahrheit, entgeht aber nicht der Ambiguität seiner Gefühle und erweist sich so als romantischer Held. Die Entscheidungslosigkeit in seiner Liebe kann auch als Ziellosigkeit der Liebe gedeutet werden. Carlos ist kein Don Juan, der sich nach dem Erfolg und der Flucht einem neuen Liebesobjekt widmet, seine Gefühlswelt kommt nicht zur Entfaltung, weil er sich selbst nicht kennen kann. Carlos flieht nicht nur vor seiner Familie, seiner Vergangenheit, er flieht auch vor seiner Leidenschaft oder seinen Leidenschaften, d. h. seiner Gefühlswelt. Die Antwort auf die beängstigende Frage „Wer bin ich?", die Carlos in einem langen Brief an Joaninha sucht, wird nicht gegeben. Die Unklarheit über die eigene Person bedingt in den Augen des Helden die Unaufrichtigkeit einer als echte Leidenschaft erlebten Liebe. Eine nicht zu verantwortende, fatale Unaufrichtigkeit liegt zwischen den Liebenden und verhindert die Einheit. Am Ende steht die Desillusion des Skeptikers. Carlos widmet sich der schmutzigen Politik und den Geschäften.

Nachdem auf maßgebliche Anregung Garretts im letzten Drittel des Jahres 1836 das Conservatório de Arte Dramática und die Inspecção Geral dos Teatros gegründet worden waren, entstanden aus der Feder Garretts Theaterstücke, die Themen der nationalen Vergangenheit und der politischen Gegenwart mit dem Ethos und der Empfindsamkeit des Romantikers verbinden. Garretts dreiaktiges Stück *Auto de Gil Vicente* (1838) ist nicht nur eine Reverenz vor Gil Vicente, dem berühmtesten portugiesischen Dramaturgen der Renaissance, sondern auch die romantische Geschichte einer hoffnungslosen Dichterliebe. Dieser Dichter ist der Zeitgenosse Gil Vicentes Bernardim Ribeiro, der sich – nach Garrett – in eine jugendliche Prinzessin leidenschaftlich verliebt. Als die Prinzessin zu ihren Hochzeitsfeierlichkeiten mit einem ausländischen Prinzen nach Savoyen aufbricht, wird das Gil-Vicente-Stück *Cortes de Jupiter* (1527) uraufgeführt, in dem der verliebte Dichter Bernardim Ribeiro, um in seiner unglücklichen Liebe der Prinzessin wenigstens im Spiel nahe zu sein, eine Rolle übernimmt. Garrett benutzt das beliebte Mittel des Spiels im Spiel, das sich seit Shakespeare, Lope de Vega und Rotrou bei allen großen Dramatikern findet. Die Bedeutung des Stücks liegt allerdings mehr in der Tatsache, daß Garrett sichtbar an die Tradition Gil Vicentes und des nationalen portugiesischen Theaters anknüpfen möchte, eine Tradition, zu der man erst durch die Entdeckung einer wichtigen Ausgabe der Vicente-Stücke von 1562 in der Universitätsbibliothek von Göttingen Zugang gefunden hatte.

Das wichtigste Ereignis in der dramatischen Produktion Garretts bildet allerdings das dreiaktige Prosastück *Frei Luís de Sousa*, das Garrett 1842 verfaßte und 1843 in Lissabon aufführen ließ. Die Handlung des *Frei Luís de Sousa* ist äußerst knapp. Die vermeintliche Witwe eines mit König Sebastião 1578 in Alcácer Quibir vermißten Ritters, Dona Madalena, heiratet nach vergeblichem Warten auf ihren Ehemann in zweiter Ehe Manuel Luís de Sousa. Düstere Vorzeichen, die Hypersensibilität ihrer Tochter Maria sowie Vorahnungen eines älteren Dieners, der davon überzeugt ist, daß sein Herr noch lebt, bestimmen das Ambiente des Stückes. Schließlich erscheint der vermißte Ritter im Gewand eines Pilgers und wird von dem alten Diener erkannt. Obwohl der geheimnisvolle Besucher wieder verschwindet, ist das Glück der Familie zerbrochen. Die beiden Eheleute ziehen sich ins Kloster zurück, ihre Tochter Maria stirbt aus Scham. Die Fatalität der menschlichen Bestimmung bestimmt das Schicksal des einzelnen. Die einfache Handlung konzentriert das Interesse auf die Personen. Der als Pilger heimkehrende Ritter setzt seine Pilgerschaft fort, nur begleitet von seinem alten Diener, der nie an seiner Rückkehr gezweifelt hatte. Der Titelheld Manuel Luís de Sousa wird als Frei Luís de Sousa zu einem berühmten Schriftsteller werden. Die eigentliche dramatische Situation konzentriert sich auf Dona Madalena. Sie erlebt die Dialektik des gespaltenen Bewußtseins, sie fühlt sich in doppelter Treue gebunden. Da die Idee der Einheit nicht realisierbar ist, wird sie durch den Entschluß, ins Kloster zu gehen, auf sich selbst zurückgeworfen. Das Stück endet mit dem doppelten Opfer der Frau: Dona Madalenas Einsamkeit und Marias Tod.

Dem Stück wurde schon zu Lebzeiten Garretts ein Symbolcharakter zugeschrieben. Das verhinderte Glück, die verhaltene Melancholie und die Sehnsucht der Protagonistin wurden auf das soziale Verhalten des portugiesischen Volkes bezogen. Der Abschied von den Aktivitäten der Welt, der sich mit dem Einzug ins Kloster manifestiert, wird mit der Resignation eines ganzen Volkes verglichen, das auf seinen zukünftigen Herrscher wartet. Die politische Interpretation des Stückes bringt die Entscheidung Dona Madalenas in Beziehung zum ethischen „Selbstmord“ des Carlos der *Viagens na Minha Terra*. Danach wären weder der Rückzug aus der Welt noch die Flucht in die Geschäftigkeit der Profiteure und Parvenus eine Lösung des portugiesischen Dilemmas. Aber auch der Sebastianismus, die Erwartung des Erlösers aus der Vergangenheit, würde von Garrett als eine Katastrophe interpretiert werden. In der Tat kommt die Bedrohung für die Helden des Stückes aus der Vergangenheit. Die vergangene Welt hat einen unglücklichen Einfluß auf die neue, solange diese nicht ihre eigenen Strukturen schafft. „Das Stück“, schreibt Garrett in einem Brief *Ao Conservatório* (1843), „ist der literarische Ausdruck des Zustandes der Gesellschaft.“

Die erzieherische Rolle des Theaters für eine moderne Gesellschaft ist von Garrett immer wieder betont worden. Das Drama vom unglücklichen Ausgang der Leidenschaft ist eine Aussage über den Menschen, aber es ist nach Garrett auch eine Aussage über die Anatomie und moralische Physiognomie seines Jahrhunderts. Das Stück ist vielleicht Ausdruck einer individuellen Problematik seines Autors, die, zur psychologischen Studie universalisiert, eine soziale Dimension erreicht. Die Schlichtheit und Konzentration des Stückes zeigen das ästhetische Bemühen Garretts, der klassischen Tragödie nahezukommen. Die langsame Erkenntnis einer nicht wiedergutzumachenden Schuld, die auch nur unwissentlich zustande kam, führt unerbittlich in die Katastrophe. Von dieser Katastrophe sind alle Mitglieder der nur wenige Personen umfassenden Familie gezeichnet. Die Interpretationen reichen vom pathetischen Appell um Verständnis für das Schicksal von Kindern, die in „ungeordneten" Familienverhältnissen aufwachsen, über den politischen Symbolismus des Sebastianismus, der die Fabel auf die Wiederkehr des Retters Portugals bezieht, zur ontologischen Konstatierung der unmöglichen Einheit, der Bedrohung des Ideals durch die Realität der menschlichen Existenz.

Während der *Frei Luís de Sousa* klassische Strenge aufweist, läßt sich das 1842 aufgeführte dreiaktige Stück *O Alfageme de Santarém* als romantisches historisches Drama bezeichnen. Es enthält effektvolle Massenszenen, Lieder und folkloristische Romanzenelemente. Der historische Bezugspunkt ist die Thronfolge nach dem Tod von König Fernando I. im Jahre 1383. Die Thronfolge wird gegen den kastilischen Prätendenten nach der Schlacht bei Aljubarrota zugunsten eines portugiesischen Kandidaten entschieden. Das Stück kontrastiert zwei charakterlich unterschiedliche Vertreter des Adels, Nun'Álvares, den gutmütigen, edlen, und Mendo Pais, den ehrlosen und heimtückischen, mit dem noblen und unbestechlichen Waffenschmied Fernão Vaz, der ein national gesinntes Bürgertum repräsentiert, das sich seiner aktiven sozialen Rolle bewußt wird. Diese von tagespolitischen Allusionen nicht freie historische Konstellation wird durch eine Liebesgeschichte individualisiert, bei welcher der in seiner nationalen Gesinnung gespaltene Adel an der Sympathie mit dem Vertreter des Bürgertums gemessen wird. Nun'Álvares verzichtet großmütig zugunsten von Fernão Vaz auf seine Jugendliebe Alda, während Mendo Pais sich mit seiner Schwester, die sich in ihrer Liebe zu Fernão Vaz getäuscht sieht, gegen Fernão verschwört. Die Sympathien des Autors liegen natürlich bei Nun'Álvares, der sich in den Dienst eines volkstümlichen Ideals der Unabhängigkeit und Freiheit stellt und damit das politische Credo Garretts zu Beginn der autoritären Regierung Costa Cabrals (1839 bzw. 1842 ff.) offenlegt. In der Abwehr des kastilischen Thronprätendenten hat man auch Garretts Reserven gegenüber den Ausländern am Hof um den Ehemann D. Marias II., Ferdinand von Sachsen-Coburg, sehen wollen.

Mit seinem berühmten historischen Roman *O Arco de Sant'Ana* problematisiert Garrett den Konflikt zwischen den Bürgern von Porto und ihrem Bischof, der neben seinem geistlichen Amt die Herrschaft über die Stadt ausübt. Der Gewissenlosigkeit des Bischofs macht ein Volksaufstand, dem König Pedro I. zu Hilfe kommt, ein Ende. Der eigentliche Held ist der Student Vasco, der im Laufe der Handlung in dem ihm großmütig zugetanen Bischof seinen Vater erkennt, welcher eine vornehme Jüdin verführt hat, die als Kneipenwirtin im Rufe der Hexerei ihr Leben fristet und sich ihrem Sohn Vasco in dem Augenblick als Mutter zu erkennen gibt, als dieser sich an die Spitze einer Verschwörung gegen den Bischof stellt.

Wie im Drama *O Alfageme de Santarém* wechseln auch hier psychologische Beobachtung, individuelles Geschick und das Schicksal der Massen ab. Dramatische Spannung liegt in der langsamen Aufdekkung der Verwandtschaftsverhältnisse der Helden, die sich aus dem von Garrett immer wieder behandelten Komplex der schuldhaften Liebe ergeben. Viel auffälliger als in den historischen Romanen von Walter Scott bleibt hier der Autor als omnipräsenter Erzähler immer gegenwärtig. Seine zum Teil humorvollen Kommentare, seine Anreden an den Leser distanzieren von dem historischen Geschehen und machen deutlich, daß es um eine historische Parallele geht, nämlich um den Kampf gegen die klerikale Oligarchie, welche unter der Herrschaft Cabrals eine für den liberalen Garrett gefährliche Reaktion einzuleiten schien. Das Beispiel des mittelalterlichen Bischofs, der für seine Vergehen vom guten und gerechten König Pedro öffentlich gezüchtigt wurde, war sicher als Mahnung an die Gegenwart gedacht. Das Geschehen des 14. Jahrhunderts, so heißt es in der Einleitung zum Roman, wurde unter dem Eindruck des 19. Jahrhunderts zum Roman verfaßt, und zwar als Waffe im politischen und ideologischen Kampf. Die zwei Teile des Romans (1845 und 1850 publiziert) werden nicht nur von den Digressionen des Erzählers unterbrochen, die Handlung wechselt von Kapitel zu Kapitel, es ändern sich auch die Schauplätze und die Zeit. Immer wieder muß der Erzähler eingreifen, um die Fäden wieder zusammenzuspinnen. Es handelt sich um ein buntes Geflecht von Einzelschicksalen, manipulierbaren Volksmassen, historischen Erinnerungen und lokalem Brauchtum.

Wenn die Kritik in Garretts Drama *Frei Luís de Sousa* und in der in die *Viagens* eingeblendeten Erzählung nicht nur die epochale romantische Zerrissenheit, sondern auch eine individuelle Gespaltenheit des Autors Garrett zu entdecken glaubte, so überrascht es nicht, daß man in Garretts Lyrik seine emotionale Erfahrung bevorzugt gestaltet sah. *Flores sem Fruto* und *Folhas Caídas* sind die großen Gedichtbände, die sowohl Liebe und Leidenschaft als auch das Problem der Vergänglichkeit, des Todes und der Ewigkeit beinhalten. Die Bände wurden 1845 und 1853 veröffentlicht. Es zeigt sich eine platonische Verklärung der realen Frau, der Wunsch des lyrischen Ichs nach einer Erhebung, dem Aufstieg zur Idee der Reinheit, dem in einer Gegenbewegung Fall, Schuld und Tod entsprechen. Man glaubt, in den Gedichten die authentische Stimme, das authentische Gefühl des Menschen Garrett zu entdecken. Dennoch handelt es sich zum Teil um ein kalkuliertes Zurschaustellen der eigenen Persönlichkeit. Die Konzeption des Dichters ist – wie bei den französischen Romantikern – die des Unverstandenen, der zwischen den Gegensätzen der Euphorie und der Niedergeschlagenheit lebt und seine Erfahrungen in einer bildlichen Symbolsprache in kontrastreicher Form seiner Umwelt vermittelt. Die Verse heben sich in der Tat von der Grandiloquenz seiner Vorgänger durch die Schlichtheit der Form und von der volkstümlichen Tradition durch ihren individuellen Gehalt ab. Garrett öffnete als Romancier, Dramatiker und Lyriker neue Perspektiven in der portugiesischen Romantik. Obwohl fatalistischer Skeptiker, neigte der Autor nicht zur Resignation. Der Verzweiflung entgeht er durch unermüdliche Aktivität, die er selbst wiederum mit einem ironischen Blick betrachtet.

Garretts Zeitgenosse Alexandre Herculano reagierte sehr viel sensibler und persönlicher auf Angriffe und vermeintliches Unrecht seiner Umgebung. Er, der die portugiesische Geschichtsforschung als Wissenschaft begründete, lebte zum Lebensende zurückgezogen auf einem Landgut. Nach der Errichtung öffentlicher Bibliotheken durch das liberale Bürgertum war Herculano zunächst mit der Organisation der öffentlichen Bibliothek in Porto befaßt. Sein erstes größeres literarisches Werk war ein kämpferisches Werk epischen Ausmaßes und alttestamentarischer Inspiration: *A Voz do Profeta*. In diesem 1836 veröffentlichten Werk macht sich Herculano zum Propheten des nationalen Unglücks. Im Namen Gottes verdammt der Prophet revolutionäre Volksunruhen, die an Stelle von Freiheit Freizügigkeit suchen und das Land in eine Höhle von Lastern verwandeln wollen. Das Resultat einer solchen Handlung kann für den Propheten nur Elend, Not, Sklaverei und Gefangenschaft bedeuten, d. h. die Unterwerfung unter spanische Herrschaft. Herculano fühlte sich immer der Charta, d.h. der von König Pedro oktroyierten Verfassung von 1826, treu ergeben, wie er auch dem Christentum gegen alle Anfechtungen seines späteren Lebens treu blieb. So konnte der Prophet angesichts der Rufe „Krieg der Religion" und „Kampf der Charta" nur bedauernd feststellen, daß Gott sein portugiesisches Volk verlassen habe.

Herculano veröffentlichte noch die beiden Gedichtbände *A Harpa do Crente* (1838) und *Poesias Várias e Versões* (1850). Es handelt sich dabei um Gedankenlyrik, in der in feierlicher Form politische Ideale und Manifestationen des religiösen Glaubens ausgedrückt werden. Die romantische Nuancierung erfolgt insbesondere in den Gesängen an die Nacht, die Sehnsucht, den Schmerz und die Freiheit. Nacht, Mondlicht und romantische Szenerie verbinden sich mit der Sorge um das Schicksal des Menschen, der vor allem in den Städten der Korrumpierung seines Gewissens ausgesetzt ist. Die religiöse Lyrik wurde schon von Garrett mit Chateaubriand in Verbindung gebracht, man könnte auch Vigny oder Lamartine als Vorbilder nennen. Töne einer sinnlichen Leidenschaft fehlen in dieser Lyrik ganz im Gegensatz zu der von Garrett völlig. Eine tiefe Gläubigkeit im Rahmen eines ländlichen, unverdorbenen Milieus kennzeichnet die in den frühen 40er Jahren verfaßte und 1844 publizierte längere Novelle *O Pároco de Aldeia*. Es handelt sich um die Geschichte eines Landpfarrers, der sich um die pastoralen und häuslichen Probleme seiner Pfarrkinder kümmert. Von der Inspiration her gleicht diese Beschreibung des Landlebens den *Viagens na Minha Terra* von Garrett. Mangelnde Handlung läßt die Erzählung aber eher als eine Verlängerung der Poesie der *Harpa do Crente* erscheinen. Sie erschöpft sich in der Geschichte des gutmütigen Dorfpfarrers, der mit seinen Ersparnissen das Glück zweier junger Menschen ermöglicht, das der Geiz des Vaters zu verhindern drohte. Herculanos Interesse liegt in der Apologie des Christentums, nach der Art Chateaubriands, die er mit seiner realistischen Beobachtung ländlicher Lebensformen verbindet. Wie Garrett streut er humorvolle Beobachtungen zur politischen Aktualität in die Geschichte ein.

Herculanos literarische Bedeutung liegt allerdings mehr im Bereich des historischen Romans, den er noch vor Garrett in die portugiesische Literatur einführte. Als Direktor der sehr angesehenen Zeitschrift «O Panorama», die sich der Verbreitung von Literatur und Bildung im volkspädagogischen Sinne widmete, hatte Herculano die Möglichkeit, sogenannte „Bilder der portugiesischen Geschichte" zu publizieren, welche mehr und mehr dramatische oder romanhafte Züge annahmen. Im März 1838 veröffentlichte die Zeitschrift «O Panorama» *O Castelo de Faria*, eine Erzählung, die als erste historische Novelle Portugals angesehen wird: das heroische Opfer eines Vaters, der seinen Sohn zur Verteidigung der von Kastiliern besetzten Festung aufruft und dabei selbst sein Leben läßt. Diese und andere Novellen wurden 1851 unter dem Titel *Lendas e Narrativas* separat publiziert.

Nicht nur die spanisch-portugiesischen Auseinandersetzungen, sondern auch die maurische Geschichte und Konflikte innerhalb des portugiesischen Adels, volkstümlicher Aberglauben *(A Dama Pé-de-Cabra)* und Kämpfe mit den Repräsentanten der Kirche bilden den Inhalt der didaktischen Erzählungen zur portugiesischen Vergangenheit. Hauptmotive der Handlung sind urtümliche Affekte wie Haß, Fanatismus, Rache *(O Alcaide de Santarém)* und die Fügung der göttlichen Vorsehung. Eine der vollendetsten Erzählungen ist *Arras por Foro de Espanha*, in der ein Volksaufstand gegen die ungeliebte Leonor Teles beschrieben wird, die als Ehefrau des Königs die Revoltierenden schrecklich bestraft. Leonor Teles, Engel und Dämon zugleich, und die fatale Liebe des Königs sind Elemente romantischen Lebensgefühls, das sich hier mit einem sozialen Realismus in der Beschreibung der Massen verbindet, wie man ihn auch bei Garrett findet *(O Arco de Sant'Ana)*. Von den drei historischen Romanen Herculanos *O Bobo* (1843), *Eurico, o Presbítero* (1844) und *O Monge de Cister* (1848) erschien der erste ebenfalls zunächst in «O Panorama».

Als Bibliothekar und als Historiker sah Herculano in der Geschichte das Instrument für die nationale Erneuerung. Das Mittelalter galt ihm als die heroische Zeit, die ein Beispiel abgeben könnte für die Überwindung des Chaos und der Stagnation in der Gegenwart. Die feudale Welt, die hierarchische Ordnung von Ritterschaft und Königtum, stellt ein Beispiel für Gerechtigkeit und Freiheit dar. Nicht die realistische Beobachtung der Umgebung, sondern die historische Erforschung der Vergangenheit ist die Voraussetzung des historischen Romans. Dabei will der Romantiker Herculano an die vom Klassizismus verschütteten Quellen der nationalen Größe zurückkehren. *O Bobo* beschreibt Palastintrigen, die sich als Ausdruck diabolischer Leidenschaften hinter Geheimtüren und in unterirdischen Gängen des Schlosses von Guimarães abspielen. Zentrum der Handlung ist die Liebe zweier rivalisierender Ritter zu einer dem höfischen Ideal folgenden engelhaften Frau, die von der grotesken Figur des Hofnarren (o bobo) beobachtet und kommentiert wird. Ehrgeiz, Enttäuschung, Rache bestimmen die Handlungsweise der Protagonisten, die als Verkörperungen extremen psychologischen Verhaltens das Böse und das Heilige, das Monströse und Asketische repräsentieren. Selbst im Verzicht zeigen sie ihre Größe: der siegreiche Ritter opfert seine Liebe in heroischer Überwindung dem Ideal einer Reinheit, das nicht realisierbar ist.

Der berühmteste historische Roman der Zeit ist Herculanos *Eurico, o Presbítero*, den dieser im Vorwort als „poetische Chronik" bezeichnet. Die mythische Verklärung der christlichen Gesellschaft der Westgotenzeit und ihres heroischen Einsatzes für Christentum und Vaterland vermischt Herculano mit dem Problem des priesterlichen Zölibats, das Romantiker, Realisten und Naturalisten in Frankreich, Spanien und Portugal in gleicher Weise beschäftigte, wenn sie es auch unterschiedlich bewerteten. Der Roman hatte bis 1880 acht Neuauflagen. Die poetische Chronik betrifft die Zeit eines Übergangs. Die persönliche Enttäuschung des Protagonisten Eurico, der aus Standesrücksichten die geliebte herzogliche Tochter Hermengarda nicht heiraten kann, wird vom Autor parallelisiert mit der Reflexion über die verdorbenen Sitten westgotischer Adliger und Herrscher. Beide Vorgänge führen zu erheblichen Konsequenzen für den Protagonisten Eurico. Er wird Priester an einem zurückgezogenen Ort und erkennt in einer visionären Schau die Arabereinfälle in das Westgotenreich als Gottesgericht über die verräterischen und abtrünnigen Westgoten. In der Gefahr für sein Vaterland kann der als Priester wirkende ehemalige Ritter nicht untätig bleiben. Als „schwarzer Ritter" verbreitet er Schrecken und auch Bewunderung bei Sarazenen und Westgoten. Die ereignisreiche Handlung ist voller Schlachtenbeschreibungen, Berichten von Verrat und barbarischer Rache. Die patriotischen Aktivitäten Euricos wenden sich zum privaten Konflikt, als er seine geliebte Hermengarda aus den Händen der Mauren befreien kann. Eurico ist der Geliebten nahe im Feldlager des neuen Königs, Hermengardas Bruder, der die ersten Bewegungen der Reconquista einleitet. In einer Grotte begegnen sich die beiden Liebenden. Die Erfahrung der neu entstehenden Leidenschaft führt sie an den Rand der Verzweiflung. Der Ritter und Priester Eurico ist auch Dichter. Hat er vor seinem Eingreifen in die Geschicke des Vaterlandes prophetische Gedichte über die Gefahren für das Westgotenreich verfaßt, so dichtet er jetzt in schlaflosen Nächten wehmutsvolle Texte auf die unmögliche Liebe. Entschlossen, seinem Gelübde treu zu bleiben und auf sein Glück zu verzichten, widmete er sich ganz dem Kampf seines Volkes, in dem er schließlich umkommt, während Hermengarda dem Wahnsinn verfällt.

Natürlich ist mit dem in Eurico dargestellten Konflikt der Gefühle der Bereich der historischen Wissenschaft verlassen. Wie in den *Viagens* ersteht hier das Bild der romantischen Liebe in ihrer Verbindung zu Raserei und Wahnsinn. Die privilegierten Momente der sentimentalen Stimmungen sind die Nacht, die auf- oder die untergehende Sonne. Nächtliche Farbgebungen verdrängen die Helligkeit, das Licht. Die Realität, die sich der Erfüllung individueller Wünsche widersetzt, wird überhöht durch die Träume der Imagination. Eine lyrische Haltung steht auch hinter dem Bild der Frau, die als ideales Wesen zwischen Himmel und Erde, als Stern, der zu verlöschen droht, vorgestellt ist. Euricos Verhalten wird allgemein als Herculanos moralisches, religiöses und politisches Credo interpretiert. Der Prophet, Asket und Stoiker entwirft das biblische Bild einer Auseinandersetzung zwischen dem Heiligen und dem Profanen, in der Opfer und Verzicht eine providentielle Voraussetzung der menschlichen Größe sind.

Die Vielzahl der Neuauflagen bis 1880 läßt ermessen, inwieweit dieser Roman die folgende Generation der Romantiker beeinflußt hat. Herculano ließ ihm 1848 *O Monge de Cister* folgen, dessen ritterlicher Held eine doppelte Rache zu vollziehen hat: an einem Rivalen, der ihm auf niederträchtige Art die Braut geraubt hat, und an einem königlichen Vertrauten, der seine Schwester entehrte. Nach dem Mord an dem Rivalen sucht er seelische Ruhe im klösterlichen Leben. Aber auch dort wird er das Werkzeug eines diabolischen Racheplans des Abtes, der sich der privaten Ehrenhändel des ehemaligen Ritters zur Befriedigung seines politischen Ehrgeizes bedient. Ein Liebesverhältnis des königlichen Vertrauten mit der Witwe des getöteten Rivalen nährt die Eifersucht und den Haß des ritterlichen Klosterbruders. Er wird dazu gebracht, dem König die nicht legitime Liebe und die unehrenhafte Vergangenheit des königlichen Vertrauten anzuzeigen. Dieser endet auf königlichen Befehl mit dem Feuertod, während der rachsüchtige Mönch sterbend in einer Beichte anerkennen muß, daß sein Mönchsdasein ihn nicht vor den Verstrickungen des weltlichen Lebens bewahren konnte. Ein leichter Antiklerikalismus verbindet sich mit den Ingredienzen des romantischen Exotismus, der aus grotesken Figuren, düsteren Orten, abergläubischen Massen und entfesselten Leidenschaften besteht.

Nach diesem Roman wandte sich Herculano mehr und mehr der Historiographie zu. In den vier Bänden seiner *História de Portugal* (1846–1853) sieht er im Mittelalter den Ursprung der nationalen Größe, die dann am Ende des 15. Jahrhunderts ihre größte Vollendung erreichte. In einer Zeit der Mittelmäßigkeit, des Egoismus und der Hypokrisie war die Darstellung der mittelalterlichen Institutionen, der städtischen Strukturen und des Eigenlebens der Provinzen ein Ausdruck der Freiheit und des Eintretens für die ethische und soziale Verantwortung des Individuums. Während Garrett seine Romane in die politische Polemik seiner Epoche stellte, auch wenn er historische Probleme behandelte, so verstanden sich Herculano und auch seine Nachfolger und Schüler wie L. A. Rebelo da Silva und Oliveira Marreca als Erforscher des nationalen Erbes. Sie gingen davon aus, daß die Geschichte Klarheit über die politische Grundhaltung der Gegenwart verschaffen könne.

Luís Augusto Rebelo da Silvas (1822–1871) Hauptwerk ist unumstritten seine fünfbändige Geschichte Portugals im 17. und 18. Jahrhundert (*História de Portugal nos séculos XVII e XVIII*: 1860–1871). Sein literarisches Schaffen umfaßt Legenden und Erzählungen aus der nationalen Geschichte, die in einer Gesamtausgabe *Contos e Lendas* 1873 herausgegeben wurden, und historische Romane, die zum Teil gigantische Ausmaße annehmen konnten wie der vierbändige Roman *A Mocidade de D. João V* (1852–1853).

Die portugiesische Lyrik der 40er Jahre ist durch Garrett und Herculano tief beeinflußt worden. Die volkstümliche Dichtung des Romanceiro und die Strophen historisierender Lyrik zum Ruhme der nationalen Vergangenheit sind Merkmale von José Freire de Serpa Pimentel und Inácio Pizarro de Morais Sarmento. Serpa Pimentel (1814–1870) knüpfte mit seiner Sammlung *Solaus* (1839) an ein nur indirekt überliefertes lyrisches Genus des Mittelalters an, das man als Lied mit traurig-melancholischem Inhalt umschrieben hat und das die Romantiker mit den Romanzen, die Liebe und Leid thematisieren, in Verbindung brachten. Der wie Serpa Pimentel mehr als Bühnenschriftsteller bekannte Morais Sarmento (1807–1870) publizierte seine Gedichte direkt unter dem Titel *O Romanceiro Português* (2 Bde. 1841 und 1845).

Das wichtigste Ereignis romantischer Dichtung dieser Zeit ist die Zeitschrift «O Trovador», die von 1844–1847 in Coimbra erschien. Herausragende Mitglieder dieser Gruppe waren João de Lemos, António Xavier Rodrigues Cordeiro (1819–1896), Pereira da Cunha (1819–1890) und Luís Augusto Palmeirim. Die Autoren wurden später wegen ihrer bukolischen Weltfremdheit und ihres in die Romantik hinübergeretteten mythologischen Apparats verlacht. Die Titel, die João de Lemos (1819–1890) seinen drei Bänden des *Cancioneiro* (1858–1866) gab, stecken in etwa den poetischen Horizont der Gruppe des «Trovador» ab: *Flores e Amores, Religião e Patria* und *Impressões e Recordações*, d.h. Freude, Trauer, Nostalgie und Sehnsucht nach der

Heimat (vgl. «Lua de Londres») und schließlich eine tiefe pessimistische Melancholie (vgl. «Não te entendo, coração»). Weit verbreitete Themen und Motive dieser sentimentalen Lyrik sind der Tod, der Friedhof und das Grab, die Zypresse und vage, phantastische Erscheinungen, welche Leser und Publikum begeisterten. Lemos' Lyrik liebt den Gemeinplatz, sucht metrische und rhetorische Finessen und neigt zu erzählender Weitschweifigkeit. Sein letzter Gedichtband *Canções da Tarde* (1875) enthält zusätzlich humoristische Verse und Epigramme als Ausdruck der melancholischen Resignation des Autors. Aus der Gruppe des «Trovador» zeichnet sich Luís Augusto Palmeirim (1825–1893) als politischer Dichter aus. Seine *Poesias* (1851) brachten ihm den ehrenhaften Beinamen „portugiesischer Béranger" ein. Bei Palmeirim wird in der Tat der melancholische Traum verdrängt von hoffnungsvollen Tönen, von dem Glauben an eine Regeneration Portugals. Palmeirims Gedichte wurden schnell verbreitet und erreichten eine hohe Popularität.

Der Lyriker, den die literarische Wertung neben die beiden großen Romantiker Garrett und Herculano stellt, ist António Feliciano de Castilho (1800–1875). In seinem frühen Gedichtband *Amor e Melancolia* (1828) gibt Castilho in dem einleitenden Gedicht «A Musa Melancólica» eine Poetik des romantischen Gedichts. In dieser Poetik lehnt Castilho für sich die freundliche Naturdichtung, Bukolik und Anakreontik nach dem Beispiel der lateinischen Klassiker ab. Sein Thema ist die Einsamkeit und die Melancholie, der Abend und die Nacht bevorzugtes Motiv und der klagende Seufzer die beliebteste Stimmung. Durchgehende Vierzeilerstrophen aus Siebensilbern verraten den klassischen Stil des jungen Romantikers Castilho. Ein Katalog der thematischen Bilder kann am ehesten die Inspiration des Dichters darstellen. In diesen Katalog gehören die Abendlandschaft, der Schäfer mit seiner Schafherde, der Sonnenuntergang, das Dorf und die Einsiedelei, ein ferner Glockenschlag, singende Schiffer, Mond und Sterne, ein einsames Kloster, die Nachtigall und ein Kauz sowie die Gebetsstunde in der riesigen Klosterkirche. Diese Kulisse zwingt dem „Ich" die Tränen in die Augen und ermöglicht die Zwiesprache mit der Natur über die Situation des einsamen Dichters, der nicht mehr den Lorbeerkranz sucht, sondern sich am liebsten zwischen Myrten und Zypressen aufhält, d.h. zwischen den thematischen Schwerpunkten Liebe und Tod.

Zwei längere dramatische Gedichte über Eifersucht und Leidenschaft mit dem Titel *A Noite do Castelo* und *Os Ciúmes do Bardo* von 1836 verstärken diese romantische Neigung, die das Gefühl an die

Stelle des Verstandes zu setzen sucht. *A Noite do Castelo* ist die Rache eines Liebhabers für das ihm angetane Unrecht, *Os Ciúmes do Bardo* der epische Bericht von der Liebe, die auch durch Treubruch und Verrat nicht geschwächt wird und das Ende der Qual im Tod sucht. Castilho war seit dem 6. Lebensjahr blind. Deshalb wird seine Sensibilität durch andere Sinneseindrücke geschärft, die er dem Leser mitzuteilen sucht. Es sind dies Gerüche, Geräusche und taktile Empfindungen. Leidenschaft, Schrecken und Verzweiflung verbinden thematisch die Werke Castilhos mit denen von Herculano und auch von Rebelo da Silva, dessen berühmte Novelle *Ódio Velho não Cansa* – 1848 in drei Auflagen erschienen – bereits im Titel das schicksalhafte Wirken der Leidenschaften anzeigt.

Wie Garrett und Herculano versucht auch Castilho immer wieder Abstand von einem übertriebenen Konzept der Romantik zu gewinnen. Beispiel für eine solche Haltung ist der ironische Roman *Mil e um Mistérios*, den er 1845 veröffentlichte. Castilho betont mehrfach, daß seine klassische Bildung ihn vor den Exzessen der internationalen Romantik bewahre. In der Tat hat Castilho während seines ganzen Lebens lateinische Klassiker übersetzt. Eine Gedichtsammlung von 1844 mit dem Titel *Excavações Poéticas* enthält eine Vielzahl von Elegien, Episteln und Fabeln, die auch bei den Romantikern als typisch arkadische Genera der vorhergehenden dichterischen Schule beliebt waren. Zu den „klassischen" Tendenzen Castilhos gehört auch die Bearbeitung und Übersetzung der Komödien Molières, während der Versuch einer Faust-Übersetzung zum Scheitern verurteilt war. Ein 1851 publizierter *Tratado de Metrificação Portuguesa* belegt deutlich Castilhos Konzeption von der Wertschätzung antiker Formen, in denen sich die modernen, d. h. romantischen Leidenschaften zu artikulieren haben.

Die große romantische Idee, die Höhepunkte der nationalen Geschichte im Volk lebendig werden zu lassen, welche Herculano, Garrett und auch Pizarro de Morais Sarmento erfüllte, führte Castilho zur Publikation seiner *Quadros Históricos de Portugal* (1839). Kurioser Ausdruck seines sozial-pädagogischen Engagements ist die Schrift *A Felicidade pela Agricultura* (1849). Der Titel deutet aber keineswegs eine für die Romantiker bezeichnende Form des sozioökonomischen Traditionalismus an. In seinen *Noções Elementares de Economia Política* (1838) predigt António de Oliveira Marreca (1805–1889) die Notwendigkeit der von einer Zollprotektion gestützten Industrialisierung des Landes. Oliveira Marreca war gleichzeitig ein geschätzter Autor historischer Romane (*Manuel de Sousa Sepúlveda* – 1843; *O Conde Soberano de Castela* – 1844), die als Fortsetzungsromane in der von Herculano herausgegebenen Zeitschrift «O Panorama» erschienen.

Wenn auch die drei großen Romantiker sich immer wieder zurückhaltend gegenüber den Exzessen der Schauerromantik, die über Frankreich aus England nach Portugal kam, geäußert haben, so ließ sich der Einfluß der schwarzen Romantik auf das portugiesische Publikum nicht aufhalten. Schauerromantik und historischer Roman, Anne Radcliff und Walter Scott, erschienen in Übersetzungen und Bearbeitungen und hinterließen ihre Spuren in den Romanen Herculanos und Rebelo da Silvas. Schlösser, Ruinen, Gräber und die Geheimnisse der Nacht sind also nicht nur die Domäne der Poesie, sie sind Dekor des zeitgenössischen Romans ebenso wie der Theateraufführungen, in denen sich der Einfluß des französischen Melodramas bemerkbar macht. Auf diesem Hintergrund müssen die Einflüsse, die die portugiesische Literatur aus dem deutschen Sprachraum aufnimmt, als gering angesehen werden. Es gab zwar Übersetzungen deutscher Autoren der Romantik in der von José Gomes Monteiro (1807–1879) herausgegebenen Anthologie *Ecos da Lira Teutónica* (1848), doch blieben diese Kenntnisse mehr auf einen literarischen Zirkel beschränkt. Sie erreichten keineswegs die Popularität eines Walter Scott, der sogar in Versromanen des José Maria da Costa e Silva (1788–1854) nachgeahmt wurde. Costa e Silva kann als ein Beispiel gelten für die Dichter und Literaturhistoriker einer frühen Generation, die im Laufe der 30er Jahre die bahnbrechende Bedeutung der literarischen Romantik erkannt haben: schon 1832 veröffentlichte er *Isabel ou A Heroína de Aragão*, eine gereimte Paraphrase volkstümlicher Legenden um die «Rainha Santa», die heilige Isabel, Ehefrau des Königs D. Dinis.

Das literarische Leben in Lissabon (1830–1850): Das Theater – die Presse

Das gesellschaftliche Leben Portugals in den Jahren 1830 bis 1850 vollzog sich in den Kreisen des Geblütsadels und des geadelten Bürgertums (Handel und Banken) auf gleiche Art. Feste, Bälle und Theaterabende belebten die romantische Kultur der portugiesischen Hauptstadt. Die Familie der Farrobos zeichnete sich insbesondere durch den Bau eines luxuriösen Theaters in ihrem Palast, der Quinta das Laranjeiras, aus. Das Theater entstand in den Jahren 1843 bis 1846, und es fanden dort Theater- und Opernaufführungen statt, unter anderem mit den Künstlern des Teatro de São Carlos in Lissabon. Die Aktivitäten dieser Familien aus dem neuen oder alten Adel äußerten sich auch in der Gründung von literarischen und politischen Salons. Die Lissabonner Gesellschaft ahmte in allem das französische Beispiel nach. Dazu gehörte eben auch die Theateraufführung in kleineren privaten Kreisen. Zu diesem Zweck übersetzte und adaptierte Garrett kurze französische Stücke. Aber auch das Bürgertum der Hauptstadt versammelte sich in Clubs, Zirkeln und Cafés, z.B. in dem im Jahre 1846 eröffneten «Grémio Literário» von Lissabon. Oper, Theater und selbst die Sitzungen des Parlaments waren die bevorzugten gesellschaftlichen Ereignisse des bürgerlichen Lissabon.

Wer nicht selbst dabeisein konnte, erfuhr die Ereignisse aus der aufblühenden Presse. Die Freiheit der Presse war die herausragende Errungenschaft der liberalen Bewegungen der Zeit. Außer einer reichhaltigen Informations- und Meinungspresse entstanden Frauenzeitschriften und auch Theaterzeitschriften. Die von Herculano 1837 herausgegebene Zeitschrift «O Panorama» widmete sich besonders den Naturwissenschaften, der Geographie und der Geschichte. Daneben bestand von 1841 bis 1853 die von Castilho geleitete «Revista Universal Lisbonense», in der Wissenschaft, Landwirtschaft und Handel zu Wort kamen. Für die Literatur gewannen diese Zeitungen rasch eine große Bedeutung. Sie publizierten nämlich im Feuilleton die ersten romantischen Romane. Garrett veröffentlichte seine *Viagens na Minha Terra* in der «Revista Universal», Herculano seine Romane und Novellen natürlich in «O Panorama». Unter den Zeitungen mit ausgesprochen politischer Meinung zeichnete sich die langlebige Zeitung «A Revolução de Setembro» aus, die von 1840 bis 1892 trotz aller Pressionen durch die verschiedenen Regierungen erschien. Die Sparte des Feuilletons dieser Zeitung wurde nacheinander und jeweils über viele Jahre von António Pedro Lopes de Mendonça und Júlio César Machado geleitet. Lopes de Mendonça war neben Garrett ein leidenschaftlicher Redner im Parlament. Die Idee der volkserzieherischen Aufgabe der Literatur und Publizistik führte die Romantiker wie selbstverständlich auch in die politischen Auseinandersetzungen, die von vielen unter ihnen im portugiesischen Parlament ausgetragen wurden. Außer den genannten gehören dazu der Dramatiker Mendes Leal und der Romancier aus der historischen Schule Herculanos, Rebelo da Silva.

Das Theater war nach den Definitionen Garretts ein Theater der Einfühlung. Die beschriebenen Leidenschaften hatten den Zuschauer zu überwältigen. Die sich ergebende moralische Lektion sollte das soziale Verhalten des Staatsbürgers beeinflussen. Voller Enthusiasmus begann in den 30er und 40er Jahren die Restrukturierung des portugiesischen Theaters. Man war dabei nicht unbeeinflußt durch die Neuentdeckung Gil Vicentes und die erste kritische Ausgabe seiner Stücke im Jahre 1834 durch Barreto Feio und Gomes Monteiro in Hamburg. Gil Vicentes Theater, das mittelalterliche Strukturen mit dem Renaissancegeist verband, war trotz aller volkstümlichen Elemente ein Hoftheater gewesen. Sein Theater wurde abgelöst von den barocken und auch volkstümlichen Formen des spanischen Theaters. Daneben existierte seit dem 16. Jahrhundert das Jesuitentheater, das zumeist in lateinischer Sprache die Belehrung durch das Spiel zum Ziel hatte. Seit dem 18. Jahrhundert gab es dann die italienische Oper in Lissabon. Im Gefolge der Aufklärung erscheinen klassische oder klassizistische Tragödien philosophisch-politischer Tendenz und natürlich einzelne Beispiele der weinerlichen Komödie oder des weinerlichen Dramas in der französischen Tradition. Zu einer besonderen Form iberischer Dramaturgie gehören die «Elogios dramáticos» zum Lobe einer Herrscherpersönlichkeit oder einer politischen und militärischen Aktion. Unter diesen Gelegenheitsstücken hat die Dom Miguel gewidmete *Apoteose de Hércules, elogio dramático para se representar no Real Teatro de São Carlos* (1830) des rebellischen Priesters und polemischen Arkaden José Agostinho de Macedo (1761–1831) einen besonderen Bekanntheitsgrad bewahrt.

Nach den Bürgerkriegswirren begann 1835 eine neue Epoche mit dem Auftreten einer französischen Theatertruppe, die sich in Lissabon niederließ. Eines der beiden Theater, die nach dem Erdbeben errichtet wurden, «O Teatro da Rua dos Condes», wurde zunächst das Haus des französischen Theaters. Zweieinhalb Jahre lang spielten die Schauspieler romantisch-sentimentale Stücke von Alexandre Dumas und Victor Hugo, bürgerliche Komödien und Dramen von Eugène Scribe und Melodramen von Pixérécourt. Danach setzte sich der Leiter des französischen Theaters an die Spitze einer portugiesischen Truppe und spielte das gleiche Repertoire in portugiesischer Übersetzung. 1840 wechselte diese Truppe dann in das konkurrierende Theater der «Rua do Salitre», von dort in das 1846 eröffnete Theater «O Ginásio», um schließlich 1849 als letzte Station die Lokalitäten einer Kirche unter dem Namen «O Teatro D. Fernando» zu benutzen. Zwanzig Jahre lang waren auf diese Weise französische Autoren, französische Schauspieler und französische Theatergewohnheiten in Lissabon heimisch. Dadurch wurden nicht nur portugiesische Autoren beeinflußt, sondern insbesondere auch eine ganze Schauspielergeneration.

Mitte der 30er Jahre wurde eine Gesellschaft ins Leben gerufen, die die schlechten Theaterverhältnisse in Lissabon durch den Bau eines neuen Theaters verbessern sollte. Der eigentliche Motor dieser Bewegung war Almeida Garrett, der in dem von ihm gegründeten Konservatorium für Musik und Schauspiel auch sein Stück *Dona Filipa de Vilhena* (1840) aufführen ließ. Die Tatsache, daß er dem Stück ein *Elogio dramático* zum Lob der Königin Dona Maria II. voranstellte, in dem Venus, Apollo und der berühmte Epiker und Lyriker Camões das Aufkommen einer neuen Renaissance der Künste in Portugal verkündeten, zeigt, daß Garrett selbst noch in den alten formalen Traditionen des Theaters stand, aus denen er sich nur langsam löste. Es entstanden nicht nur neue Theater in Lissabon. In Coimbra wurde 1839 eine «Academia Dramática» als Zentrum des gesellschaftlichen Lebens gegründet, in Porto entstand das «Teatro de São João», und sogar in Faro öffnete das «Teatro Lethes» 1845 seine Tore.

Das wichtigste Ereignis war natürlich die Eröffnung des portugiesischen Nationaltheaters im Zentrum von Lissabon im Jahre 1846. Am Repertoire dieses Theaters läßt sich ermessen, was die neue romantische Generation der portugiesischen Autoren für das Theater geleistet hat. Es läßt sich aber auch feststellen, daß die Gründung eines nationalen Theaters noch lange nicht eine theatralische Tradition schafft. Das Publikum konnte nur dadurch in das Nationaltheater gebracht werden, daß an den drei wöchentlichen Aufführungstagen alle anderen Säle in Lissabon schließen mußten. Große Erfolge waren eigentlich nur die großen Maschinenstücke, in denen sogar Kamele aufzutreten hatten, wie *O Templo de Salomão* von Mendes Leal oder *A Profecia ou a Queda de Jerusalém* von José de Almada e Lencastre (1828–1861). Beide Stücke waren 1849 und 1852 auf dem Programm. Einen ähnlichen Erfolg wie diese beiden biblischen Stoffe hatte ein Stück von Joaquim da Costa Cascais (1815–1898) mit dem Titel *O Alcaide de Faro* (1846). Es war ein historisches Stück wie die beiden berühmten Stücke *O Alfageme de Santarém* und *Frei Luís de Sousa* von Almeida Garrett, die 1846 und 1850 auf dem Programm des Teatro Nacional standen. José da Silva Mendes Leal (1818–1886) hatte sich mit seinem Erstlingswerk *Os Dois Renegados* (1839) einen hervorragenden Platz auf der romantischen Bühne erobert. Die Handlung bezieht sich auf die Zeit der Judenverfolgungen im endenden 15. Jahrhundert und beschreibt die Schwierigkeiten, die sich der Liebe zwischen Christen und Juden entgegenstellten. Mendes Leal ließ dem erfolgreichen Drama historische Stücke folgen (*O Homem da Máscara Negra* – 1840; *O Pajem de Aljubarrota* – 1843 usw.), wandte sich dann den nach 1850 erfolgreichen zeitgenössischen Problemstücken zu (*Os Homens de Mármore* – 1854; *Pobreza Envergonhada* usw.) und kehrte zur Unzeit nach 1860 zu historischen Stoffen zurück: *Egas Moniz* (1862) und *Os Primeiros Amores de Bocage* (1865). Der Erfolg von Herculanos *Os Infantes de Ceuta* (1844) reihte auch den berühmten Historiker unter die wichtigsten zeitgenössischen Theaterautoren.

Das Vorwort zu Mendes Leals Stück *Os Dois Renegados* kann als ein poetisches Manifest des romantischen Theaters in Portugal angesehen werden, das mit dem Vorwort zu Victor Hugos *Cromwell* verglichen wurde. Danach sind Tugenden und Laster die eigentlichen Fixpunkte des romantischen Theaters. Liebe zur Tugend und Zurückweisung des Lasters sind Wirkungen, durch die das romantische Theater seine moralistischen Intentionen verrät. Die portugiesische Geschichte von der Entstehung der Nation bis zu den liberalen Auseinandersetzungen im 19. Jahrhundert bildet den Hintergrund der Stücke, die sich zumeist auf einzelne dramatische Höhepunkte konzentrieren: Erhebungen, Revolutionen, restaurative Maßnahmen, Kampf gegen ausländische Invasoren und die Konflikte zwischen Christen, Mauren und Juden.

In den fünfziger Jahren deutet sich eine Änderung in der Thematik des Theaters an. Mendes Leal wählt aktuelle Themen mit sozialkritischem Hintergrund, spricht in seinem Stück *Pedro*, das 1849 geschrieben, 1857 publiziert und 1863 in Lissabon aufgeführt wurde, von der Dekadenz herrschender Klassen und der Abschaffung von Privilegien. Costa Cascais ließ 1850 ein Stück mit dem Titel *O Mineiro de Cascais* aufführen. Der Übergang vom historischen Drama zur sozialen Studie der Gegenwart vollzieht sich parallel zur Veränderung des Romans vom historischen Roman zum Roman mit einer zeitnahen Themenstellung. Schlösser, Abteien, Klöster und Ruinen als Ort, Verbrechen, Rache, Laster und Tugend als Motiv machen der fundamentalen Dialektik von Gut und Böse im sozialen Bereich der Gegenwart Platz. Der Einfluß der sozialen Romantik Frankreichs, Victor Hugos und Eugène Sues, macht sich im Portugal der 50er Jahre bemerkbar.

DIE SOZIALE ROMANTIK UND DIE HINWENDUNG ZUR GEGENWART

Individuum und Gesellschaft im zeitgenössischen Roman

Auf die Phase der historischen Rückwendung folgt die Phase der kritischen Reflexion über die Bedingungen der eigenen Existenz. Schon Garrett und Herculano hatten in den *Viagens na Minha Terra* oder *Pároco de Aldeia* persönliche Erlebnisse in den Rahmen der sozialen Umwelt des zeitgenössischen Portugals gestellt. Mendes Leal veröffentlichte 1843 mit *Flor do Mar* den ersten Roman über aktuelle Themen als Feuilleton-Roman in der «Revista Universal Lisbonense». Dem Roman schickte er einige ästhetische Überlegungen unter dem Titel «Sobre o Romance» voran: Mendes Leal will Illusionen der gegenwärtigen Gesellschaft aufdecken und das Interesse von den korrupten herrschenden sozialen Schichten auf das ehrenhafte und einfache Volk verlegen. Er hat eine didaktische Absicht: durch den Roman will er erziehen und lehren, denn das Volk braucht eine solche Erziehung.

Aber der Übergang von der Analyse der Gefühle zum Studium von Charakteren und gesellschaftlichen Bezügen war nicht ganz leicht, und der portugiesische Balzac ließ sich so schnell nicht finden. Die thematische und formale Variationsbreite der Romanproduktion der 40er Jahre ist deshalb groß. Es gibt den pikaresken Roman *Roberto Valença* (1846) von Teixeira de Vasconcelos, die Abenteuerromane zur See des Marineoffiziers Francisco Maria Bordalo und den erfolgreichen religiösen Roman *A Virgem da Polónia* (1847) von José Joaquim Rodrigues de Bastos (1777–1842), der ansonsten erbauliche Erzählungen und Sammlungen von Aphorismen und Maximen publizierte. António Augusto Teixeira de Vasconcelos (1816–1878) gilt als einer jener Romantiker, die die Elemente der portugiesischen Landschaft, Sitten und Gebräuche ihrer Bewohner in die Literatur einbrachten und damit zu Vorläufern der Realisten wurden. *O Prato de Arroz Doce* (1862) und *A Ermida de Castromino* (1870) sind die Romane, die am deutlichsten den Übergang von der Romantik zum Realismus kennzeichnen: *O Prato de Arroz Doce* gehorcht den Vorgaben des historischen Romans, behandelt aber die zeitgenössische Geschichte,

A Ermida de Castromino steckt mit sozialökonomischen Problemen des Landadels und der bürgerlichen Handelshäuser den realistischen Rahmen ab, den eine unglückliche Liebesgeschichte mit romantischen Inhalten füllt. Auf dem Hintergrund der politischen Revolten in den Jahren 1846 und 1847, die zum zeitweiligen Rücktritt der Regierung Cabral führten und mit ausländischer Intervention endeten, handelt aber auch *O Prato de Arroz Doce* von unglücklich Liebenden, die allerdings ihrem Happy-End entgegensehen.

Dona Rosa ist die vom reichen Onkel José Alves – auch im Testament – bevorzugte Tochter. Ihr Vater konzentriert aber seine väterliche Liebe ganz auf seine zweite Tochter und läßt Dona Rosa an einen geheimen Ort in Vila Nova de Gaia bringen: einmal soll sie von ihrem scheinbar nicht standesgemäßen Verehrer getrennt werden, und zum anderen soll der Onkel, der in Brasilien Reichtum erworben hatte, sein Testament zugunsten der anderen Nichte ändern. Die Strategie des ungerechten Vaters hätte Erfolg, hätte sich der Onkel nicht an die Kochkünste seiner Nichte Rosa gewöhnt. Ihre Art, den süßen Reis herzustellen, scheint den plötzlich todkranken Onkel allein retten zu können. Die intensive Suche seines Arztes, des unglücklichen Verehrers von Dona Rosa, führt schließlich zur Entdeckung der Entführten und zum Happy-End: Der Onkel wird wieder gesund, und die Liebenden können heiraten, nachdem der Arzt seine vorher unbekannte adlige Herkunft entdeckt hat. Der Komödienschluß kann nicht darüber hinwegtäuschen, daß Teixeira de Vasconcelos den Roman mit allen Formen des seriösen Romans ausstattet und die humorvolle distanzierende Ironie der Erzählhaltung seines *Roberto Valença* streng vermeidet.

Auch die *Ermida de Castromino* entspricht in ihrem romantischen Handlungskern diesem melodramatischen Anspruch. Die realistischen Aspekte liegen im finanziellen Zusammenbruch der Familie des Manuel de Oliveira, der aufgrund unvoraussehbarer Konkurse der deutschen und englischen Handelspartner zu einem Leben in Armut gezwungen wird. Hilfe kommt von Henrique de Melo, einem Vertreter der neuen Adelsschicht, die sich durch Studium und Arbeit finanziell über den alten Besitzadel erhebt. Als Arzt, der für vergangene Unterstützung dem Weinhändler verpflichtet ist, kann er Manuel de Oliveira sein Eigenkapital zur Verfügung stellen. Er tut es um so lieber, als er dessen Tochter Ana liebt. Dennoch reicht seine Hilfe nicht aus. Dona Ana wird mit Zustimmung Henriques einem alten Brasilienheimkehrer angetraut, dessen baldigen Tod und reiches Erbe man erwartet. Der Ehemann, Salvador Lopes, erholt sich aber von der schweren Krankheit und bereitet dadurch allen Beteiligten eine leidvolle Zeit, die auch dadurch nicht erträglicher wird, daß Salvador sein Versprechen, die ihm Angetraute unberührt zu lassen, einhält.

Die Lösung ist auch in diesem Roman wieder eine Deus-ex-machina-Lösung: dem Unfalltod des angetrauten Paares in den Bergen folgt der Rückzug des unglücklichen Liebhabers in die Einsiedelei, die dem Roman den Namen gibt. Der Realismus macht vor der Darstellung des Ehebruchs halt, die sentimentale Geschichte endet romantisch: mit dem schicksalhaften Tod des Ehepaares und dem Heiligenschein des seine Leidenschaft sublimierenden Liebhabers. Balzacs Einfluß scheint wirksam zu sein, Flauberts Lösung dagegen ist für Teixeira de Vasconcelos nicht denkbar. Während sein letzter Roman *Lição ao Mestre* (1875) unwahrscheinliche Abenteuergeschichten à la Sue und Dumas enthält, wetteifert Teixeira in den *Viagens na Terra Alheia* (1863) schon im Titel mit Garretts berühmtem Roman. Die nach dessen Vorbild in den Reisebericht – *De Paris a Madrid* ist der Untertitel – eingestreute Romanhandlung tritt aber in der Bewertung durch die Literaturkritik gegenüber dem reinen Reisetagebuch zurück.

Kurz nach dem Erscheinen von Eugène Sues *Mystères de Paris* (1843) erschienen in Lissabon die ersten *Mistérios de Lisboa* von António da Cunha Sotto-Mayor. Bis zu dem Werk gleichen Titels von Camilo Castelo Branco (1854) erschienen 1851 die vier Bände *Mistérios de Lisboa* von Alfredo Hogan (1830–1865) und ein anonymes Werk gleichen Titels. Eigentlich gehört zu diesen Nachahmungen Eugène Sues auch die *Viagem à roda de Lisboa* (1855) von Francisco Maria Bordalo (1821–1861), dessen intrigenreiche Bordromane *Eugénio* (1846) und *A Nau de Viagem* (1850f.) im Zusammenhang mit konventionellen Zwischenfällen zwischen den Reisenden auf Passagierschiffen Vorbild für manchen sentimentalen Seeroman oder auch für den geschlossenen Rahmen bevorzugende Kriminalstories sein könnten. Die ›Geheimnisse von Lissabon‹ bestehen zum großen Teil aus der Beschreibung volkstümlicher Typen, wobei das Interesse mehr dem lasterhaften Leben der nächtlichen Großstadt gilt.

António da Cunha Sotto-Mayor plante zusammen mit Dom João de Azevedo de Sá-Coutinho (1811–1854) eine sogenannte «Triogonia Romântica», d.h. eine romantische Trilogie, von der nur zwei Bände mit den Titeln *O Céptico* (1849) und *O Misantropo* (1851) publiziert wurden. Beide Werke erschienen ohne Angabe von Autoren und sollten eine Analyse der Weltanschauung der Zeit darstellen, welche im Bereich der Philosophie zum Skeptizismus und im Bereich der

Politik zur Misanthropie neigte. Sie werden allgemein João de Azevedo zugeschrieben. Die Titel der Romane sollten eine Weltanschauung dokumentieren, zu der die jeweiligen Helden aufgrund ihrer Erfahrung gelangten. Die Misanthropie als Steigerung der Skepsis ist für den Autor eine Konsequenz des verlorenen Glaubens, dem ein geplanter dritter Band gewidmet war. Das logische Konzept vertrug sich schlecht mit der Handlung und der Psychologie der Charaktere. Der „Skeptiker" Jorge verliebt sich in der Hauptstadt Lissabon in eine Verkäuferin, die ihn zusammen mit ihrer Verwandtschaft schamlos ausnutzt. Er entkommt dem sicheren Tod nur durch die aufopferungsvolle Liebe einer armen Witwe. *O Céptico* ist ein Ich-Roman voller philosophischer Reflexionen des Helden Jorge. Seine Bedeutung liegt in den Sittenschilderungen des volkstümlichen Milieus im alten Maurenviertel, den Spielhöllen und den «bas fonds». Ehebruch, Prostitution, Maskerade, Verstellung und Unehrenhaftigkeit sind dann auch die Merkmale des *Misantropo*. Herculano war entsetzt über die sich durch das französische Vorbild in den portugiesischen Roman einschleichende Immoralität.

Im Jahre 1846 publizierte die «Revista Universal Lisbonense» den 1849 in Buchform erschienenen Roman *Memórias de um Doido* von António Pedro Lopes de Mendonça (1826–1865). Maurício, der Held der *Memórias*, ist jener romantische „Irre", der Lord Byron zitiert und Werthers Leiden bis zum fatalen Selbstmord nachvollzieht. Maurício sucht den gesellschaftlichen Aufstieg innerhalb einer unbeweglichen Gesellschaft, verliebt sich in eine dreißigjährige Gräfin, verläßt seine oppositionellen Freunde, entpuppt sich aber dann als ein nicht anpassungsfähiger „Irrer": anstatt sich in die neue gesellschaftliche Schicht, in die er sich erhoben hat, zu integrieren, bricht er aus ihr aus. Er ist ein Aussteiger, der aus dem Nichts kommend die gesellschaftlichen Strukturen für sich ausnutzt und dann angeekelt von deren Korruption und Mittelmäßigkeit die Unterordnung unter den Zwang der Verhältnisse und unter den Zwang des Materiellen nicht mitmacht.

Es stellt sich heraus, daß das Ideal des Helden, das sich hinter der Ambition, die den Helden zu gesellschaftlichem Aufstieg zwang, versteckte, mehr als praktischen Realismus enthielt. Dieses „Mehr" ist gleichzeitig ein persönliches und ein soziales Ideal. Das gesellschaftliche Ideal ist für Maurício die Verbesserung der Verhältnisse eines in Lethargie vegetierenden Volkes. Sein persönliches Ideal und seine Sensibilität zwingen ihn, die Kreise der verderbten Gesellschaft zu verlassen. Dabei genügt Maurício ein zynischer Skeptizismus nicht. Maurício scheitert an der Gesellschaft, er scheitert aber auch an der inneren Widersprüchlichkeit seiner eigenen Person und erweist sich damit als einer der echten romantischen Helden der portugiesischen Literatur. Maurício ist der „doido“, der „Irre“, weil er das Unmögliche sucht. Anders als der ihm verwandte Held Carlos aus Garretts *Viagens na Minha Terra* kann er seine Zukunft nicht auf der Lüge aufbauen. Maurício gehört der hochsensiblen, nervösen und bleichen Romantikergeneration an, die die Leere des Daseins in ihrer eigenen Seele fühlt und eine tiefe Abscheu vor dem Leben entwickelt. Die Sensibilität des Helden bestimmt die Handlung des Romans. Maurício ist aber ein „Irrer“ nur in bezug auf die Gesellschaft, die ihn umgibt. Lopes de Mendonça nimmt mit der Bezeichnung des „Verrücktseins“ für seinen Helden dessen Verurteilung durch die Gesellschaft vorweg. Ein bürgerlicher Held, der humanitären Idealen folgt, kann für diese Gesellschaft, zu der sich auch der zeitgenössische Leser zählen mußte, nur verrückt sein. Die Titelgebung erweist sich als bittere Ironie. Die Handlung wird unterbrochen von Selbstreflexionen des Helden und von Kommentaren des Schriftstellers oder seiner Freunde, die er als eine Art Zensoren in den Roman integriert. Der Roman beginnt mit langen Beschreibungen und kommt erst im vierten Kapitel zur eigentlichen Entfaltung der Intrige, der Ambitionen und Versuchungen, die schließlich in die Desillusion münden. Auf den dramatischen Höhepunkt, den Tod des Helden, folgt ein distanzierendes Kapitel, in dem die Freunde des Dichters über das Werk und andere ästhetische Probleme diskutieren, bevor sie sich in die Opera de São Carlos begeben. Der Roman zeigt die politischen Spiele und Interessen der in der Gesellschaft den Ton angebenden Schichten. Er zeigt aber gleichzeitig auch eine Physiologie des Herzens, in der Schrecken und Leidenschaft, Tränen und Leiden, Tugend und Laster ihren Platz haben.

Die letzten Jahre der Regierungszeit D. Marias II. und die sechs Jahre dauernde Herrschaft ihres Sohnes Dom Pedro V. (1855–1861) waren gekennzeichnet durch eine allgemeine politische Beruhigung, die sogenannte Regeneration Portugals. Die fast diktatorische Herrschaft des Ministerpräsidenten Costa Cabral war durch einen militärischen Aufstand unter der Führung des Duque de Saldanha abgelöst worden. Der Duque de Saldanha meinte später, seine Erhebung sei einer Revolution der Volksmassen gegen den ungeliebten Costa Cabral zuvorgekommen. Die Regeneration versprach Gerechtigkeit und Freiheit, Freiheit auch im ökonomischen Sinne. Der in den folgenden 35 Jahren mit verschiedenen Intervallen tonangebende Minister war Fontes Pereira de Melo. Fontes Pereira ist der Begründer des industriellen Zeitalters in Portugal; unter ihm wurden Eisenbahnen und die Telegraphie eingeführt.

Der junge König verband sein Interesse am materiellen Fortschritt des Landes mit einem Programm der öffentlichen Bildung. Eines seiner Projekte war die Gründung der philosophischen Fakultät von Lissabon. Diese neue Universität sollte die schwerfällige und schlecht durchschaubare Universität von Coimbra für den Sektor der Ausbildung der Sekundarlehrer in ihrer Bedeutung schwächen. Pedro V. und Fontes Pereira wurden Symbol für eine neue soziale und ökonomische, ja auch kulturelle Struktur des Landes. Fontes Pereira war ein Praktiker. Er öffnete das Land für das internationale Kapital, um die portugiesischen Kapitalisten und Geldanleger zu neuen Investitionen zu zwingen. Zu dieser ökonomischen Entwicklung gehörte auch der Handel mit den Kolonien. Den ökonomischen Aspekt dieses Kolonialhandels begleitet der humanitäre Aspekt, der sich die „Zivilisierung des armen Wilden" zum Ziele setzt. Unter die humanitäre Bewegung fällt die Abschaffung der Sklaverei im Jahre 1856.

Dem Gedanken des Fortschritts diente auch die Gründung der «Escola Politécnica», die zunächst als militärische Institution bestand und dann der zivilen Ausbildung von Ingenieuren und Technikern zugänglich gemacht wurde. Die schon genannte philosophische Fakultät von Lissabon existierte zunächst ab 1858 in der Form eines Curso Superior de Letras. Es gab dort drei Lehrstühle, den Lehrstuhl für Geschichte und die Lehrstühle für antike und moderne Literatur. Es folgten bald zwei Lehrstühle für allgemeine Philosophie und für die «Filosofia Transcendental». Der Lehrstuhl für Geschichte wurde mit dem Herculano-Schüler Rebelo da Silva besetzt, der Lehrstuhl für moderne Literatur mit dem Romancier und Literaturkritiker António Pedro Lopes de Mendonça, dessen Nachfolger Mendes Leal wurde.

Die revolutionären Gedanken, die Europa im Gefolge der 48er Revolution durchzogen, erreichten auch Portugal. Es erscheinen Untergrundzeitungen mit dem Titel «A República», «Jornal do Povo» und «O Eco Popular» oder «A Fraternidade», erste Publikationen im Fahrwasser eines idealistischen, utopischen Sozialismus in den Jahren nach 1848. Der Titel einer Lissabonner Zeitschrift aus dem Jahre 1850 «O Eco dos Operários» weist darauf hin, daß auch in Portugal der Arbeiter den Handwerker abzulösen beginnt. Entsprechend der marxistischen Definition wird hier der Mensch in seiner sozioökonomischen Situation definiert. Es entstehen ebenfalls die ersten Arbeitervereine, etwa der «Centro Promotor dos Melhoramentos das Classes Laboriosas» mit Herculano und Castilho als Mitgliedern. Einer der

Herausgeber des «Eco dos Operários» war Lopes de Mendonça, der mit seinen *Memórias de um Doido* bereits seine Kritik an der herrschenden Gesellschaft ausgesprochen hatte. Lopes de Mendonça geht aus von einem sozialen Humanitarismus, der die ungerechte Verteilung des Eigentums kritisiert, und nimmt als Herausgeber des «Eco dos Operários» schließlich eine sozialistische Position ein. Lopes de Mendonça mag als Beispiel gelten für viele Romantiker, deren Ideale in der Realität unverwirklicht blieben und deren Menschenfreundlichkeit zu revolutionären Theorien führte. Im Jahre 1851 veröffentlichte Henriques Nogueira (1825–1858) seine *Estudos sobre a Reforma em Portugal*. Es handelt sich um eine heftige Kritik an der dekadenten Gesellschaft und um den Versuch, mit Hilfe des Mottos „Freiheit, Gleichheit, Brüderlichkeit" der Bildung eines Proletariats entgegenzuwirken.

Henriques Nogueira glaubte seinen menschenfreundlichen Zielen mit einer Föderation der iberischen Völker näherzukommen. Seine Überlegungen zu Wirtschafts- und Sozialreformen ergänzen die konservativen Schriften Castilhos über die *Felicidade pela Agricultura* und die Herculanos über die föderative Verfassung. Unter den Philosophen der Zeit zeigt der Mathematiker Pedro de Amorim Viana (1823–1901) in seinem Werk *Defesa do Racionalismo e Análise da Fé,* das er 1866 publizierte, vitalistische Tendenzen. Gott ist für ihn der Motor einer kontinuierlichen Schöpfung. Sein rationalistischer Gottesbegriff brachte ihn in eine heterodoxe Situation gegenüber der Kirche. Der Mensch nimmt teil an dem schöpferischen Prinzip, er ist unsterblich und seine Situation ist durch den optimistischen Gedanken einer permanenten Perfektibilität gekennzeichnet. In gleicher Weise ist die soziale Organisation vom Gedanken des Fortschrittes geprägt. Amorim Viana war ein guter Kenner Proudhons. Seine Konzeption mündet in einen utopischen Sozialismus. Der materielle Fortschritt ist für ihn mit fortschreitender Gerechtigkeit und fortschreitendem Wohlergehen verbunden. Seine Kritik an der Religion betrifft auch wieder nur die organisierte Religion, d.h. die Kirche. Gerade unter diesem letzten Aspekt wurde er allerdings, unter anderem von Camilo Castelo Branco, der einen Artikel über die weltliche Macht des Papsttums rügte, kritisiert. Es mischten sich verschiedene Strömungen des liberalen Freidenkertums, antikonservative Kräfte der sozialistischen Bewegung und aus Frankreich importierte Gedanken (*La Vie de Jésus* von Renan wurde 1864 ins Portugiesische übersetzt) zu einer antiklerikalen Haltung der führenden geistigen Kräfte Portugals dieser Jahre. Die Kirche trug durch Versuche, die vertriebenen Orden wieder in

Portugal zu etablieren und unter anderem wieder Einfluß auf das Erziehungswesen zu nehmen, nicht unerheblich zur Verschärfung dieser Situation bei. Henriques Nogueiras Vorstellungen von der iberischen Union konkretisieren sich zeitweilig durch dynastische Überlegungen einer Hochzeit zwischen Dom Pedro V. und einer spanischen Prinzessin. Wichtiger waren allerdings die republikanischen Vorstellungen von einer sozialistischen Verbrüderung der beiden iberischen Völker als Vorstufe zu einer universellen Verbrüderung. Natürlich fanden die Gedankenspiele um eine iberische Union heftige Kritiker, unter ihnen Herculano, Rebelo da Silva, Mendes Leal und Palmeirim.

Das sozialpsychologische Interesse

Der bekannteste Romancier ist Camilo Castelo Branco. Er wurde 1825 geboren und setzte seinem Leben 1890 ein Ende. Die Literaturgeschichte hat vor allem seine Liebes- und Ehegeschichten immer wieder kolportiert: überstürzte Hochzeiten, Raub von und Flucht vor Mätressen, Gefängnis wegen Ehebruchs mit einer verheirateten Frau usw. Camilo arbeitete als Journalist und veröffentlichte seine ersten Werke in diversen Zeitschriften. Sein erster Roman mit dem Titel *Anátema* erschien 1851 in der Zeitschrift «A Semana» in Lissabon als Feuilletonroman. 1850 trat er in ein kirchliches Seminar ein, in dem er 1852 die niederen Weihen erhielt. Vergeblich bemühte er sich in Lissabon und in Porto um eine Anstellung im öffentlichen Dienst. Seine Aktivitäten waren augenscheinlich so vielseitig, daß er sich nirgendwo Vertrauen erwerben konnte. Mit den Hinterlassenschaften des Ehemanns seiner Lebensgefährtin konnte sich Camilo schließlich in der nördlichen Provinz Minho ein geruhsames und zurückgezogenes Leben leisten. Sein über 80 Bände umfassendes Werk enthält eine Vielzahl von Romanen, Novellen, Kritiken, zwei Bände Poesie und fünfzehn Theaterstücke. Gegen Ende seines Lebens wurde Camilo Castelo Branco zu einer nationalen Größe.

Doch die Zeiten hatten sich bereits geändert, und eine neue Generation formulierte neue ästhetische Prinzipien. Camilo verband sich mit Castilho gegen die neue realistische Schule, die sich gegen Ende der 60er Jahre formiert hatte. Mit den beiden Werken *Eusébio Macário* (1879) und *A Corja* (1880) parodierte Camilo die realistischen Romane seiner Zeit. Camilos Werk schwankt zwischen den Idealen einer gequälten romantischen Seele, die sich mit französischen Lektüren nährt, und der Realität traditionsreicher Strukturen des portugiesischen Nordens, in denen sich katholische Mentalität, heidnischer Aberglaube und politische Leidenschaften niederschlagen.

Camilo ist der Schriftsteller des portugiesischen Nordens. Porto und die Landschaft des Minhos sind sein Ambiente. Der Wunsch, die sozialen Strukturen zu analysieren, deckt sich nicht immer mit der Notwendigkeit der einfachen Handlung und der individuellen Charaktere. Handlungsträger sind der Landadel des Nordens, die reichen Brasilienheimkehrer, reiche Kaufleute und Beamte, die ihre Töchter gut verheiraten wollen. Die Charaktere ordnen sich der Handlung unter. Diese setzt sich aus folgenden Elementen zusammen: plötzlicher Reichtum, vorenthaltene Erbschaften, Erkennen verwandtschaftlicher Beziehungen, Familienrivalitäten, soziale Hindernisse (*Estrelas Propícias* – 1863; *Carlota Ângela* – 1858; *O Que Fazem Mulheres* – 1858), Rache nicht anerkannter oder enterbter Kinder (*Anátema; Vingança* – 1858) oder Kalkül armer Frauen, die alte und reiche Männer heiraten (*A Filha do Arcediago* – 1854; *Os Brilhantes do Brasileiro* – 1869).

Der erste Roman *Anátema* (1851) ist ein Feuilletonroman voller abenteuerlicher Höhepunkte, der sich weder genau in die Tradition des historischen Romans einreiht noch dem Gegenwartsroman zuzuordnen ist. Die Handlung spielt in der ersten Hälfte des 18. Jahrhunderts. Die alltäglichen Situationen aber entsprechen der Erfahrung seiner Zeit und einem sozialen Rahmen, den Camilo gut kannte: es ist der Norden mit seinen archaisierenden sozialen Strukturen. Die Romanfiguren entstammen dieser stagnierenden und zeitlosen Umwelt. Der Autor selbst nimmt als Erzähler immer wieder zu seinen Figuren Stellung, er warnt seine Leser vor der Nachahmung oder äußert seine Freude über die guten Seiten seiner Figuren. Die Distanz zwischen dem Leser und dem Protagonisten wird auf diese Weise immer gewahrt. Auf den Roman *Anátema* folgen 1854 die drei Bände *Mistérios de Lisboa* und das Tagebuch des Padre Dinis mit dem Titel *O Livro Negro do Padre Dinis*, das in einer Bühnenfassung von Ernesto Biester 1863 unter dem Titel *A Penitência* im Teatro D. Maria II aufgeführt wurde. Der große Durchbruch gelang dem Autor mit dem Roman *Amor de Perdição*, den er 1861 im Gefängnis schrieb.

Die Fabel des Romans basiert auf einem realen Ereignis aus Camilos Familie. Die unglückliche Liebe Simãos und Teresas, die schließlich in einem Kloster stirbt, stellt für Camilo eine neue Romeo-und-Julia-Situation dar. Simão Botelho und Teresa de Albuquerque sind die Liebeshelden par excellence der portugiesischen Literatur geworden. Die Liebe zu Teresa stellt für Simão Botelho das einzige

Handlungsmotiv dar. Wie ein Fatum motiviert die Liebe alle Handlungen bis zum Tod der Liebenden. Liebe und Tod sind in der Sicht des Romantikers eine geistige und gefühlsmäßige Einheit eingegangen. Die Schwierigkeiten, die der Realisierung der Liebe entgegenstehen, lassen den beiden Liebenden nur die Hoffnung auf eine Vereinigung in der Ewigkeit. Am Fenster ihres Klosters, in das ihr Vater sie hatte bringen lassen, sieht Teresa ihren Geliebten, der wegen der Tötung seines Rivalen einem tragischen Schicksal in der Verbannung entgegengeht.

Für das romantische Herz ist die Welt ein unvollkommener Übergang ins Jenseits. Die Briefe, die Simão Teresa schreibt, offenbaren den romantischen Dichter in ihm, der Gefühle, Träume und Sehnsucht zu einem idealisierenden Bild der Geliebten verdichtet. Das Leiden um der Liebe willen kann nur einen Sinn haben unter dem Aspekt der Vereinigung in der Ewigkeit. Doch die Geschichte von Teresa und Simão ist eigentlich eine Dreiecksgeschichte. Neben Teresa steht Mariana, Simãos Vertraute, sein Engel, seine Schwester. Sie ist nicht die verlassene Geliebte, die dem sterbenden Protagonisten der *Memórias de um Doido* des Lopes de Mendonça im Tode beisteht, sondern die stille Liebende, die sich nach Simãos Tod selbst umbringt. Sie hatte nie Hoffnungen auf eine erfüllte Liebe, ist dem geliebten Simão aber stets diskret und leidend nahe. Sie kann nur seinen Leichnam umarmen, bevor sie selbst auf hoher See stirbt. Während Teresa den romantischen Typ der jungen Liebenden darstellt, der voraussehbar seinem Untergang zueilt, sich dem väterlichen Willen widersetzt, ins Kloster eintreten muß und schließlich schwindsüchtig stirbt, ist Mariana eine Person, die auf die Ereignisse reagiert. Sie wählt selbst ihren Tod in einer dramatischen Logik, die eine Willenskraft verrät, welche nicht der romantischen Frauengestalt entspricht.

Hier und da scheint die Dreiecksgeschichte über die Opposition moralischer Werte hinauszuwachsen und zu einem psychologischen Konflikt in der Seele Simãos zu werden. Doch die Augenblicke eines solchen Konflikts sind selten. Mariana stellt eine unmögliche Liebe dar, zumal sie aus einer unteren Volksschicht stammt und keine echte Alternative für die von Camilo vorgestellte Aristokratie der beiden feindlichen Familien bedeutet. Die sozialen Klischees spielen in Camilos Konzeption eine Rolle: diskretes Leiden und Treue sind Eigentümlichkeiten der niederen Schichten, die mit den Gefühlen des Stolzes und der Grausamkeit der Aristokratie kontrastiert werden. Das grausame Geschick der beiden jungen Liebenden ist angelegt in den Vorurteilen einer dekadenten Adelsschicht, die mit ihren unmenschlichen Strukturen die Rechte der Liebe mißachtet. Ohne in den Thesenroman zu verfallen, gibt Camilo der sentimentalen Geschichte der zwei Liebenden einen sozialen Stempel, der durchaus den Gefühlen einer sozialen Romantik entspricht. *Amor de Perdição* ist dennoch eher ein romantisches Gedicht, in dem alle Gedanken und Gefühle der Protagonisten von Liebe und Leidenschaft konditioniert sind. Die Situierung der Handlung zu Beginn des 19. Jahrhunderts bewirkt eine gewisse Distanz zum Leser und erübrigt eine zu genaue Beschreibung der alltäglichen Realität.

O Romance dum Homem Rico (1861) konfrontiert die reine, uneigennützige Liebe mit der instinktiven Leidenschaft, die schließlich geläutert durch die Wechselfälle des Lebens zu einem geistigen Einvernehmen mit der verschmähten Jugendliebe führt. Der sich aufopfernde Liebende, der mittlerweile Priester geworden ist, kann schließlich im christlichen Geist den Verzicht und das Opfer preisen. Ähnlich erbaulich endet *O Bem e o Mal* (1863) mit dem Triumph der „alten" Tugenden des Evangeliums: der Kampf zweier Liebenden gegen den Vater der Braut wird am Ende legitimiert durch die Erkenntnis, daß der wegen seiner undurchsichtigen Herkunft abgelehnte Bräutigam ein Neffe des Brautvaters ist. Zwei Jahre nach *Amor de Perdição* erschienen die *Memórias de Guilherme do Amaral*, der dritte Band einer Trilogie, deren erste Bände 1856 und 1857 mit dem Titel *Onde está a Felicidade* und *Um Homem de Brios* erschienen waren. Guilherme do Amaral, der männliche Protagonist der Trilogie, ist ein Opfer der Literatur. Besonders die Lektüre der französischen zeitgenössischen Autoren hat ihn zu einem verzweifelten Skeptiker werden lassen. Da er sich nicht mehr in die Enge des mondänen Lebens Lissabons einordnen kann, zieht er nach Porto. Dort verliebt er sich in die Näherin Augusta, bis ihn die große Liebe einer 'femme fatale' mitreißt. Der Roman erforscht die Gefühle Guilhermes bis in feinste Subtilitäten. Guilherme verläßt die schwangere Näherin und folgt der geliebten 'femme fatale' bis nach London. Nach einigen Jahren kehrt er illusionslos zu Augusta zurück, die in der Zwischenzeit einen Jugendfreund geheiratet hat. Die beiden Liebenden konstatieren den Fortbestand ihrer Liebe, ohne daß ihr Vollzug möglich wäre. Guilherme verfällt schließlich dem Wahnsinn, und Augusta stirbt angesichts des nicht zu bewältigenden Schmerzes. Die Lösung ist ganz romantisch. Der Schematismus wird im letzten Roman allerdings kompliziert durch ein Tagebuch, das die ungeliebte Virginia parallel zu den Memoiren Guilhermes führt. In diesem Tagebuch erscheint die Figur

Guilhermes in einem zusätzlichen Licht. Liebe und Verzweiflung erhalten dadurch eine neue Dimension.

Im Jahre 1864 publiziert Camilo Castelo Branco einen Roman mit dem Titel *Amor de Salvação*, der eine Antwort auf den Titel *Amor de Perdição* darstellt. Es gibt also die Liebe, die zum Untergang des Helden führt, und die Liebe, die den Helden rettet. Der Protagonist dieses Romans bleibt wie seine Vorgänger von der unglücklichen Leidenschaft nicht verschont, seine moralischen Krisen münden allerdings im Frieden des Landlebens, dem Glück in der elementaren Natur als Kontrapunkt zu Leidenschaft, Ehebruch, Untreue und Desillusionierung. Eine ähnliche Lösung schlägt Camilo in seinem Roman *Coração, Cabeça e Estômago* aus dem Jahre 1862 vor. Es handelt sich um eine Art Lebenskünstlerroman, der eine Kritik an den Sitten und den Gefühlen seiner Epoche beinhaltet und schließlich das Landleben als eine alternative Art sentimentaler Ökologie anpreist, wenn auch nicht mit dem gewünschten Erfolg für den Helden Silvestre. Die *Novelas do Minho*, die Camilo 1875 bis 1877 publiziert hat, zeigen allerdings auch hier eine Desillusionierung des Autors. Auch das Landleben löst nicht die Probleme, die durch die Unbeständigkeit des menschlichen Gefühls entstehen. Aber vielleicht ist diese antiromantische Wende auch ein Ergebnis der neueren Schriftstellergeneration, die Camilo Castelo Branco mit den Erfahrungen des beginnenden Realismus in Portugal konfrontierte.

Die Realität der acht *Novelas do Minho* ist eine Welt ohne romantische Illusion. Die beiden Spätwerke *A Brasileira de Prazins* (1882) und *Vulcões de Lama* (1886) zeigen dann schließlich ein fast naturalistisches Milieu, in dem – wie das Vorwort kommentiert – die Leidenschaften wie Vulkane ausbrechen und ihre Umgebung mit ekelerregendem Schmutz bedecken. Während der zeitgenössische Romancier Júlio Dinis, mit dem Camilo verglichen wird, weiterhin eine idyllische Vision des Landlebens vermittelt, übernimmt Camilos Prosa die realistischen Aspekte. Sie zeigen sich schon 1866 in *A Queda dum Anjo*, wo ein satirisches Porträt eines fanatischen Konservativen aus dem Norden gezeichnet wird, der als Abgeordneter in Lissabon mit menschenfeindlicher Intransigenz politischen und moralischen Verfall geißelt, dann aber selbst das Opfer der Leidenschaft wird: mit einer entfernten Verwandten betrügt er seine auf dem fernen Landsitz zurückgelassene Frau und mit neuen liberalen Ideen seine politischen Freunde. Realistische Elemente sind auch in der psychologischen Analyse des Ehebruchs im *Livro de Consolação* (1872) enthalten: der Held Eduardo wandelt sich vom treuen Verehrer einer Frau, die ihm verwehrt wird, zu einem Don-Juan-Typ, der schließlich die Ehe seines Freundes zerstört und dafür von diesem umgebracht wird. *A Brasileira de Prazins* dagegen zeigt deutlich Spuren der naturalistischen Schule, wenn auch der Untertitel 'Cenas do Minho' die Verbindung zu Balzac herzustellen scheint: Der Wahnsinn der Protagonistin entspricht einer Familientradition, die Beschreibung gehorcht den Gesetzen der teilnahmslosen Objektivität, die Sprache scheut nicht triviale und vulgäre Ausdrucksformen. Die äußere Handlung bewegt sich dagegen in den gewohnten Bahnen der verhinderten Liebesheirat und der erzwungenen Vernunftehe: die „vernünftig" verheiratete Protagonistin Marta kommt ihren Ehepflichten zwar nach und bringt dem reichen Brasilienheimkehrer fünf Kinder zur Welt, glaubt aber in ihrer Schizophrenie, an der Seite ihres verstorbenen José Dias zu leben und so ihrer Jugendliebe die Treue zu halten.

Camilos Helden erlangen reelles Sein nur durch die Liebe. Die junge Liebende, die treue Ehefrau, die 'femme fatale' oder die Ehebrecherin sind je nach den Umständen die Figuren, die den mit ihnen konfrontierten männlichen Helden jeweils psychologische Konsistenz verleihen. Die Frau ist gleichzeitig Opfer und Handlungsagens. Camilos Romane sind keine Thesenromane, sie offenbaren aber eine tragische Weltanschauung, die sich einer Rationalisierung entzieht. Das Vorwort von *Anátema* (1851) und das Nachwort von *A Brasileira de Prazins* (1882) enthalten distanzierende Worte des Autors sowohl in bezug auf die Romantik wie auch auf das positivistische Programm der Realisten. Weder der vage Idealismus des Romantikers noch die realistische Reaktion im Sinne der Utilität, des Fortschritts und der Menschenwürde haben für Camilo einen Sinn. Camilos Helden führen einen blinden Kampf gegen ein zerstörerisches Fatum. Das Schicksal bleibt Sieger, die Erde ist das Tal der Tränen, das die biblischen Berichte zitieren. Camilo kämpft trotzdem gegen zwei Vorurteile, das Vorurteil des privilegierten Kastenwesens und das moderne Vorurteil des erfolgreich einzusetzenden Kapitals. Gegen beide Prinzipien stellt er das Ideal der Liebe. Aus dieser Gegenüberstellung entsteht die manichäistische Polarisierung zwischen Gut und Böse. Aber seine Kritik an der Gesellschaft im Namen des Ideals der Liebe ist eine rein poetische. Sie betont das menschliche Bedürfnis nach Flucht aus einer dem Menschen und seinen Bedürfnissen nicht adäquaten Umgebung. Camilo hielt sich selbst für den portugiesischen Balzac. Seine Personen und ihre Geschichten bilden auch schon für die Zeitgenossen nach 1870 eine portugiesische «Comédie humaine». Camilos Werdegang zeigt in gewisser Weise auch die Entwicklung der portugiesischen Literatur in der Mitte des 19. Jahrhunderts: von Eugène Sue zu Victor Hugo, von Victor Hugo zu Balzac. Die Geheimnisse der Großstadt sind für Camilo schließlich weniger interessant als die Geheimnisse der menschlichen Seele.

In der Technik des Romans ist Camilo allerdings seinen Anfängen treu geblieben. Der Erzähler kommentiert immer wieder die erzählte Geschichte, er ist sichtbar anwesend. Mit voreiligen Schlüssen und Zusammenfassungen wird die psychologische Analyse vorangetrieben. Camilo ist bekannt als großer Polemiker. Seine aggressive Feder wird nicht von einem analytisch geordneten Geist geführt. Er attakkiert, indem er versucht, seine Gegner lächerlich zu machen. Er zeigt sich dabei als konservativer Bürger und Anhänger einer gefühlsmäßig orientierten Religiosität. Nach den sprachlichen Erneuerungen durch Garrett bemüht sich Camilo um die Bereicherung der portugiesischen Sprache durch den Rückgriff auf die barocke Vielfalt des 17. Jahrhunderts und auf die volkstümlichen Redeformen Nordportugals. Die Generation der 70er Jahre, die den Realismus in die portugiesische Literatur einführte, verachtete Camilos Sprache zusammen mit dem ungewöhnlich konservativen Ambiente der Romane und Novellen, welches Camilos Isolation in der dörflichen Zurückgezogenheit seines Wohnsitzes im Minho widerspiegelte. Aber die Kritik der Realisten an Camilo verhinderte nicht, daß er der populärste Romancier des 19. Jahrhunderts wurde. Er hatte die geistigen und gefühlsmäßigen Strukturen der portugiesischen Nation einfangen können. Die sozialen Widerstände gegen die jugendlichen Leidenschaften, die mit Rücksicht auf die Familien geschlossenen Ehen, die verführten und verlassenen Mädchen in seinen Romanen sind Abbild der moralischen Strukturen einer zurückgebliebenen Gesellschaft. Die Biographie des Autors zeigt, wie sehr diese Strukturen sein eigenes Leben bestimmt haben. Selbst die Wortführer der neuen Generation, Antero de Quental und Teófilo Braga, erkannten in *Amor de Perdição* das epochale Ereignis. Für sie ist der Roman der *Werther* der Iberischen Halbinsel.

Der Publikumsgeschmack der fünfziger Jahre: Das Amalgam von historischem Roman und Gegenwartsroman

Das Romanschaffen Portugals blieb allerdings immer noch hinter den Erfolgen des Auslands, die in großer Zahl ins Portugiesische übersetzt auf den Markt gebracht wurden, zurück. Erfolgsautoren waren Sue, Chateaubriand, Dumas und Hugo. In der portugiesischen Produktion rückte Rebelo da Silva den historischen Roman immer näher an die Gegenwart. Seine bevorzugte Epoche wurde das 18. Jahrhundert mit den Titeln *A Mocidade de D. João V, Lágrimas e Tesouros* (1863), *De Noite Todos os Gatos são Pardos* (1874). Auch Camilo hat mit *O Judeu* (1866), *O Regicida* (1875), *A Filha do Regicida* (1876) und *A Caveira da Mártir* (1876) historische Romane geschrieben, doch verraten sie wenig historisches Bewußtsein. Camilo übertrug seine leidenschaftlichen Charaktere von der Gegenwart in die Vergangenheit. Der analysierende Blick des Historikers blieb ihm fremd. Der historische Roman entwickelt auch weiterhin fruchtbares Eigenleben.

João de Andrade Corvo (1824–1890) widmete sich dem 17. Jahrhundert, verzichtete aber in dem vierbändigen Roman *Um Ano na Corte* (1850–1851) nicht auf die Beschreibung von Herz und Gefühl, von Natur und Landschaft. Das heißt auch, Andrade Corvo bleibt nicht unbeeinflußt von dem neuen Schema der psychologischen Analyse des menschlichen Verhaltens. Die geschickte Kombination historischer Fakten mit den Elementen des Romans (der Intrigant, die Wahrsagerin usw.) bewirken die Wahrscheinlichkeit der Handlung. Diese vollzieht sich – dem Titel entsprechend – in einem Jahr, ausgehend von der Ankunft des Helden Francisco de Albuquerque in Lissabon bis zum Ausbruch der Revolte gegen König Afonso VI. (1666/1667). Liebschaften, Hofintrigen, heroische Liebe und fatale Leidenschaft, gefährliche Botschaften, Mord und die Entwicklung der Liebe zwischen der zurückgelassenen Braut des Protagonisten und seinem Freund Luís de Mendonça sind ihre Stationen, die schließlich das Happy-End der Ehe zwischen der empfindsamen Teresa und ihrem treuen Luís vorbereiten, während Francisco de Albuquerque als Missionar in die Fremde zieht.

Ein Autor aus der historischen Schule Herculanos mit gleichen Merkmalen wie Rebelo da Silva war Arnaldo da Gama (1828–1869). Er vermochte historische Epochen lebendig werden zu lassen, gleichzeitig aber auch das Bewußtsein für Interessengegensätze und Klassenkämpfe innerhalb geschichtlicher Perioden zu wecken. Sein erster Roman *O Génio do Mal* (1856) stellt eine erste soziale Kritik der gesellschaftlichen Widersprüche der Stadt Porto dar. Immerhin bleibt seine Darstellung von Gut und Böse am Beispiel von zwei rivalisierenden Schwestern einem romantischen Schema verhaftet. Eine intrigenreiche Handlung steht im Vordergrund und bestimmt die Charaktere. Die Herkunft aus der Schule Dumas' wird besonders deutlich in der 1853 publizierten Geschichte *Paulo*, die die Widersprüche eines Außenseiters, der Räuber und Poet zugleich ist, beschreibt. In der

Einleitung zu dem historischen Roman *Um Motim Há Cem Anos* (1861) legt Gama die Grundsätze seines literarischen Schaffens dar. Es geht ihm nicht um die komplette Darstellung und Erklärung geschichtlicher Vorgänge, sondern um einen historisch wahren Rahmen, in dem die Darstellung der Charaktere und die Beschreibung des Lokalkolorits im Vordergrund stehen. Die im Titel genannte Revolte ist der Aufstand von ein paar hundert Weinhändlern und Tavernenbesitzern gegen ein königliches Dekret, das eine Art Weinmonopol für die Weine des Dourotals vorsah. Dem Schema der Verbindung historischer Ereignisse von zum Teil lokalem Charakter (*O Sargento-Mor de Vilar* – 1863) und sentimentaler Verwicklungen mit zum Teil erfundenen Figuren folgen auch die weiteren Romane, die dann auch wieder auf die mittelalterliche Geschichte zurückgreifen, wie der postum veröffentlichte Roman *O Balio de Leça* (1872). In diesem letzten Roman Arnaldo Gamas geht es um die Enttäuschung eines alternden Ordenskomturs, der bei einer Wallfahrt ins Heilige Land die verderbten Sitten seiner Ordensritter kennenlernen muß.

All diese Autoren schwanken zwischen dem historischen Interesse und den Anliegen des neu entstandenen Gegenwartsromans. António Coelho Lousada (1828–1859) gibt z. B. in seinem Roman *Na Consciência* – wie das Vorwort suggeriert – eine Antwort auf die von Camilo mit seinem Romantitel *Onde está a Felicidade?* gestellte Frage nach dem Glück. Es liegt in der Selbstbeschränkung, nicht im Geld und nicht im Vergnügen. Das Prisma der sozialen Studien richtete sich mehr und mehr auf die großen Zentren Lissabon und Porto. Júlio Cesar Machado (1835–1890) wetteiferte mit Lopes de Mendonça und ließ dessen *Memórias de um Doido* einige mittelmäßige Romane folgen, ehe er sich den Erzählungen seiner *Contos ao Luar* (1861) und *Contos a Vapor* (1864) widmete. Die letzteren nahmen deutlich Bezug auf die Einführung der Eisenbahn in Portugal. Als geübter Verfasser von Feuilletonromanen erkannte er das Bedürfnis der Reisenden nach geeigneter Reiselektüre und erfand Geschichten zur Lektüre in der Eisenbahn. In der Tradition der «Mistérios de Lisboa» publizierte Machado 1858 einen längeren Roman mit dem Titel *A Vida em Lisboa*. Er konfrontiert darin einen Helden, den er in Balzacs Manier konzipierte, mit der Lissabonner Gesellschaft, die dieser schließlich enttäuscht und desillusioniert verläßt, um nach Brasilien auszuwandern. Der romantische Selbstmord ist zwar verhindert, aber die Konzeption des Romans ist deshalb nicht verändert worden. Sie besteht aus der bunten Mischung großbürgerlicher und adliger Stadtbevölkerung mit den Elementen der Erotik, des Geldes und des Journalismus: aus Politikern, Tänzerinnen und Spielern. Die Ehefrauen der Großbürger und des städtischen Adels beteiligen sich an den Intrigen und Liebschaften, das heißt, die Korruption einer ganzen Gesellschaft verschwört sich gegen die reine Liebe zweier ihrer Glieder. Als das boshafte Spiel der Gerüchte und Verführungen durchschaut wird, ist es für ein Happy-End zu spät: die Protagonistin stirbt, der Held verläßt die Hauptstadt. *A Vida em Lisboa* enthält sprachliche Neuerungen. Indem Júlio Cesar Machado die Sprache dem jeweils beschriebenen Milieu anpaßt, beschreibt er den Weg zum realistischen Roman. Er ermöglicht so die objektive Darstellung des Ambiente in dem Augenblick, als in Frankreich der Realismus zum literarischen Programm erhoben wurde. Während *A Vida em Lisboa* als erste Darstellung der zeitgenössischen Sitten im Roman angesehen werden kann, werden Machados frühe Romane (*Cláudio* – 1852; *A Mulher Casada* – 1852; *Estêvão* – 1853) zu Recht als Fabrikate romantischer Romankonfektion kritisiert.

Der Rückzug auf das Gefühl in der Lyrik

Mit Camilos und auch mit Arnaldo Gamas Romanen wurden Porto und der portugiesische Norden zum Zentrum der fiktionalen Welt dieser romantischen Romane. Porto war eine geschlossene Welt, die vor der Einführung der Eisenbahn in Portugal (die Strecke Porto–Lissabon wurde 1864 gebaut) zu Lande durch eine fast einwöchige Reise und zu See durch eine Zweitagereise mit Lissabon verbunden war. Hier bildete sich eine andere Kultur, welche nach den Aussagen der vorliegenden Quellen des 19. Jahrhunderts vorzugsweise durch die Inhaber von Handelsgeschäften und Handwerksbetrieben sowie durch einzelne Buchhändler bestimmt wurde. Eine französische Buchhandlung sorgte dafür, daß die französischen Werke von Sue, Dumas und George Sand weite Verbreitung fanden. Generationskonflikte zwischen der eingesessenen Bürgerschicht und ihren heranwachsenden Bildungssöhnen sorgten für manche Aufregung in einem sonst lethargischen Milieu. Es gab wie in Lissabon kulturelle Zirkel, und es gab das Theater São João, das Dramen und Opern aufführte. Porto war eine Stadt, die sich Mitte des 19. Jahrhunderts rasch entwickelte, und zwar mit Hilfe des Handels. Die Einwohnerzahl stieg von 1840 bis 1864 von 50000 auf 85000. Sowohl in der Architektur der Stadt als auch im kulturellen Leben insgesamt wetteiferte der Bürgerstolz Portos mit Lissabon und dem übrigen Portugal.

Die Poesie hatte in Porto ebenfalls ein Zentrum. Dort wurde eine Vielzahl kurzlebiger literarischer Zeitschriften mit Poesie gefüllt, deren Verfasser sich „Troubadoure“ oder „Barden“ nannten. Die Inspiration dieser Verse ist bedingt durch den Lebensüberdruß und die Bitterkeit einer Generation, welche ihre Ideale nicht zu verwirklichen versteht. Die Poesie ist weinerlich, es ist eine Poesie der Nacht und der Einsamkeit. Außer Camilos lyrischer Produktion gehört in diese Gruppe unter anderem Mendes Leal mit seinem Poesieband *Cânticos* (1858). Studenten aus Porto edierten in Coimbra die Zeitschrift «Novo Trovador», die sich an den berühmten «Trovador» im Titel anschloß. Der «Novo Trovador» erschien von 1851 bis 1856. Vorbilder dieser neuen Generation sind weiterhin Schiller, Walter Scott, Lamartine und der Spanier Espronceda. Hinter den ritterlichen Balladen und Romanzen verbirgt sich aber kaum ein echtes Gefühl.

Das aufkommende Maschinenzeitalter jagte diesen Dichtern Angst ein. Raimundo António Bulhão Pato (1829–1912), dessen Versepos *Paquita* (1856–1894) berühmt wurde, sah in der Maschine das Ende jeder Kunst. Ebenfalls negativ schätzte der ansonsten sozialistischen Ideen anhängende Lopes de Mendonça den Einfluß des industriellen Zeitalters auf die Lyrik ein. Man flüchtete sich in die romantische Konvention und wetteiferte mit dem Vorbild Garrett. Bulhão Pato schreibt sentimentale, z. T. dramatische Gedichte im volkstümlichen Ton (*Poesias* – 1850; *Versos* – 1862), nähert sich in der sprachlichen Präzision der Darstellung der Konzeption der Parnasse-Dichtung und schließt seine dichterische Karriere angesichts neuer ästhetischer Positionen um ihn herum mit satirischer Lyrik: *Cantos e Sátiras* (1873) und *Hoje – Sátiras, Canções e Idílios* (1888). Schon die *Paquita* zeigt durch die ironische Distanzierung des Erzählers von der stimmungsvollen Situation der Handelnden das Bewußtsein des Autors vom Ende einer poetischen Inspirationsquelle. Es ist die Geschichte der Liebe Paquitas zu ihrem Vetter Pepe, der durch die Intervention einer Tante ein schnelles Ende gesetzt wird. Paquita wird mit einem anderen verheiratet, und Pepe hat seine Studien im fernen Salamanca zu beginnen. Statt zu studieren, erliegt er den Verlockungen erotischer Abenteuer, hat sich mit Wegelagerern bei seinen Reisen abzugeben und kann trotz allem seine Paquita nicht vergessen: er stirbt schließlich an Liebeskummer. Die vielfältigen Brechungen in Form von illusionsstörenden Kontrasten, von Hinweisen auf literarische Klischees oder Vorbilder und die Beteiligung des Lesers an Organisationsproblemen des Poems sprengen die romantische Ausdrucksform und machen aus dem Gedicht eine Parodie, Parodie einer Dichtung, die die zeitgenössischen Dichter noch keineswegs überwunden haben.

Unter den Autoren des «Novo Trovador» zeichnete sich insbesondere der junge António Augusto Soares de Passos (1826–1860) aus, der 1856 seinen Poesieband *Poesias* publizierte, der sofort als ein Höhepunkt des portugiesischen „Ultraromantismo" angesehen wurde. Das berühmteste Gedicht des früh an Lungentuberkulose gestorbenen Dichters ist «O Noivado do Sepulcro». Das Gedicht gibt in seiner Stimmung die pessimistische Vision einer ganzen Generation von Poeten wieder. Es wurde schnell populär, es wurde vertont und in den bürgerlichen Salons der Hauptstadt und in Porto rezitiert. Nacht, Grab, Friedhof, die Vision einer Erscheinung, das sind die Bilder dieses Gedichts. Es ist müßig, eine Vorlage für de Passos' Gedicht zu suchen. Es handelt sich um eine Mode, um ein Konzentrat romantischen Gefühls, das sich auch bei anderen Autoren nachweisen läßt: Luís Augusto Palmeirim schrieb «A Virgem do Sepulcro», Herculano «A Noiva do Sepulcro» und Arnaldo Gama das Gedicht «A Paz no Túmulo». Der «Noivado do Sepulcro» stellt die Hochzeit zweier Liebenden dar, die sich im Leben nicht treffen konnten. Sie begegnen sich um Mitternacht als Erscheinungen auf dem Friedhof. Der eine, noch lebende, beklagt sich, von dem anderen vergessen worden zu sein, der andere Liebende vermag schließlich aus dem Jenseits ein sichtbares Zeichen seiner Liebe zu geben. Das Ergebnis dieser nächtlichen Aussprache wird anderntags von Totengräbern gefunden: zwei Skelette, in einem Grab vereint. Die morbide Situation zeigt einen ungezwungenen Umgang mit dem Tod und mit metaphysischen Problemen, bei dem Natur und Übernatürliches ineinander übergehen. Angesichts der unermeßlichen Weite des Kosmos empfindet Soares de Passos die Verlorenheit des Menschen im Gedicht «Firmamento». Der Gedanke an das Zurückfließen allen Lebens zu Gott läßt ihn seinen alltäglichen Pessimismus, seine Mutlosigkeit und seine Müdigkeit ertragen. Die Hoffnung auf eine Wiedergeburt im Tod kennzeichnet das Gedicht mit dem Titel «A Vida». Den epischen Konflikt zwischen dem Fortschritt der Menschheit und dem Mangel an Glauben und Gottvertrauen gestaltet das 19 Oktaven umfassende Gedicht «O Anjo da Humanidade», in dem ein Engel Gott Rechenschaft über sein Wirken unter den Menschen gibt. Die philosophische Gedankenlyrik stützt sich auf französische Vorbilder. «O Firmamento» ist eine Nachbildung von Lamartines «L'Infini dans les cieux» *(Harmonies Poétiques et Religieuses)*. Ein gewisser christlicher Humanismus verbirgt sich hinter den Gedichten Soares de Passos'. Dazu gehört auch das Lied auf die Freiheit und das Vaterland («O Canto do Livre»; «O Escravo»). Die Dichtung ist ganz auf die Zukunft gerichtet: in ihr wird sich eine universelle Brüderlichkeit in Freiheit organisieren lassen.

Neben Soares de Passos fordert Alexandre Braga (1829–1895) eine hymnenhafte, feierliche Poesie, die er in dem Band *Vozes da Alma* (1849) zu realisieren versuchte. Er und die übrigen „Ultraromantiker“ wie Bulhão Pato, Tomás Ribeiro und Pinheiro Chagas überlebten ihre eigene Epoche, ohne daß sie deren Ende bemerkten. Manuel Joaquim Pinheiro Chagas (1842–1895), Dichter, Historiker, Politiker und erfolgreicher Theaterautor, wurde dann auch 1865 Ausgangspunkt einer Polemik, in der sich die Romantiker gegen die Vertreter einer neuen Schule zur Wehr setzen mußten. Pinheiro Chagas veröffentlichte 1865 einen Band mit zwei sofort heftig umstrittenen Gedichten: *Poema da Mocidade* und *O Anjo do Lar*. Wie bei der *Paquita* Bulhão Patos' handelt es sich bei dem *Poema da Mocidade* um ein episches Gedicht, das in vier Gesängen das Scheitern der Liebe zweier junger Menschen in unterschiedlichen Versmaßen beschreibt. Leidenschaftliche Erregung, melancholisches Verstummen durch die erzwungene Trennung der Liebenden (die Tochter Emma wird auf Befehl der Mutter einen anderen Mann heiraten), der dramatische Höhepunkt des für den Rivalen tödlichen Duells, Rückzug ins Kloster beziehungsweise die Einsiedelei und die weinerliche Abschiedsszene des sterbenden Helden von der jetzt dem Gottesdienst geweihten Geliebten bilden das Handlungsgerüst der moralischen Gefühlsdichtung, das eine mit sprechenden Symbolen ausgiebig zitierte Natur umrankt.

Auch Tomás Ribeiro (1831–1901) versuchte sich an einem epischen Gedicht, *A Delfina do Mal* (1868), welches als der Beginn einer realistischen Epoche apostrophiert wurde. Aber der Rückgriff auf die Aktualität, die Natur und die sichtbare Realität, den die Autoren in Vorworten betonen, war nur ein Vorwand, um weiterhin mit den romantischen Elementen des Gefühls, des Patriotismus und der Religion zu dichten. Dieses Erbe aber war gegen 1865 bereits erschöpft, und die Poesie blieb weithin epigonal. Tomás Ribeiro hatte bereits 1862 ein patriotisches Gedicht mit antispanischen Tönen publiziert, das mehr wegen seiner umstrittenen Aufnahme bei den Zeitgenossen als wegen seines literarischen Werts berühmt wurde: *Dom Jaime*. Das Versepos aus neun Gesängen mit unterschiedlichen Versstrukturen konfrontiert den portugiesischen Adligen Dom Jaime mit der aragonesischen Familie seiner geliebten Estela. Diese wird dem spanischen Ehrenstandpunkt entsprechend von ihren Brüdern umgebracht, nachdem sie in der von der Familie nicht akzeptierten Beziehung zu Jaime eine Tochter zur Welt gebracht hat. Auf der Suche nach seiner Tochter erscheint Jaime als romantischer Held: der gesellschaftliche Außenseiter voll menschlichen Mitgefühls fällt schließlich einer politischen Konspiration zum Opfer.

In der Lyrik kann man eine Kontinuität der Inspiration und der ideologischen Strukturen von den 30er bis in die 60er Jahre feststellen. Eine neue Nuance brachte Francisco Gomes de Amorim (1827–1891) in das Panorama der Poesie um 1850. Mit seinen *Cantos Matutinos* (1858) hatte er die Idee der Freiheit und des Fortschritts in seiner Poesie gefeiert. Er betrachtete sich als Arbeiterdichter, da er einen technischen Beruf hatte. Die Vorstellung des Arbeiterdichters blieb bei den Progressisten und Sozialisten seiner Zeit nicht ohne freudiges Echo. Seine Gedichte fanden weite Verbreitung. Die charakteristische Note seiner Dichtung bildet die Brasilienerfahrung, die sich im Vokabular und der beschriebenen Fauna als literarischer Exotismus zu erkennen gibt. Themen des Bandes *Efémeros* (1866) sind weiterhin die Freiheit, die Liebe und die Wehmut des dem Vaterland fernen Dichters. Neue Impulse erhielt die portugiesische Poesie erst wieder durch João de Deus und Antero de Quental. Der erste verließ sich außerhalb jeder Schule auf sein eigenes Gefühl und stellte die Natur in den Mittelpunkt seiner Dichtung, der zweite sah die Widersprüche der Gesellschaft in der Desorganisation der geistigen Strukturen reflektiert und versuchte dies in seinen *Sonetos* auszudrücken.

Die gesellschaftlichen Probleme auf der Bühne

Im Bereich des Theaters ist eine ähnliche Entwicklung wie beim Roman zu beobachten. Die soziale Romantik widmete sich den aktuellen gesellschaftlichen Problemen. Mendes Leals Stück *Os Homens de Mármore* aus dem Jahre 1854 kritisierte die Gefühllosigkeit des Reichen, der ohne Rücksicht auf Verluste seine Karriere macht. Noch im gleichen Jahr ließ Mendes Leal ein Stück mit dem Titel *O Homem de Ouro* aufführen, das eine Konsequenz des ersten Stücks sein sollte: derselbe Held erscheint hier ruiniert und an der Schwelle zum Verbrechen. Ein drittes Drama mit dem Titel *Homens de Bem*, das die Wiederherstellung der Familienehre beinhalten sollte, wird nicht vollendet. Eine sozialpädagogische Intention verrät auch sein Drama *A Escala Social* (1857). Die Gesellschaft bietet nach Mendes Leal den Stoff für das Drama, das Theater braucht diesen Stoff nur aufzugreifen und zu einer Lektion umzuarbeiten. Mittel des neuen Dramas sind Ironie und Sarkasmus, Tränen und gefühlvolle Melancholie. *Pedro* (1849) sollte die Nutzlosigkeit von Privilegien exemplifizieren, indem dem sozialen Aufstieg des einfachen, fleißigen, sich auf Verdienste und eigene Arbeit stützenden Menschen die Dekadenz des Adligen gegenübergestellt wird, den die Adelstitel nicht vor Abstieg und Elend bewahren.

Ein Konkurrent von Mendes Leal war Costa Cascais, dessen *Mineiro de Cascais* auch heute noch eine gewisse museale Erinnerung genießt. Er tritt mit dem Eifer des Weltverbesserers für „Gleichheit unter Brüdern" ein und bekämpft Ungerechtigkeiten in der Verteilung des väterlichen Erbes oder beim Entzug von Erbrechten (*A Lei dos Morgados* – 1869; *A Caridade* – 1875). Das christlich-soziale Mitgefühl des Autors entsprach den romantisch-sozialen Bedürfnissen des Publikums. Der Böse wird bestraft, der Gerechte erlebt mit Erstaunen und Bewunderung die Wandlung des Bösewichts.

Der „fruchtbarste" Vertreter des sozialen Theaters war Ernesto Biester (1829–1880). Sein Repertoire reicht von der psychologischen Studie um Liebeskonflikte (*Nobreza de Alma* und *A Caridade na Sombra* – 1858; *Primavera Eterna* – 1860; *Pecadora e Mãe* – 1870) bis zum sozialen Thesendrama (*Os Operários* – 1865). Castilho lobte an ihm die aufrechten Gefühle, die gesunden Lehren, die Liebe zur Arbeit und zur Pflicht. Biesters Ziel war die Darstellung des individuellen Glücks innerhalb der sozialen Bedrohung. Lehrsätze wie „Die Armut ist das Unterpfand des Glücks" wird man entweder als Ausdruck wohlwollender Selbstbescheidung oder als Volksverdummung interpretieren müssen. Biester wollte das Laster anprangern, die Realität der sozialen Ordnung aber nicht in Frage stellen. Die Stücke kritisieren finanzielle Spekulationen, Wucher und unrechtmäßig erworbenen Reichtum (*Um Quadro da Vida* – 1854; *Os Homens Sérios* – 1858; *Os Homens Ricos* – 1862), beschäftigen sich mit den Aufgaben von Berufsständen (*Abnegação* – 1861; *Os Difamadores* – 1865) und feiern die Arbeiterschaft als die neue Aristokratie (*Fortuna e Trabalho* – 1863).

Weitere Autoren dieser sozialen Thematik innerhalb des aktuellen Dramas sind César de Lacerda, Gomes de Amorim und auch Camilo Castelo Branco. Camilo fragt im Titel eines Stücks nach der Alternative *Poesia ou Dinheiro?* (1855), wie auch die Titel *Espinhos e Flores, Purgatório e Paraíso* (1857) die Kontrasttechnik oder die Schwarzweißmalerei des 'sozialen' Theaters aufzeigen. Camilo verbindet in den Stücken *Justiça* (1856), *Último Acto* (1859) und *Abençoadas Lá-*

grimas (1860) das sentimentale Drama mit dem gesellschaftskritischen. Die egoistische Geldaristokratie, Weinhändler und reiche Brasilienheimkehrer bilden auch im Theater die zynischen Kontrapunkte zu den geistig-moralischen Werten gefühlvoller Ausnahmemenschen. In seinen zwei Komödien *O Morgado de Fafe em Lisboa* (1860) und *O Morgado de Fafe Amoroso* (1863) konfrontiert er den gesunden Menschenverstand seines Protagonisten vom Lande mit dem gekünstelten und lächerlichen Milieu eines romantischen Salons in Lissabon oder eines bürgerlichen Thermalbades im Norden Portugals. So kann er die niedrigen Beweggründe, die Verlogenheit und die Boshaftigkeit einer Gesellschaftsschicht durchsichtig machen, gleichzeitig aber auch Situationen, Personen und typische Sprachformen des Theaters seiner Zeit karikieren. Gomes de Amorim beschäftigt sich in *Ódio de Raça* (1854) mit der Sklaverei in Brasilien und in *Os Aleijões Sociais* (1870) mit den Problemen der Emigration, die er mit Menschenhandel in Verbindung bringt.

Zwei Welten – *Dois Mundos* heißt eine „dramatische Komödie" von César de Lacerda (1829–1903) – stehen sich in all diesen Stücken gegenüber: die Eleganz der mondänen Salons ruinierter Vertreter einer dekadenten Aristokratie, die sich in der politischen Szene als korrupte Zyniker und im menschlichen Bereich als professionelle Verführer und Erbschleicher erweisen, und die Natürlichkeit des aufrechten Arbeiters, der mit Anstand und Arbeit seine Ehre zu verteidigen weiß, die Anhänglichkeit des treuen Dieners oder die Aufrichtigkeit des unverstandenen Künstlers. Die Intrige besteht aus geheimen Liebschaften, unerwarteten Zwischenfällen und großzügigem Verzicht. Fehlende psychologische Motivation wird durch moralisierende Eloquenz wettgemacht. Die Thematik des äußeren Geschehens ist gegenüber dem historischen Drama neu, die Struktur der Handlung dagegen bewegt sich in den überlieferten Formen. Ein Autor wie Lacerda konnte deshalb historische Themen (*O Menestrel e a Castelã* – 1851; *Assinatura d'El-Rei* – 1853; *Asmodeu* – 1879) und aktuelle Probleme (*Cenas de Família* – 1857; *Mistérios Sociais* – 1858; *A Aristocracia e o Dinheiro* – 1861) gleichzeitig dramaturgisch effektvoll gestalten. Neben diesen abendfüllenden Stücken erschienen sogenannte «Provérbios» in der Art der kurzen Stücke von Alfred de Musset, den Lopes de Mendonça übersetzte oder imitierte. Der wohlmeinende pädagogische Effekt der sozialen Dramen verfehlte aber auf die Dauer sein Ziel. Das Publikum langweilte sich und verlangte nach einem die Phantasie beflügelnden Theater. Diesem Bedürfnis kamen insbesondere märchenhafte, phantasievolle Stücke entgegen, die als

«Dramas fantásticos» bezeichnet wurden. *Coração de Ferro* hieß ein «Drama fantástico de grande espectáculo em cinco actos» (1864) von César de Lacerda. Die Stücke gaben der Phantasie weiten Raum, ließen Zirkusnummern und Akrobatenstücke zu und erlaubten den Einsatz einer großen Maschinerie.

Außer diesen Stücken, die entsprechend den spanischen Vorbildern auch «Comédias mágicas» heißen, entstehen kabaretthafte Boulevardstücke, die die Grundlage bilden für die heute noch lebendige leichte Muse des Revuetheaters («revista»). Aber auch das seriöse Theater ging bis zur Karikatur seiner eigenen dramatischen Produktionen. Gomes de Amorim versuchte mit der Burleske *Fígados de Tigre ou o Melodrama dos Melodramas* im Jahre 1857 eine Parodie des zeitgenössischen Theaters, welche absurde Schemen des surrealistischen Theaters des beginnenden 20. Jahrhunderts vorwegnahm. Das Stück praktiziert die Mischung historischer, literarischer, allegorischer Personen mit Figuren wie „Frauen mit Mantel und Tuch“, „Männer ohne Mantel und Tuch“, „ein Mann mit gelber Jacke und blauen Knöpfen“ und „ein Mann mit blauer Jacke und gelben Knöpfen“. Der Handlungsort besteht aus Erde, Hölle und Eleusischen Gefilden, und die Zeit der Aktion ist völlig unbestimmt. Das Problemstück, die sentimentale Komödie, das bürgerliche Drama in Form des Vaudevilles schlägt mit diesem Stück um in die Farce. Es zeigt sich, daß das Theater und die praktizierten Theaterformen selbst zum Problem geworden waren.

DER AUFSTAND GEGEN DIE ROMANTIK. POSITIVISMUS UND REALISMUS

Die literarische Realität: Theater, Periodika, Politik – Roman – Lyrik

Die Situation der Lissabonner Theater hatte sich in der Mitte des 19. Jahrhunderts gewandelt. Zum Nationaltheater D. Maria II hatte sich das Theater D. Fernando gesellt, das in einer alten Kirche in der Lissabonner Innenstadt Platz gefunden hatte. Hinzu kamen die renovierten Theater der Rua dos Condes und der Rua do Salitre, welches jetzt als Teatro de Variedades firmierte. Ab 1852 wurde auch in dem renovierten Theater Ginásio wieder gespielt, und Mitte der 60er Jahre öffnete das Teatro da Trindade seine Tore. Obwohl eine gewaltige Produktion an Theaterstücken vorlag, spielte man doch weitgehend Übersetzungen französischen Theaters. Die Statistik der Stücke des Nationaltheaters D. Maria II weist etwa zwei Drittel der gespielten Stücke als Übersetzung aus. Die Ópera de São Carlos war weiterhin vom Repertoire der italienischen Oper bestimmt. Verdi war der berühmteste Komponist, allerdings wurden auch Flotow, Meyerbeer und Gounod hier aufgeführt.

Während dann an der Oper Auber, Maillart, Halévy und Jacques Offenbach die Vorherrschaft des italienischen Belcanto ablösten, blieb das soziale Drama die vorherrschende Gattung auf dem Theater. Das neue Teatro da Trindade wurde mit dem Stück *A Mãe do Pobre* von Ernesto Biester eingeweiht. Das Teatro do Ginásio spielte vor allen Dingen französische Komödien in portugiesischer Übersetzung. Zu diesen beiden Theatern des Chiado, die als die modernsten Säle Lissabons angesehen wurden, muß neben den drei Theatern der Unterstadt (Teatro Nacional D. Maria II, Teatro da Rua dos Condes, Teatro Variedades da Rua do Salitre) das Teatro do Principe Real hinzugefügt werden. Bis 1875 waren die tränenreichen sozialen Dramen aus der Feder Biesters, Cascais' und Pinheiro Chagas' neben den romantischen Geschichtsdramen der Franzosen Victor Hugo und Alexandre Dumas die wichtigsten Stützen des Repertoires.

Während das Theater auf Neuerungen wartete und die romantische Meinungspresse mit ihrem sozialpädagogischen Einsatz die Leser der neuen Generation nicht an sich binden konnte, entstand eine neue Informationspresse mit den Zeitungen «Diário de Notícias» und «Diário Popular» in Lissabon sowie «O Primeiro de Janeiro» in Porto. Diese Zeitungen hatten zum Teil keine politischen Zielsetzungen mehr, sondern waren rein konsumorientiert. Daneben erschienen als neue Zeitschrift «O Ocidente» von 1875 bis 1915 und zahlreiche Almanache, deren berühmtester, «O Almanaque de Lembranças Luso-Brasileiro», von 1851 bis 1926 gedruckt wurde. Die Gründung der ersten Kaufhäuser in Lissabon sowie die Einführung der Pferdebahn und des elektrischen Lichts (1878) erhöhten den Stolz und das Selbstbewußtsein des kleinbürgerlichen Stadtbewohners. Der Geschäftssinn überragte das kulturelle Bedürfnis der Städter. Die Theater und die Oper litten unter finanziellen Schwierigkeiten, das Grémio Literário, einst Mittelpunkt eines regen kulturellen Lebens und Lesekabinett, überlebte nur noch als Zentrum eines sozialen Clublebens.

Im Jahre 1866 war D. Miguel im Exil gestorben. Der junge König D. Luís war nun unangefochtener Herrscher. Der Streit zwischen den Miguelisten und den Anhängern der Verfassung, der Charta von 1826, hätte nun beigelegt werden können, hätte nicht der jahrzehntelange Kampf zwischen den beiden konservativen Richtungen einen Stolz der Gesinnung entstehen lassen, der über einem verwaschenen politischen Programm die Fortsetzung der Scheidung der Geister erforderlich machte. Weder hinter dem Miguelismus noch hinter dem Liberalismus verbarg sich ein politisches Programm. Die gesellschaftliche Bedeutung dieser Bewegungen war angesichts eines Wahlrechts für etwa 10% der Bevölkerung natürlich gering. Die kleinbürgerlich-kommerzielle Aktivität der Stadtbewohner zeigt sich unter anderem in der Gründung einer Vielzahl von Banken in den Städten Lissabon und Porto. 1858 waren drei Banken in Portugal vorhanden, 1875 gab es einundfünfzig.

Die Epoche und der Ort der Romane Camilos bilden auch den Hintergrund für das Romanschaffen von Júlio Dinis (1839–1871), dem Pseudonym für Gomes Coelho, der als Zweiunddreißigjähriger an Tuberkulose starb. Doch die großen Leidenschaften, die das Werk Camilos prägten, sind diesem diskreten Beobachter eines zurückhaltenden Glücks fremd. Júlio Dinis war Arzt und haßte die literarischen Zirkel. Sein genaues Beobachtungsvermögen registrierte in seinen Romanen die ökonomischen und sozialen Veränderungen in der Politik der bürgerlichen Reformen. Ein aufsteigendes Bürgertum, dessen aktive Politik für Fortschritt und Wohlstand sorgte (etwa durch Straßenbau, individuelle Pädagogik und selbstverantwortliche Wirtschaftsformen) bildet sein Ideal. Er schrieb vier Romane. Sein größter Erfolg war *As Pupilas do Senhor Reitor* im Jahre 1866: die Geschichte zweier Halbschwestern, die, von gleichartiger moralischer Integrität, aber von unterschiedlichem Temperament, eine Liebesbeziehung zu einem ebenfalls in Erziehung und Lebensform divergierenden Brüderpaar aufbauen. Während die extrovertierte Clara den arbeitsamen und selbstgenügsamen Pedro zum Ehemann wählt, gibt sich Margarida ganz den Erinnerungen an ihre Jugendliebe, den im fernen Coimbra Medizin studierenden Daniel hin. Daniel kommt als jugendlicher Draufgänger, dessen Verführungskünsten auch die herzensgute Clara nicht widerstehen kann, in die Heimat zurück. Über alle Gewissensbisse und psychologisch-sentimentalen Hemmnisse hinweg wird schließlich die Hochzeit zwischen Margarida und Daniel möglich. Charakter- und Sittenschilderung, die nicht vor ironischer Übertreibung haltmacht, und die mit psychologischem Feinsinn gestaltete Personendarstellung sind die herausragenden Merkmale dieses Romans.

1868 publizierte Júlio Dinis *Uma Família Inglesa*, einen Roman, dessen Handlungsrahmen, anders als bei den übrigen Romanen, die Stadt Porto bildet. Die Komplexität der Großstadtmenschen erfordert eine psychologische Erforschung der Charaktere, die für Júlio Dinis fast tiefenpsychologische Aspekte annimmt. Die Liebe des in Porto ansässigen englischen Bürgersohns Carlos zur Tochter des väterlichen Buchhalters ist ein Vorwand zur Analyse von Gefühlsbewegungen, die die Entstehung und das Wachsen einer Liebe von der scheuen Neugier über die versteckte Zuneigung und verschämte Provokation zu einer dauerhaften Bindung beschreibt. Die optimistische Lösung der sentimentalen Intrige wird begleitet vom wirtschaftlichen Erfolg, an dem schließlich der Buchhalter als Gesellschafter beteiligt wird.

Seine späteren Romane *A Morgadinha dos Canaviais* (1868) und *Os Fidalgos da Casa Mourisca* (1871) verlassen die Großstadt und konzentrieren sich, wie der Autor selbst, auf das Landleben. Die Ideologie des Autors verspricht sich von den ländlichen Lebensweisen eine wohltuende Wirkung auf die unmenschliche Anspannung der Großstadt. Zwei Aspekte bestimmen diese Romane: die Beobachtung des alltäglichen Lebens und die schematische Konstruktion einer Liebesbeziehung mit einem notwendigen Happy-End. Das Happy-End entspricht der ländlichen Idylle, die zum Garanten der charakterlichen Aufrichtigkeit ihrer Bewohner wird. Die tiefenpsychologischen Ansätze, mit denen die Helden Carlos und Cecília der *Família Inglesa* bis zu den reinen Reflexhandlungen untersucht werden, fehlen in den übrigen Romanen. Diese haben eine fast dramatische Struktur: der oberflächliche männliche Held liebt eine Frau, welche von einem unterschiedlich strukturierten jungen Mann geliebt wird. Er heiratet schließlich eine geheime Verehrerin.

Das ist das Schema von *A Morgadinha dos Canaviais*, einer Dorfchronik, in der politische Querelen, sentimentale Verwicklungen und pädagogisch-religiöse Fragen verbunden werden zu einem Fresko des Landlebens im portugiesischen Norden: Henrique verläßt die turbulente Hauptstadt, um bei einer Tante Erholung für die angegriffene Gesundheit zu suchen. Auf dem Herrenhof des liberalen Abgeordneten Manuel Bernardo trifft er die «Morgadinha» Madalena, Tochter Manuel Bernardos, die seine Liebe nicht erwidert, dafür aber die Liebe ihrer Cousine Cristina zu Henrique erkennt und fördert. Henrique wird durch seine Parteinahme für die Familie des Abgeordneten in handfeste Auseinandersetzungen des Ortes verwickelt, die durch die Rivalität zum Dorfschullehrer Augusto verschlimmert werden. Während Cristina den bei Unruhen gegen die liberale Familie von fanatisierten Kirchgängern verletzten Henrique aufopferungsvoll pflegt, erkennt dieser seine eigentliche Neigung: er heiratet Cristina. Augusto dagegen gibt seine Pläne, nach Brasilien auszuwandern, auf, als er erkennt, daß Madalena seinem geheimen Werben entgegenkommt. Die versöhnten männlichen Protagonisten widmen sich der wirtschaftlichen und pädagogischen Entwicklung der Landbevölkerung.

Das Glück dieser Helden ist verbunden mit dem Leben auf dem Lande. Die Großstadt dagegen erscheint als Gegenpol unter dem Aspekt einer krankhaften Unruhe, als Sammelbecken für eine Welt von Müßiggängern, frivolen Skeptikern, Haltlosen und ihre Identität suchenden Unbehausten. Dieses Landleben verwandelt selbst den eleganten Bewohner Lissabons, den Besucher der Oper und des Grémio Literário in einen ruhigen und arbeitsamen, gesunden und zufriedenen Landeigentümer. Herz und Gefühl führen zum Glück, zur sozialen Harmonie und überzeugen durch das Beispiel auch den hartgesottensten Egoisten. Besonders die Frauenfiguren zeichnen sich durch ansteckend gute Qualitäten aus. Die Landwirtschaft konstituiert den Reichtum der Familie, der Ackerbau ist die Basis des Glücks. Hinter der Fiktion verbirgt sich ein agrarökonomisches Weltbild, das dem von Rebelo da Silva verfaßten *Compêndio de Economia Rural para Uso das Escolas Populares* (1868) entspricht. Júlio Dinis mußte sich auch an Castilhos *Felicidade pela Agricultura* erinnert haben. Die ideologische Rückkehr zu den Reichtümern der portugiesischen Erde ist ein später Aspekt der romantischen Bewegung, wenn auch Herculanos *Pároco de Aldeia* diesen Weg schon gezeichnet hatte. Ein weiteres romantisches Element verkörpert der Lehrer und Dichter Augusto in *A Morgadinha*, der sich vornimmt, das Schulwesen nach rationellen Methoden neu zu organisieren.

Die Neuorganisation der Landwirtschaft war für Júlio Dinis eine positive Zukunftsaufgabe. Die Menschenfreundlichkeit des Priesters der *Pupilas* umreißt die Rolle, die Júlio Dinis der Kirche und der Religion innerhalb einer patriarchalisch geordneten Gesellschaft zuweist. Natur, Liebe und Religiosität sind die Stützen einer solchen Gesellschaft. Der sozialpädagogische und philanthropische Aspekt der Romane verrät den Rousseauschen Glauben an die ursprüngliche Güte des Menschen und den wohltuenden Einfluß der Natur. Alle Romane enden mit dem Happy-End. Der romantische Rückzug ins Kloster, der Selbstmord aus Liebeskummer und das Dahinsiechen aus sentimentalem Verdruß spielen in diesen Romanen keine Rolle. Im Gegensatz zu den aufregenden Konflikten der Romane Camilos präsentieren die Romane Júlio Dinis' eine idealtypische Realität, die die Ästhetik der folgenden Jahre prägen wird. In seinen ästhetischen Überlegungen betont Júlio Dinis die Integration der Zeit und der Dauer in den Roman. Die Illusion von Dauer wird erzeugt durch beschreibende Passagen und durch Charakteranalysen des Erzählers. Handlung und Intrige werden so in eine Atmosphäre eingebettet, die das Gefühl für Zeit durch den Wechsel von schleppendem Erzählen und raffendem Tempo weckt. Das Alltägliche verlangt nach natürlicher Umgebung, auch in den Beschreibungen und den Dialogen. Die Natur und die exakte Beobachtung des menschlichen Verhaltens bilden den Ausgangspunkt des Schriftstellers, nicht etwa der Rekurs auf eine mögliche Vielfalt in der Verwicklung und Handlungsführung. Die Zeit der phantastischen Liebesabenteuer und Leidenschaften ist vorbei. Immerhin schreibt Augusto seinen Abschiedsbrief an die *Morgadinha* noch auf einem Grabstein, doch das Happy-End ist auch für ihn schon vorbereitet.

João de Deus (1830–1896) gilt als Einzelgänger unter der letzten Generation der portugiesischen Romantik. In seiner Lyrik treffen sich Züge, welche die übertriebene Romantik eines Soares de Passos überwinden. 1869 erschienen die ersten Gedichte in Buchform unter dem Titel *Flores do Campo*. Eine von seinem Freund Teófilo Braga besorgte Ausgabe seiner Gedichte, Satiren und Epigramme erschien zweibändig 1893 unter dem Titel *Campo de Flores*. Die Themen dieser Lyrik lassen sich mit den Begriffen Melancholie, Abschied, Tod und Sehnsucht, Liebe, Glauben und Natur umschreiben. Diese Themen erscheinen in einer rhythmisch und musikalisch ausgewogenen Poesie, die Ausdruck einer universellen Harmonie sein will. In Madrigalen, Elegien, Oden und Idyllen entwickelt João de Deus eine zurückhaltende Erotik, in den Satiren zeigt er sich als Beobachter anekdotenhafter Ereignisse. Seine Lyrik benutzt eine einfache Metaphorik, ist eher abstrakt als von konkreter Erfahrung geprägt.

Die Polemiken im Zeichen des Positivismus und neue Strömungen in der Lyrik

In der Mitte der 60er Jahre brach eine Polemik aus zwischen der älteren Schriftstellergeneration von Lissabon und jüngeren Dichtern Coimbras. Über Rivalitäten und Generationskonflikte hinweg zeigt diese Polemik eine inhaltliche und vor allen Dingen eine ästhetische Seite. Der herausragende Vertreter der alten Generation war Castilho, Vertreter des feierlichen, zum Klassizismus neigenden romantischen Stils, die Vertreter der jugendlichen Proteste waren Antero de Quental (1842–1891) und Teófilo Braga (1843–1924). Ein erster Konflikt brach aus um das patriotische Epos *Dom Jaime* von Tomás Ribeiro. Castilho hatte die sozialtherapeutische und didaktische Dichtung Ribeiros vereint mit Palmeirim, Mendes Leal und Gomes de Amorim gelobt. Der wortgewaltige Kritiker des kulturellen und sozialen Lebens Ramalho Ortigão (1836–1915) und João de Deus widersprachen dieser poetischen Krönung und nannten die soziale Dichtung der älteren Generation harmlose Poesie, die man zum Piano rezitieren könne, tränenreiche Rhetorik ohne praktische Auswirkungen.

Antero de Quental und Teófilo Braga werfen der alten Schule Angst vor der Unabhängigkeit des Geistes und mangelnde Innovationskraft vor. Die Innovationskraft rechtfertigt für Antero de Quental alle Extravaganzen. Immerhin ist auch für ihn die Kunst nicht «l'art pour l'art», sondern mit einer didaktischen Zielrichtung ausgestattet. Die Regellosigkeit und Extravaganz, die Antero für sich fordert, weist ihn in gewisser Weise als Romantiker aus. Im Vorwort zu seinen Gedichten *Primaveras Românticas* (1872) hält er die Abschaffung aller Poetiken für die Voraussetzung des Überlebens der Poesie. Der eigentliche Unterschied zur Poesie der Romantik liegt bei Antero de Quental in seiner konsequenten politischen Haltung, die aus der konservativen Lyrik eine engagierte Poesie werden läßt, die sich dem Fortschritt unter sozialistischen Anführungszeichen widmet. Die Vertreter der alten Schule, denen sich der junge Pinheiro Chagas anschloß, verurteilten die ästhetischen und sozialen Gedanken der Schule von Coimbra.

Der Wortführer des literarischen Aufbruchs Teófilo Braga versuchte sich an einer neuen Form philosophischer Gedankenlyrik. Er inspirierte sich an der *Scienza Nuova* Vicos und den *Origines du Droit Français* Michelets sowie an diversen Schriften zum deutschen Recht und entwarf die Vorstellung eines Menschheitsepos, dem er den Titel *Visão dos Tempos* (1864) gab. Das zunächst dreiteilige Epos führte geschichtstheoretische Gedanken in die portugiesische Literatur ein, die sich an Hegel, Herder, Niebuhr und Michelet orientierten und die bei Bragas Zeitgenossen auf Unverständnis oder Ablehnung stießen. Die Epochen der Weltgeschichte werden von ihm umschrieben mit den Titeln «Antiguidade Homérica», «Harpa de Israel» und «Rosa Mística», und er meint damit die Entwicklung der Weltgeschichte von der Kampfmentalität der griechisch-römischen Welt und der verehrenden Anbetung des Absoluten in der jüdischen Tradition über die Epoche des Christentums zum Subjektivismus und der Freiheit in der modernen Welt. Teófilo Braga schrieb noch die *Tempestades Sonoras* (1864), *Torrentes* (1869) und *Miragens Seculares* (1884), die er 1894 in die endgültige Fassung der *Visão dos Tempos* integrierte, nach dem gleichen ästhetischen und philosophischen Programm und nahm später die Tradition der nationalen epischen Stoffe wieder auf (*Os Doze de Inglaterra* – 1902; *Viriato* – 1904). 1877 veröffentlichte er die *Traços Gerais da Filosofia Positiva*. Sieben Jahre später folgt ein *Sistema de Sociologia*, in dem Teófilo dem materialistischen System des französischen Positivismus im Stile Auguste Comtes pseudoreligiöse Spekulationen an die Seite stellt, die dem französischen Vorbild nicht ganz fremd waren. Der Positivismus war für Teófilo Braga auch eine Art sozialpädagogisches Problem. Er suchte die geistige Erneuerung auf der Basis der Wissenschaft und des materialistischen Denkens.

Teófilo Braga spielte nicht nur eine bedeutende Rolle als Dichter und Philosoph, sondern war auch als Inhaber des Lehrstuhls für Literatur am «Curso Superior de Letras» in Lissabon eifrig um die Erforschung der portugiesischen Literatur und ihrer Geschichte bemüht. Sowohl in der Einführung seiner *História da Literatura Portuguesa* (1870) wie auch in der *Teoria da História da Literatura Portuguesa* (1872) beschreibt er sein methodisches Vorgehen und sein wissenschaftliches Programm. Nach diesem tragen die unterschiedlichen Rassen zu den verschiedenen Formen des literarischen Schaffens bei. Der „Realist“ Braga zeigt sich hier von seiner romantischen Seite. Das keltiberische Erbe, das die Römer und die Westgoten durch ihre politische Organisation zurückgedrängt hatten, lebt nach Teófilo in den volkstümlichen Traditionen des portugiesischen Volkes weiter. Indem die Romantik auf diese volkstümlichen Traditionen zurückgreift, bereitet sie die zukunftsorientierte Phase der portugiesischen Literatur vor. Die Romantik bedeutet also den Übergang von dem volkstümlichen Ausdruck einer genuinen Zivilisation zu deren wissenschaftlicher Artikulation. Im Nebeneinander der lateinischen Traditionen und der volkstümlichen Literatur im Mittelalter sieht Teófilo Braga eine Auseinandersetzung, die zuungunsten der portugiesischen Literatur ausging. Originalität und der nationale Charakter der Literatur sind die Gesichtspunkte, die Bragas Literaturkritik bestimmen. Die von Friedrich Schlegel beeinflußte Konzeption wurde von Antero de Quental attackiert. Er bezeichnete Teófilo als den Vertreter einer ethnologischen Schule, der nicht die systematischen Perspektiven einer universalen philosophischen Sicht wahrnahm. Die philosophische Poesie im Stile Teófilos pflegte sein Schüler Francisco José Teixeira Bastos (1856–1901) mit Werken wie *Rumores Vulcânicos* (1878) und *Vibrações do Século* (1881). Teixeira Bastos steht wie sein Vorbild unter dem Einfluß der Philosophie Auguste Comtes und gilt als engagierter Vertreter der positivistischen, wissenschaftlichen Poesie.

Unter den übrigen Dichtern der 60er und 70er Jahre finden sich Einflüsse von Victor Hugo und von Baudelaire bei Guilherme de Azevedo, Guilherme Braga, Gomes Leal, Guerra Junqueiro und Antero de Quental neben dem Kult der Form in der Art der französischen Parnasse-Schule bei Gonçalves Crespo, João Penha und Cesário Verde. Die Parnasse-Lyriker erheben die Schönheit zum eigentlichen Programm ihres Dichtens. Für Penha geschah die Integration des Schönen in die Dichtung durch einen Rückgriff auf die arkadische Tradition. João Penha (1839–1919) erneuerte die Sonett-Kunst in drei Bänden (*Rimas* – 1882; *Novas Rimas* – 1905 und *Últimas Rimas* – 1919) nach dem Vorbild Petrarcas und Shakespeares. Traurige Ironie, aber auch kraftvolle Satire finden sich gleichzeitig unter den Gedichten, die Liebeslyrik und epigrammatische Texte umfassen. Die *Miniaturas* (1871) und *Nocturnos* (1882) des aus Brasilien stammenden Gonçalves Crespo (1846–1883) verraten das stilistische Bemühen um die präzise Skizzierung des Ambiente, während die thematische Kontinuität der späten Romantik fühlbar bleibt: Frauenporträts und exotische Themen, die Entfremdung durch eine neue Umgebung, die Sehnsucht nach der unmöglichen Rückkehr sind Inhalte seiner Lyrik.

Cesário Verde (1855–1886), dessen Gedichte von einem Freund 1887 unter dem Titel *O Livro de Cesário Verde* veröffentlicht wurden, dichtete zunächst im Stile João Penhas mit der realistischen Präzision des Parnasse. Seine Analyse des Stadtlebens erfolgt allerdings mehr mit den geschärften Sinnen des Beobachters als aus dem Bemühen heraus, sich mit einer literarischen Tradition auseinanderzusetzen. Die Inhalte seiner Lyrik entsprechen den sozialen Themen der Zeit: Lob der nützlichen Tätigkeiten, Vertrauen in die Zukunft, Mitleid und Solidarität mit den Opfern; sie betreffen aber auch seine eigene Situation, für die in der Phantasie eine Flucht aus der Realität gesucht wird. Seine stilistische Vorgehensweise ist impressionistisch: aufzählend und reihend wird das Objekt der Beschreibung annäherungsweise erfaßt. Die Kombination von abstrakten und konkreten Bestimmungen führt über die reine Objektbeschreibung zu ihrer Bewertung oder eröffnet zeitweise den Ausblick in neue Erfahrensweisen der Realität. Die Idee der Stadtpoesie verrät die Kenntnis Baudelaires. Cesário Verde ist vorzugsweise der Dichter Lissabons, das er als geographischen Ort und als „menschliche Landschaft" in seiner Lyrik erstehen läßt.

Die neue Poesie zeichnet sich durch ihre realistische Bildwahl und ihre engagierte soziale Thematik aus. Sie spricht von Demokratie und despektierlich von der neuen industriellen „Aristokratie". Das triviale Ereignis, das Häßliche, Verwesung und Laster bilden Elemente dieser Poesie. Das gesellschaftspolitische Engagement dieser Dichter übersteigt manchmal die poetische Kraft. Demagogische Texte und Pamphlete sowie Parodien sind an der Tagesordnung. Guilherme de Azevedo (1839–1882) steht mit seinem Band *A Alma Nova* (1874) deutlich in der neuen Richtung – wie sie die Lyrik Cesário Verdes umschreibt: Dekadenz, Satanismus, makabrer Humor und die Stadt mit ihren Schattenseiten als Themen und neuartige Assoziationstechniken und Kontraste zur formalen Herstellung der neuen Atmosphäre. Die Gedichtbände *Aparições* (1867) und *Radiações da Noite* (1871) umreißen Azevedos Entwicklung von der persönlichen Lyrik zur sozialen Betroffenheit und politischen Satire. Fortschritt, Gerechtigkeit, der Triumph des arbeitenden Volkes sind Themen, die sich in der Poesie Guilherme Bragas (1845–1874) mit den Tönen des intimen Schmerzes, der Verehrung der Frau, mit Liebe und Tod verbinden (*Heras e Violetas* – 1869; *Poesias* – 1898). Bragas antiklerikale Pamphlete (*Os Falsos Apóstolos* – 1871; *O Bispo* – 1874) sind kuriose epische Gedichte von einem rein zeitgeschichtlichen oder biographischen Interesse. Hinter der Aggressivität ist die philanthropische Haltung der ersten Romantikergeneration immer noch lebendig.

Für Gomes Leal (1848–1921) besteht die Aufgabe des Dichters

neben der Erziehung des Herzens und des Gefühls in der Belehrung, der Verbreitung von Wissen und dem Einsatz für seine politischen Ideale. Gomes Leals Poesie verbindet romantische Merkmale mit frühen symbolistischen Elementen. Die Erinnerung an die nationale Größe (*A Fome de Camões* – 1880) ist das romantische Erbe. Formal reicht seine Dichtung manchmal an die Versuche surrealistischer Dichtung heran. Der Gedichtband *Claridades do Sul* (1875, in erweiterter Auflage 1901) enthält die für den Autor, aber auch für die neue epochale Poesie bezeichnendsten Elemente. Von der 'blauen Blume' bis zu abschreckenden nächtlichen Phantasmen erstrecken sich die Motive der Dichtung, die thematisch die Widersprüche der menschlichen Situation einfängt und zwischen zynischem Pessimismus und pseudoreligiösem Mystizismus schwankt. Der Titel erklärt sich aus der Perspektive der Klimatheorien, die der Melancholie des Nordens die Klarheit des Südens gegenüberstellten. Die sechs Teile des Bandes spiegeln die fiebrige Beweglichkeit ihres sensiblen Autors, der auf die sozialen Herausforderungen mit Anklagen, auf die Existenz des Bösen mit genüßlicher Feier oder mit selbstquälerischen Gewissensbissen antwortet. Die ästhetische Faszination des Bösen wird zu vielfältigen formalen Experimenten genutzt, wobei den Ausdrücken der Farbe, den Möglichkeiten der Synästhesie und jeder Form sprachlicher Kontraste eine Bedeutung zukommt. Doch die formale Modernität des Schaffens Gomes Leals wurde zu seiner Zeit nicht erkannt. Er galt als der Zyniker und Verfasser von Pamphleten, welche ihn zeitweilig ins Gefängnis brachten, bevor er zum Katholizismus konvertierte und einen Teil seines Werks verleugnete.

Bekannter als Gomes Leal wurde sein Zeitgenosse Guerra Junqueiro (1850–1923) mit den poetischen Reflexionen über den Tod Don Juans: *A Morte de D. João* (1874). Guerra Junqueiro ist Moralist und sieht in Don Juan den negativen Helden, das Symbol der Korruption und des Libertinismus einer bürgerlichen Gesellschaft, deren literarischer Ausdruck die Romantik war. Der romantische Don Juan wandelt sich bei Junqueiro zu einem Zyniker, der schließlich verhungert, da er zu nichts zu gebrauchen ist. Die soziale Gerechtigkeit hat damit gesiegt. *A Morte de D. João* sollte der erste Teil einer epischen Trilogie werden, die Fragment blieb. Die Titel der übrigen Teile sind *A Velhice do Padre Eterno* (1885) und *O Prometeu Libertado*, ein unvollendetes Poem. Die Sammlung der lyrischen Gedichte, die Junqueiro am meisten schätzte, trägt den Titel *Os Simples* (1892). Mit diesem Band ist die politisch-philosophische Phase des Sehers und späteren Förderers der 1. Republik, deren Minister er wurde, so gut wie abgeschlossen.

Finis Patriae (1890) und vor allem das 23 „Szenen" umfassende „dramatische Gedicht" *Pátria* (1896) sind die letzten Bände, mit denen Guerra Junqueiro seine patriotischen und politischen Anschauungen poetisch artikulierte. *Pátria*, ein antimonarchistisches und zugleich antiklerikales Gedicht, war eine Antwort auf die außenpolitische Niederlage Portugals vor dem englischen Ultimatum, das eine portugiesische Landverbindung zwischen den afrikanischen Kolonien Moçambique und Angola verhinderte. *Os Simples* ist die Sammlung persönlicher Gedichte, die die Erfahrung des Leids, der metaphysischen Unruhe und des Mitgefühls mit den Deklassierten einfängt. Die Suggestionskraft der Verse, die Entmaterialisierung der Gegenstände, die Musikalität der Laute und Rhythmen bezeichnen eine Nähe zu Formen symbolistischer Poesie, die *Os Simples* von der Reserve, die man heute allgemein vor den politischen und philosophischen Gedanken Guerras formuliert, ausnehmen.

Das Stadtleben und die Feier des Bösen in der Art Baudelaires fanden als Programm Eingang in die portugiesische Lyrik mit dem hybriden Dichter Carlos Fradique Mendes, dessen Gestalt der Romancier Eça de Queirós und Antero de Quental erfunden haben. Er sollte eine Mischung von Heine, Chateaubriand und dem Typ des Dandy sein, d. h. Abenteurer und Gelehrter in einem. Die Titel der Gedichte und Sammlungen sollten die Modernität des fiktiven Lyrikers bezeugen: «A Morte do Santo», «Serenata de Satão aos Astros», «Laus Veneris Tenebrosae» und «Poemas do Macadame». In Form der Karikatur wurden mit dieser Mystifikation die Neuerungen, die Baudelaire in die Poesie eingeführt hatte, in die portugiesische Lyrik aufgenommen. Die Biographie des „Autors" und seine Korrespondenz wurden ab 1869 in verschiedenen Zeitschriften veröffentlicht und 1900 in der *Correspondência de Fradique Mendes* zusammengefaßt.

Der Co-Autor des Fradique Mendes, Antero de Quental (1842 bis 1891), hatte zunächst platonische Liebessonette gedichtet und 1865 einen Band *Odes Modernas* publiziert. Die Oden und Sonette verraten seinen latenten Pessimismus, der sich jeder Hoffnung verschließt. Er verhindert allerdings nicht den Einsatz für die Realisierung erreichbarer Ideale wie die Emanzipation von verhängnisvollen politischen oder auch religiösen Vorurteilen und die Freiheit von jedem moralischen und sozialen Druck. Indem Antero Poesie als den individuellen Ausdruck der die Epoche prägenden Probleme betrachtet, glaubt er mit seiner heftigen Kritik an der bürgerlichen Gesellschaft seiner Zeit, dem Königtum, den Tyrannen und den Reichen im zweiten Teil der *Odes Modernas* einer gesellschaftlichen Aufgabe gerecht zu werden. Er verwirklicht damit die Idee einer anarchistischen, revolutionären Poesie, die einen Sturm in der literarischen Landschaft Portugals entfachte und die kämpferische, provokative Seite des Dichters offenbart.

Der Realisierung seiner politischen Pläne stand seine angegriffene Gesundheit mit Phasen tiefer Depression entgegen. Zu diesen politischen Plänen gehörten die Gründung sozialistischer Arbeiterorganisationen und der Versuch, mit Hilfe von Vortragsserien, den «Conferências Democráticas do Casino Lisbonense», eine Erneuerung des geistigen Klimas zu erreichen. Anteros Leben vollzog sich zwischen der Vorstellung einer Vita activa mit persönlicher Erfüllung und Glück und dem Gedanken der Nutzlosigkeit, des Versagens. Dieser Zwiespalt, den er mit seinem Selbstmord 1891 endgültig überwinden zu können glaubte, kennzeichnet seine Gedichte, besonders die Sammlung *Sonetos* (1861; 1881), die ein erschütterndes Zeugnis für die existentielle Suche des Autors sind. Wiederkehrende Motive dieser Dichtung sind die Angst vor der konkreten Bedrängnis, die Suche nach dem Ursprünglichen, die Rückkehr zur Kindheit. Neben den aggressiven Gedichten stehen solche, die seine metaphysisch-transzendentale Suche ausdrücken: «Panteismo», «A Ideia», «Mais Luz!».

Die *Sonetos* liegen in zwei Gesamtausgaben vor. Die eine von 1886 *(Os Sonetos Completos)* ist chronologisch geordnet, die andere, von António Sérgio 1943 besorgt, gliedert sich nach thematischen Gesichtspunkten. Dabei werden metapoetische Gedichte geschieden von Gedichten über die Liebe, über die soziale Mission des Dichters, den Pessimismus, Evasionsversuche und den Tod. Die 109 Sonette sind eine psychologische Autobiographie, das Tagebuch der Kämpfe und Ängste ihres Autors, in dem sich Konfession und Meditation vermischen. Formal weist das Vorhandensein abstrakter Allegorien auf eine literarische Tradition zurück, die sich bis ins Mittelalter verfolgen läßt. Auf die Renaissance und den Humanismus deutet die Benutzung des Sonetts als literarische Ausdrucksform hin. Die feste Form des Sonetts scheint eine Hilfe gewesen zu sein, ein Garant für die Einheit eines sich in Widersprüchen bewegenden Geistes. Der formale Zwang des Sonetts macht die Diskussion der wichtigen ontologischen und metaphysischen Fragen möglich, ohne daß endgültige Antworten auf die Frage nach der eigenen Identität und nach Gott gegeben werden.

Die moralische Rechtfertigung der eigenen Existenz ist das eigentliche Anliegen der Poesie Anteros, der tief von der mitteleuropäischen Kultur beeinflußt wurde. Sein geistiger Horizont ist gleichzeitig Ausdruck seines politischen Programms, das Portugal aus einer selbstgefälligen Isolierung befreien wollte. Goethe, Heine, Hölderlin, Achim von Arnim und Lessing waren Autoren, die Antero de Quental schätzte und die man in seiner Bibliothek neben Werken von Byron, Musset, Vigny, Lamartine, Nerval und Baudelaire fand. Der deutsche Idealismus, Hegel und Kant, sowie der Pessimismus Eduard von Hartmanns und Schopenhauers beeinflußten sein philosophisches Denken, Novalis mit der Gleichsetzung von Poesie und Wahrheit sein ästhetisches Konzept: die Kunst offenbart, was Wissenschaft und Religion nicht erreichen können. Mystische Texte aus christlicher und buddhistischer Tradition komplettieren seinen Erfahrungshorizont und führten ihn über die Vorstellung eines Panpsychismus an die Grenze des Nirwana.

Anteros Philosophie läßt sich aus seiner Schrift *Ensaio sobre as Tendências Gerais da Filosofia na Última Metade do Século XIX* (1890) ablesen. Sie basiert auf einem kantischen Spiritualismus, der die Realisierung der Freiheit im menschlichen Geist für möglich hält und den Fortschritt der Menschheit als ein geistiges und moralisches Phänomen mit einer Zielrichtung auf das Gute ansieht. Grundlegend ist die Vorstellung von einer Realität im Werden, wenn auch Antero dem transzendentalen Idealismus Hegels mit Reserve begegnet. Er ist zu sehr von den positivistischen Philosophen beeinflußt, als daß er den Gedanken an eine induktive Methode einem deduktiven Konzept hintanstellen würde. Dem philosophischen Materialismus stellt sich für ihn die Realität des individuellen Bewußtseins entgegen, die sich nicht der strengen mechanistischen Determination unterordnen läßt. Einer materiellen, physischen Dynamik stellt er eine psychische an die Seite, in der die unmittelbare Erfahrung Raum für Spontaneität und Freiheit sieht. Den Endpunkt der Entwicklung sieht Antero in einem Panpsychismus, einer Auflösung aller Begrenzungen, wo das Ich den Zustand seiner Vollendung erreicht und sich im Absoluten auflöst. Die Fülle des Seins ist gleichzeitig der Übergang zum Nichtsein. Solche Gedanken existieren auch in den Sonetten, in denen der Tod als Bruder der Liebe und der Wahrheit, als Tröstung und als Befreiung angesehen wird. Die Idealisierung des Todes, die Entwertung des Lebens und die Kritik an einem Gott, der eine unvollkommene, böse Welt schafft, sind Teil einer Philosophie und nicht Ausdruck einer romantischen Inspiration, obwohl die Bilder des Todes, der Nacht auch aus der Emotionalität romantischer Weltflucht entstammen könnten.

Im Kontrast zu dieser mystisch-spekulativen Seite steht das politische und soziale Engagement Antero de Quentals. Als engagierter Sozialist kämpft er auch gegen die Idee einer bürgerlichen Republik.

Sein Vortrag in der Reihe der «Conferências do Casino» aus dem Jahre 1871 trägt den Titel *Causas da Decadência dos Povos Peninsulares* und nennt als Gründe für den Niedergang der iberischen Völker die geistige Verengung des Denkens in der Folge des tridentinischen Katholizismus, den politischen Absolutismus und die Kolonialeroberungen, die die Völker der Iberischen Halbinsel von ihren eigenen ökonomischen Ressourcen abgelenkt hätten. Anteros politisches Ideal war eine laizistische föderative sozialistische Republik. Sein Ziel und das Ziel der Organisatoren der Vorträge des Casino Lisbonense war, Portugal mit den modernen Bewegungen der europäischen Zivilisation zu verknüpfen und politische, ökonomische und religiöse Reformen einzuleiten. Die Serie der Vorträge im Casino Lisbonense, die schließlich von der Regierung verboten wurde, bedeutete einen Kristallisationspunkt für die neue Generation. Für diese waren Hegel, Michelet, Proudhon und Auguste Comte die geistigen Führer und Ausgangspunkte für eine wissenschaftliche und sozialistische Zukunft.

Realismus und Naturalismus im Roman

Im Umkreis der «Conferências do Casino» und der literarischen Polemiken entstand 1871 eine Zusammenarbeit zwischen Ramalho Ortigão und dem portugiesischen Realisten par excellence Eça de Queirós. Die von ihnen gemeinsam gegründete, monatlich erscheinende Chronik für Politik, Literatur und Kultur mit dem Titel «As Farpas» steht als satirische Zeitschrift ganz unter dem Einfluß der Gedanken Proudhons. Die «Farpas» erschienen von 1871 bis 1882, 1887 bis 1890 und 1911 bis 1915. Der Tenor der «Farpas» ist geprägt von einer treffenden Ironie, von Entrüstung und Lachen. Sowohl Eça de Queirós, der sich nur 1871 an der Herausgabe beteiligte, wie Ramalho haben später die von ihnen gezeichneten Artikel in Buchform erscheinen lassen (Eça de Queirós: *Uma Campanha Alegre* – 1890; Ramalho Ortigão: *As Farpas*). Ramalhos Artikel, die von Comtes positivistischer Philosophie beeinflußt sind, verlieren mehr und mehr den Charakter der Satire und des Witzes zugunsten einer positiven pädagogischen Zielrichtung, die eine scharfe Beobachtungsgabe zur Grundlage einer kritischen Analyse aller Bereiche des gesellschaftlichen Lebens macht.

Eça de Queirós (oder Queiroz: 1845–1900) hatte seine literarische Laufbahn mit phantastischen Geschichten in der Art Nervals und Poes begonnen. Es handelt sich um romantische Texte, die postum unter dem Titel *Prosas Bárbaras* (1903) zu einem Band zusammengefaßt wurden. Wie für Flaubert war für den portugiesischen Realisten die Lösung vom romantischen Einfluß nicht einfach. Wie Flaubert unternahm Eça eine Orientreise, die ihn 1869 anläßlich der Eröffnung des Suezkanals nach Ägypten führte. Die Reiseeindrücke fanden ihren Niederschlag nicht nur in dem Reisebericht *O Egito*, sondern auch in dem 1887 publizierten Roman *A Relíquia*, in dem berichtet wird, wie der in Erwartung einer Erbschaft Frömmigkeit vortäuschende Ich-Erzähler eine Palästinareise unternimmt, seiner bigotten Tante statt der erwarteten Reliquie ein durch Verwechslung in die Schachtel gelangtes Damendessous zurückbringt und durch die daraus entstehenden Verwicklungen zu ehrlicher Arbeit als Angestellter in einem Handelshaus gezwungen wird. Die Kombination von realistischer Beobachtung und karikierender Satire weist Züge des Schelmenromans auf, welche in einem visionären Mittelteil, der eine Art Roman im Roman ist, verschwinden: dort geht es um die deutende Darstellung der Passion Christi. Doch bevor der Jurist und Diplomat Eça de Queirós mit der Souveränität des weltgewandten Literaten die ersten im Sinne einer Epochenbezeichnung realistischen Romane Portugals schrieb, mußte er sich von den dort üblichen Romantypen lösen. 1870 erschien – wieder in Zusammenarbeit mit Ramalho Ortigão – der Feuilleton-Roman *O Mistério da Estrada de Sintra*. Es handelt sich um fiktive Briefe an eine Lissabonner Zeitung. Der Titel deutet schon die Filiation zu den Romanen über die Geheimnisse von Paris und Lissabon (Eugène Sue und Camilo usw.) an, aber das romantische Genus wird durch die parodistischen Züge von innen heraus kritisiert.

Eça de Queirós schrieb seinen ersten realistischen Roman *O Crime do Padre Amaro* 1871 und publizierte ihn in drei verschiedenen Fassungen in den Jahren 1875, 1876 und 1880. Der in Leiria lebende Priester Amaro hatte sich in Amélia, ein junges Mädchen aus seiner näheren Umgebung, deren Mutter Mätresse eines älteren Klerikers war, verliebt. Amélia – Paradebeispiel für die naturalistische These von den Einflüssen der Vererbung und des Milieus – stirbt bei der Geburt ihres Kindes. In den ersten zwei Versionen bringt nun Amaro das Kind selbst um. Somit erklärt sich der Titel: „Das Verbrechen des Pater Amaro". Da aber in der dritten Version nicht mehr der Priester das Kind tötet, er es selbst der Amme, der er es zeitweilig übergeben hatte, wieder abnehmen wollte, kann von einem Verbrechen Amaros eigentlich nicht die Rede sein. Wenn Eça den Titel trotzdem nicht geändert hat, so kann er nur die Verschiebung des kriminellen Aspekts von der individuellen Sphäre auf die soziale Sphäre gemeint haben.

Amaro läßt sich zwar ein menschliches Fehlverhalten nachweisen, aber keine kriminelle Handlung. Das Verbrechen selbst liegt in den gesellschaftlichen Strukturen begründet, die dafür ihre institutionalisierten Formen haben. Wenn sich hinter dem Buch die revolutionäre Intention seines Autors verbirgt, dann enthält die dritte Version eine folgerichtige Variation. Sie will der bürgerlich-devoten Welt und ihren Machenschaften, deren realistische Darstellung den Widerspruch aller Wohldenkenden herausfordern mußte, den Todesstoß versetzen. Die Tragweite des Romans geht also weit über die antiklerikale Kritik am Zölibat hinaus.

Eças zweiter Roman *O Primo Basílio* (1878) zeigt die Auflösung einer bürgerlichen Familie durch den Ehebruch. Die Geschichte soll beispielhaften Charakter haben und das Familienleben des Lissabonner Bürgertums als eine widersprüchliche Kombination von Egoismen definieren. Der Roman betrifft wiederum die kulturellen und sozialen Strukturen der Gesellschaft. Der Handlungsfaden ist einfach: Die kinderlos verheiratete Luisa läßt sich bei einer Abwesenheit ihres Ehemannes von ihrem Vetter Basílio, einem reichen Brasilienheimkehrer, verführen. Als Basílio von diesem Abenteuer genug hat, verläßt er Luisa, die von ihrem Hausmädchen, das in den Besitz der Liebesbriefe gelangt war, erpreßt wird. Luisa erkrankt und stirbt, während ihr Vetter seine Karriere als Don Juan weiterführt. In Eças These schließen sich die passive Sentimentalität der Romantikerin und die Skrupellosigkeit des Libertiners aus.

In *O Primo Basílio* und in *O Crime do Padre Amaro* unterliegen die beiden weiblichen Protagonisten. Der Ehebruch und das außereheliche Verhältnis zahlen sich nicht aus. Nur Amaro und Basílio überleben als die schmutzigen Vertreter einer verlogenen bürgerlichen Gesellschaft. Luisa ist eine portugiesische Parallele zu Emma Bovary, eine hypersensible Frau, die an keinerlei geistige und moralische Disziplin gewöhnt ist. Amélia ist ein passives Provinzmädchen, das sich Alternativen zu ihrer Existenz in Leiria nicht vorstellen kann. Beide Frauen, die passiv duldende und die von der großen Leidenschaft träumende, werden mit einer sozialen Organisation konfrontiert, in der sie keinen eigenständigen Platz haben. Während die Umgebung von Amélia Typen der klerikalen Welt zeigt, wird das soziale Leben der Hauptstadt in *O Primo Basílio* in ein paar typischen Beispielen vorgeführt. Besondere Berühmtheit erlangte der Conselheiro Acácio, der im heutigen Sprachgebrauch das Symbol der geistlosen Beamten ist und Züge des Apothekers Homais aus Flauberts *Madame Bovary* trägt. Gegenüber Flauberts Realismus zeichnet sich Eças Stil durch seinen Hang zur Karikatur aus, die zwar Individuen betrifft, aber die ganze portugiesische Gesellschaft meint, eine Gesellschaft aus selbstgenügsamen Händlern und Bankiers, die keine Anstalten unternimmt, Portugal an der sich in Europa vollziehenden Industrialisierung teilnehmen zu lassen. Der Enthusiasmus der liberalen Romantiker von 1835 war der Verzweiflung der an der Lethargie ihres Vaterlandes leidenden Autoren der Generation von 1880 gewichen.

Im Jahre 1888 publizierte Eça de Queirós seinen dritten großen realistischen Roman, *Os Maias*. Er enthält eine humorvolle und gleichzeitig mitfühlende Kritik der oberen Gesellschaftsschichten. Er zeigt auch die Wirkungen des romantischen Lebensgefühls auf das gesellschaftliche Selbstverständnis. Beschrieben wird die bunte Welt der Finanzen, der Aristokratie, der Politik und der Literatur und das persönliche Mißgeschick einer inzestuösen Liebe zwischen zwei Geschwistern der Familie Maia, die ihre Identität nicht kannten. Resignation und Enttäuschung sind das Resultat, sind die Quintessenz auch der sozialen Analyse des Autors und gleichzeitig Ausdruck seiner eigenen Weltanschauung. Es scheitern alle Ideale des jugendlichen Helden Carlos da Maia und seiner Freunde. Seine Flucht nach Paris bedeutet Resignation zum dekadenten Müßiggang und ist Ausdruck eines umfassenden Skeptizismus.

Dieser Skeptizismus und die Erfahrungen des nationalen Fehlschlags der portugiesischen Außenpolitik der 90er Jahre scheinen Eça Queirós inspiriert zu haben, als er 1897 den Roman *A Ilustre Casa de Ramires* veröffentlichte, an dessen Ende der letzte Sproß einer alten Adelsfamilie mit Hilfe von agrarischen Unternehmungen in Afrika zu neuem Ansehen zu gelangen sucht. In gewisser Weise ist die Flucht in den afrikanischen Exotismus ein Hinweis auf das Ende des realistischen Romans bei Eça selbst. Ein Jahr nach seinem Tod erschien sein Roman *A Cidade e as Serras* (1901), in dem er dem enttäuschenden zivilisierten Stadtleben die Lebensfülle des Landlebens entgegenstellt. Der Protagonist Jacinto verläßt die Weltstadt Paris, um sein eigenes Ich, seine Ausgeglichenheit und Ruhe im heimischen Douro wiederzufinden. Die Wahl der traditionellsten portugiesischen Provinz im Norden des Landes, Douro e Minho, ist Ausdruck der Nostalgie, die ein paar Jahre später den Namen «Saudade» und «Saudosismo» annehmen wird und sich politisch mit dem Begriff des «Sebastianismo» neu artikulieren wird. Für Eça bedeutet der Rückzug aber zunächst nur die Abkehr von der Dekadenz des Fin-de-siècle und die Hinwendung zu einer natürlichen Lebensordnung mit zu bewältigenden Aufgaben.

Sprache und Stil der Romane entsprechen mehr oder weniger den für den realistischen Roman typischen Wesensmerkmalen der objektiven Darstellung unter möglichst kompletter Ausschaltung des Erzählers und der exakten Wiedergabe der Realität. Die Abkehr von den Mitteln der Rhetorik bedeutet gleichzeitig die Hinwendung zu prosaischen und häßlichen Aspekten der darzustellenden Wirklichkeit, die entsprechend dem naturalistischen Programm ausgewählt wurde. Eças Vokabular stellt eine – in seiner Zeit umstrittene – Bereicherung der portugiesischen Sprache durch die reichhaltige Aufnahme von Gallizismen dar.

Eine Mischung von Realismus und Phantasie, wie sie in *A Relíquia* vorkommt, bestimmt die Erzählung *O Mandarim* (1880) wie auch eine Reihe der postum in einem Band zusammen publizierten *Contos* (1902): Der Lissabonner Beamte Teodoro gelangt nach dem Pakt mit dem „Teufel in schwarzem Anzug und Zylinder" zu Reichtum und Ansehen, wird aber von Gewissensbissen gequält, weil der Pakt nur durch den Tod eines ihm unbekannten chinesischen Mandarins zustande kommt. Kritik, Ironie und Satire sind auch in den phantastischen Erzählungen vorherrschend. Man hat in Balzac, Flaubert und Zola die wichtigsten intellektuellen Partner Eças gesehen. Bis in thematische Einzelheiten läßt sich Balzacs Einfluß in *A Capital* (1925) nachweisen. Der Roman, der den Auszug eines jungen Mannes aus der provinziellen Enge in das korrupte Milieu Lissabons schildert und mit dem enttäuschten Rückzug in die Heimat endet, ist als eine portugiesische Variante der *Illusions perdues* bezeichnet worden. Den vielen postumen Editionen fügte sich 1980 der Roman *A Tragédia da Rua das Flores* in variantenreichen Fassungen zweier Verlagshäuser als wohl letzte Publikation Eças an. Die Varianten haben ihren Ursprung in der schweren Lesbarkeit des Manuskripts, das 1877 entstand. Sicher war die mangelnde Wahrscheinlichkeit der Fabel, die ehebrecherische Liebe der Frau von Welt zu einem hübschen Jüngling, in dem sie schließlich ihren eigenen Sohn erkennt, ein Grund für den Autor, auf die Veröffentlichung zu verzichten, zumal das Inzestproblem ihn in anderer Form noch beschäftigen sollte. Der theatralische Deus-ex-machina-Schluß hebt den Roman von dem zur Zeit Eças noch vorherrschenden Typ der tragischen Leidenschaften nicht ab.

Der Durchbruch des realistischen Romans bedeutet in der Tat nicht das Ende der romantischen Literatur. Insgesamt geben die Vertreter des historischen Romans und des zeitgeschichtlichen Romans weiterhin den Ton an. Erfolgreiche Autoren waren der Arzt António da Silva Gaio (1830–1870) mit seinem Roman *Mário – Episódios das*

Lutas Civis Portuguesas de 1820–1834 (1868), der Camilo-Freund Alberto Pimentel (1849–1925), unter dessen rund 200 Veröffentlichungen historischen und zeitgeschichtlichen Inhalts sich u. a. die Romane *Idílios à Beira de Água* (1870), *Peregrinações na Aldeia* (1870), *O Anel Misterioso* (1873), *Um Conflito na Corte* (1875) befinden, und Manuel Joaquim Pinheiro Chagas, dessen *Poema da Mocidade* (1865) den eigentlichen Streit zwischen Romantikern und Realisten ausgelöst hatte. Über seine achtbändige *História de Portugal* (1867–1874) und das erfolgreiche fünfaktige Theaterstück *A Morgadinha de Valflor* (1868) hinaus publizierte er historische Romane wie *A Corte de D. João V* (1867), *O Segredo da Viscondessa* (1872), *A Máscara Vermelha* (1873), *A Jóia do Vice-Rei* (1890), Novellen (*Novelas históricas* – 1869) und sentimentale Romane, die, wie etwa *Tristezas à Beira Mar* (1866), z. T. ins Französische und Spanische übersetzt wurden. Der sozialromantische Dichter und Dramaturg Francisco Gomes de Amorim schrieb historische Erzählungen (*Frutos de Vário Sabor* – 1876) und soziale Romane wie *O Remorso Vivo* (1875), *Muita Parra e Pouca Uva* (1878) und *As Duas Fiandeiras* (1881). Szenen aus der nationalen Geschichte, die glückliche Welt des Landlebens, die fatalen Leidenschaften oder auch das Mitleid mit den sozial Deklassierten bezeichnen die vorherrschende romantische Inspiration dieser Werke. Einen Sonderfall unter den psychologischen Romanen der endenden Romantik stellt der Roman *Eva* (1870) von José Júlio dos Santos Nazaré (auch: Nazareth: 1849–1879) dar, der nach Art der berühmten *Manon Lescaut* in der ersten Person eine Liebesgeschichte zwischen einem jungen Bildhauer und einer verheirateten Frau, die den symbolischen Namen Eva trägt, erzählt. Die qualvolle rationale Analyse der Leidenschaft, die von Perioden der Eifersucht und Entfremdung unterbrochen wird, endet mit dem Entschluß, das Abenteuer der Liebe, die vielleicht gar keine Liebe ist, zu beenden.

Der Abschied von der Romantik ist nicht leicht. Ihr Wortführer Camilo Castelo Branco wirft dem Realismus mit seiner Theorie von der biologischen, psychophysischen Bedingtheit des Individuums einen Angriff auf die Freiheit und den freien Willen vor und interpretiert die neue Literatur als eine Rückkehr zum Fatalismus der griechischen Antike. Die mechanistischen Theorien der Realisten erscheinen ihm als Rückschritt und nicht als der gepriesene Fortschritt. Tatsächlich war es nicht schwer, den Realismus Eças durch den Materialismus einer naturalistischen Schule zu überholen. Zu dieser Schule zählte Teixeira de Queirós (1848–1919), Arzt, Republikaner und zeitweilig Außenminister der ersten Republik. Seine Novellen und Romane gruppierte

Teixeira in die Serie «Comédia do Campo» (*Amor Divino* – 1876; *Amores, Amores* – 1897; *A Nossa Gente* – 1900 usw.) und «Comédia Burguesa» (*Os Noivos* – 1879; *Salústio Nogueira* – 1883; *O Famoso Galrão* – 1898 usw.). Entsprechend dem naturalistischen Programm ging es ihm um die „wissenschaftliche" Seite des „experimentellen Romans" (Zola), den er zum Mittel der beobachtenden Analyse sozialer und politischer Vorgänge erhob. Der Norden Portugals bildet das Szenarium für seine Studien des Landlebens, Lissabon den Hintergrund für seine alle Romane umfassenden Typenschilderungen aus dem Milieu der Politik, des Geldes und der dekadenten Aristokratie. Die Titel der Zyklen verraten den intendierten Bezug zu Balzacs «Comédie Humaine». „Pathologische Studie" nennt der Autor die in *Amor Divino* enthaltene Darstellung eines Falles religiöser Hysterie, und der zum gleichen Zyklus gehörende Roman *Amores, Amores* ist als Geschichte einer „Psychose" (Psicose do amor) konzipiert, wenn auch die dramatische Fatalität einer Leidenschaft, die geheimnisvoller Teil eines Familienerbes zu sein scheint, eher an das romantische Erbe des sentimentalen Romans erinnert.

Die Anatomie einer kranken Gesellschaft will der Theoretiker des Naturalismus (*Estética Naturalista* – 1884) Júlio Lourenço Pinto (1842–1907) beschreiben. Er erfindet Figuren, die in ihrem Verhalten dem materialistischen Wissensstand der Zeit entsprechen. Stilistische Grundlage seiner Romane *Margarida* (1880) und *O Senhor Deputado* (1882) ist die minuziöse Deskription der Objektwelt, der Interieurs, der Stadt und der Landschaft, die das Lebensmilieu der Menschen ausmachen. In ihrer isolierenden Funktion läuft die Deskription des Äußeren Gefahr, sich zur rhetorischen Glanzleistung zu verselbständigen. Ehebruch mit tragischen Folgen für das unschuldige Opfer Margarida, Reue ihres Ehemanns und neue Liebesabenteuer von Margaridas Rivalin – das ist der Handlungsfaden des ersten der fünf Romane Lourenço Pintos, den dieser mit einem Hauch Bovarysmus versehen hat. *O Senhor Deputado* benennt in einem Vorwort einen möglichen Ausweg aus dem lähmenden Determinismus, dem theoretisch die Romanfiguren ausgeliefert sind: die Diagnose der verwikkelten Leidenschaften ermöglicht es, die mit ihnen verbundenen sozialen Übel zu mildern. Der Held des Romans scheitert allerdings nicht an der Gesellschaft, er kann nur den ehrgeizigen Ansprüchen seiner Frau im Hinblick auf seine Karriere nicht genügen und ruiniert sich im aufwendigen Leben der Hauptstadt. Die Romane kranken an der sichtbaren Funktion, eine Theorie zu exemplifizieren.

Der Zola-Schüler Abel Botelho (1856–1917) nennt einen Komplex von fünf Romanen «Patologia social». Zu ihm gehören die wegen ihrer ungewohnten Themen (Inzest, Homosexualität) umstrittenen Romane *O Barão de Lavos* (1891), *O Livro de Alda* (1895) und *Fatal Dilema* (1907). Die Degradation der Helden, die rückhaltlose Analyse der Laster und der sozialen Heuchelei gehören zum Programm des Naturalismus, die stilistischen und sprachlichen Fähigkeiten aber heben Abel Botelho über viele Vertreter der Schule. Er vermittelt die Erfahrungen der Gewissensnot, der Leidenschaften und der erotischen Abwege entgegen den stilistischen Ansprüchen der objektiven Methode mit dem zynischen Wohlgefallen der dekadenten Literatur seiner französischen Zeitgenossen. Er bedient sich dabei eines vielfältigen Vokabulars mit reicher sinnlicher Evokationskraft. Abel Botelho vermied auch nicht den Skandal auf der Bühne (*Jucunda* – 1895; *A Imaculável* – 1897; *Claudina* – 1891 usw.), doch ist ihm – wie seinem Vorbild Zola – ein dauerhafter Erfolg auf dem Theater versagt geblieben.

Die wissenschaftliche Methode des Positivismus hatte in die Literatur Eingang gefunden, aber trotz vieler Vorworte, trotz vieler Kritiken und trotz der Ästethik von Lourenço Pinto war es der neuen literarischen Bewegung nicht gelungen, sich eine solide ästhetische Basis zu geben. Realismus und Naturalismus blieben in Portugal ein empirischer Versuch im Fahrwasser der großen europäischen Strömungen. Die ästhetischen Bemühungen um den Realismus wurden begleitet von der Definition einer positivistischen Philosophie. Einen wichtigen Beitrag dazu hatte Teófilo Braga geliefert, der wegen seines positivistischen Dogmatismus von Antero de Quental kritisiert worden war. Positivist – wenn auch nicht immer im Sinne Comtes – ist auch Sampaio Bruno (1857–1915), der zunächst mit einem antiklerikalen Pamphlet *Análise da Crença Cristã* (1874) debütierte und dabei von Amorim Vianas Buch *Defesa do Racionalismo e Análise da Fé* beeinflußt ist. Er entwickelt in seinem Buch *A Ideia de Deus* (1902) einen Positivismusbegriff, in dem die Metaphysik in der Form eines wissenschaftlichen Theismus ihren Platz hat.

Eine praktische Folge der positivistischen Theorien und ihrer Verbindung mit sozialutopischen Gedanken war die Festigung der sozialistischen Ideen in Portugal. Es wurden Arbeitervereinigungen gegründet, und es entstand eine starke Bewegung für eine portugiesische Republik. Marxistische Gedanken, anarchistische Bewegungen und auch ideologiefreie Arbeitervereinigungen erschreckten zunächst das Bürgertum. Dennoch blieb alles auf kleine Zirkel beschränkt. Während die Republikaner, wie Ramalho Ortigão und Teófilo Braga, nationalistische Konzeptionen äußerten, war der Sozialismus Anteros und des Historikers Oliveira Martins (1845–1894) von europäischer Dimension. Beide Gruppierungen vermischten sich mit den Monarchisten, wenn es darum ging, die Einflüsse der Kirche zurückzudrängen. Ein vieldiskutiertes Ereignis war z. B. 1875 die Aufführung des antiklerikalen Stücks *Os Lazaristas* von António Enes (auch Ennes: 1848–1901), der als Theaterautor ansonsten nur wenig Erfolg hatte, dafür als Politiker und Überseeminister im Augenblick des englischen Ultimatums allgemeine Anerkennung fand.

Die erste Hälfte des Jahrhunderts markierte den Beginn der wissenschaftlichen Historiographie in Portugal, die gegen Ende des Jahrhunderts mit Oliveira Martins fortgeführt wird. Er setzt die historischen Darstellungen in seinem zweibändigen Werk *Portugal Contemporâneo* (1881) bis zur Gegenwart fort. Im Gegensatz zu dem deterministischen Positivismus eines Teófilo Braga sieht Oliveira Martins in der Geschichte keinen mechanistischen Ablauf. Die Gesellschaft verdankt ihre Existenz vielfältigen Elementen, unter denen sogar der Zufall seinen Platz haben kann. Die Geschichtsschreibung ist für ihn eine moralische Lektion. Mit dieser Aussage reiht er sich in die romantischen Vorstellungen über den Sinn der Historiographie ein. Anstelle einer kontinuierlichen Progression der Weltgeschichte schließt er sich Vicos Konzept eines zyklischen Geschehens an. Die Weltgeschichte ist nur die Summe einzelner Nationalgeschichten, die von soziopolitischen, geistig-kulturellen und ökonomischen Faktoren maßgeblich bestimmt werden. Die großen Figuren der Geschichte sind Verkörperungen des kollektiven Willens einer Nation. So gesehen erhalten die Biographien exemplarischen Charakter. Febo Moniz, der Held von Oliveira Martins erstem Roman mit gleichem Titel (1867), ist deshalb die Stimme eines nationalen Bewußtseins, das sich gegen die Herrschaft des Spaniers Philipp II. auf dem portugiesischen Thron zur Wehr setzt. Die waghalsigen Unternehmungen des Königs Sebastião, des legendären Mystikers auf dem portugiesischen Thron, werden in gleicher Weise definiert als Inkarnationen eines Wahns, der in der zweiten Hälfte des 16. Jahrhunderts eine ganze Nation ergriffen hatte. Die portugiesische Geschichte war für Oliveira Martins seit dem Abschluß der großen Entdeckungen eine Zeit des kontinuierlichen Niedergangs, den er mit tiefer Enttäuschung registrierte.

DIE RÜCKWENDUNG ZUR NATIONALEN TRADITION

Neoromantik und Symbolismus in der Lyrik

Die bei Eça de Queirós vermerkte Rückwendung zur Tradition, zur Vergangenheit, zur Landschaft und zum einfachen Leben vollzieht sich gleichzeitig auch wieder in der Lyrik. In einer Zeit allgemeiner Unzufriedenheit gewinnt die «Saudade», die Sehnsucht nach einem nicht näher bezeichneten Ausweg und die liebende Erinnerung an eine vermeintlich glückliche Vergangenheit, eine mitreißende Funktion. Die Gedichte der Sammlung *Só* (1892) des an Tuberkulose erkrankten António Nobre (1867–1900), die ein persönliches Schicksal reflektieren, fanden begeisterte Aufnahme. Die Krankheit des Autors wurde als Krankheit einer Nation interpretiert. Das frei gewählte Exil, Paris, wo Nobre seine Studien in Politischen Wissenschaften abschloß, verstärkte das Gefühl der Einsamkeit und erleichterte eine Fluchtbewegung in das volkstümliche Leben der Bauern und Fischer, aus dem er Kraft für sein kränkliches Dasein erhoffte, genau wie sich die Wiedergeburt Portugals aus den ursprünglichen Quellen seiner agrarischen Strukturen vollziehen sollte. Konkrete Themen Nobres sind die Bedrohung durch den Tod, Schmerz und Untergang, die er in permanenten Selbstgesprächen variiert. Der Gedichtzyklus bezeichnet das Ende von Illusionen, Hoffnungen und Mythen. In der aristokratischen Skepsis und Ironie António Nobres, die der postume Gedichtband *Despedidas* (1902) bestätigt, taucht schließlich überraschenderweise das Bild Dom Sebastiãos wieder auf, des sagenhaften Königs als Retter in der Krise. Das Gefühl der «Saudade» verbindet sich für Nobre mit diesem König der Besiegten und der Unverstandenen. Ein letzter Band *Primeiros Versos* erschien ebenfalls postum 1921. Das formale Bemühen um die überraschende und neuartige Kombination des sprachlichen, stilistischen und metrischen Materials entfernt Nobre von der imitativen Realitätsbeschreibung. Die poetische Transfiguration der Realität durch Synästhesien, Musikalität und ungewöhnliche Bilder trägt durchaus gewisse modernistische Züge.

Die Rückwendung zu einem mythischen Konzentrat der ruhmreichen Vergangenheit Portugals erweckt neue nationalistische Züge in den *Palavras Loucas* (1894) betitelten Reflexionen des Alberto de

Oliveira (1873–1940), die die theoretische Grundlage des sogenannten Neugarrettismus bilden. Seine *Poesias* (1891) enthalten deskriptive Lyrik, die formal Procédés der französischen Symbolisten und des Parnasse verbindet und inhaltlich die von der Dekadenzliteratur geprägte Apologie des Dandyhaften vermittelt: die Freude am Unbestimmten, Evasionswünsche und die Verabsolutierung der Kunst. Neben literaturkritischen Werken, Memoiren und journalistischen Publikationen veröffentlichte Alberto de Oliveira Sonette mit volkstümlichen Beschreibungen (*Coimbra Amada* – 1930; *Novos Sonetos* – 1935) sowie eine Sammlung von Volksdichtungen: *Mil Trovas Populares* – 1903. Die Rückkehr zur patriotischen Idylle, die Besinnung auf das nationale Erbe finden sich auch in der Prosa der Zeit, zum Beispiel in den heiteren Erzählungen *Os meus Amores* (1891) von Trindade Coelho (1861–1908). Ein neuer Traditionalismus erwartet die Erneuerung Portugals und seiner Menschen aus seiner eigenen Geschichte, seiner eigenen Natur und seinem eigenen Wesen. Das unbefriedigende Gefühl der Leere war im Grunde wieder ein romantisches Gefühl, auch wenn es sich unter dem Begriff Dekadenz versteckte. «Insubmissos» und «Boémia Nova» waren Titel von Zeitschriften, in denen sich jugendliche Poeten zu Wort meldeten, die die Flucht in die Irrealität antraten, um den festgefahrenen Gleisen der abgelehnten Zivilisation zu entkommen. Dem Umkreis der sogenannten Nefelibatas (d.h. den Exzentrikern, die in den Wolken leben) sind Manuel da Silva Gaio (1860–1934) und Luís de Magalhães (1859–1935) zuzurechnen. Die dichterische Gestaltung der großen Mythen von Don Juan über einen pantheistisch gedeuteten Franz von Assisi bis zu König Sebastião findet sich bei Silva Gaio (*Novos Poemas* – 1906; *Chave Dourada* – 1916), der ansonsten mit Novellen und einem psychologischen Roman, in dem sich die Generation der Jahrhundertwende wiederzuerkennen glaubte (*Torturados* – 1911), hervorgetreten ist. Der durch einen naturalistischen Roman (*O Brasileiro Soares* – 1886) bekanntgewordene Luís de Magalhães vertritt in seiner Person die Entwicklung von der Ästhetik und dem sozialen Programm des Naturalismus (*Primeiros Versos* – 1880; *Odes e Canções* – 1884) zum visionären Nationalismus (*D. Sebastião* – 1898; *Os Cantos do Estio e do Outono* – 1908).

Die Dichter fühlten sich als die Generation der vom Leben Besiegten, die «Vencidos da Vida». Das Gefühl der Dekadenz war nicht nur eine tröstliche Isolierung der Ästheten und Dandys, sondern eine schmerzhafte moralische und poetische Erfahrung. Sie fällt zusammen mit zahlreichen Demütigungen und Fehlschlägen der portugiesischen Politik. Als die Regierung versuchte, aus der politischen Stagnation mit Hilfe einer weiträumigen Kolonialpolitik in Afrika herauszufinden, verursachte das englische Ultimatum von 1890 eine Krise des nationalen Bewußtseins, welche von einer ökonomischen Krise begleitet wurde. Das Krisenbewußtsein führte einerseits zum Evasionsbedürfnis und zum Exotismus, andererseits zu aggressiver Polemik oder zu pessimistischer Resignation. Den Exotismus belegt Wenceslau de Moraes (1854–1929) mit der Publikation von *Dai-Nippon* (1895), *O Culto do Chá* (1905), *O Bon-Odori em Tokushima* (1911) und anderen Berichten, Novellen und Romanen aus dem japanischen Leben, in das er sich mit Bewunderung und Enthusiasmus integriert hatte. Die Polemiken spiegeln sich in der Artikelserie *Os Gatos* von Fialho de Almeida (1857–1911), der ansonsten als Erzähler hervorgetreten ist (*Contos* – 1881; *Lisboa Galante* – 1890; *O País das Uvas* – 1893). *Os Gatos* sind monatliche Chroniken aus den Jahren 1889–1894, die Fialho de Almeida später in sechs Bänden zusammengefaßt hat. Sie enthalten impressionistische Notizen voller beißender Kritik über das künstlerische und soziale Leben, über Literaten und Politiker. In der Politik steigerte sich der Einfluß der bürgerlichen Republikaner. Die monarchistischen Parteien setzten schließlich mit Unterstützung des Königs eine diktatorische Politik durch (1906), welche das Ende der Monarchie beschleunigte.

Mit dem Aufkommen der Republik (1910) formierten sich zwei neue geistige Bewegungen, die Literaten und Journalisten, Professoren, Ärzte und Offiziere vereinten. Die eine Gruppe nannte sich «Renascença Portuguesa» und gab unter Führung des Dichters Teixeira de Pascoaes (1877–1952) die einflußreiche Zeitschrift «A Águia» (1912 ff.) heraus. Teixeira machte aus dem Begriff der «Saudade» ein Wesensmerkmal der portugiesischen Rasse, das er als „sentimento-ideia“ kennzeichnet und dem er für das Bewußtsein der Portugiesen als Nation eine besondere Bedeutung zuschreibt. Ein gewisses mythisches Verständnis der Nation kombiniert sich mit einer ideologischen Reaktion, die Monarchisten und Futuristen vereinte, wobei der Modernist Fernando Pessoa für die letzteren verhängnisvoll klingende an Nietzsche und Marinetti erinnernde Begriffe formulierte, die für das Super-Portugal von morgen den Super-Camões oder den „Machtmenschen“ definierten, der die nationale Würde gegen den internationalistischen Republikanismus wiederherstellen könnte. Die andere Bewegung war der «Integralismo Lusitano», der sich in der Zeitschrift «Nação Portuguesa» (1914–1919) artikulierte. Seine Vertreter suchten das portugiesische Wesen mit seinen rassischen Wurzeln im Mittelalter und im Sebastianismus zu verankern, welcher von dem ins Mythische erhöhten, 1578 in Marokko verschollenen König D. Sebastião eine Rückkehr zur Regeneration Portugals erwartet. Unter dem Einfluß von Charles Maurras pflegten sie monarchistisches Ideengut, wandten sich gegen den republikanischen Liberalismus und verdeckten ihre Interessen als Landeigentümer unter dem Deckmantel einer notwendigen nationalen Rückbesinnung auf das Land. Industrie und Kapital galten ihnen als wesensfremd und suspekt. «Integralismo Lusitano» und «Saudosismo» (= «Renascença Portuguesa») wehrten sich beide gegen die nationale Überfremdung aus dem Ausland.

Der Dichtung, die sich aus diesen Strömungen entwickelte, lagen die sozialen, nationalen oder metaphysischen Programme der Bewegungen zugrunde. Für die Saudosisten hatte die Poesie die «Saudade» als das Wesen der portugiesischen Kultur zu offenbaren und für die Zukunft in einer erneuerten nationalen Größe wirksam werden zu lassen. Die «Saudade» muß begriffen werden als eine melancholische Sehnsucht und Erinnerung, die eine Brücke zu schlagen hat zwischen der Größe der nationalen Vergangenheit und dem Ideal einer nationalen Zukunft. Kritiker an dieser Konzeption haben schon bald den rückwärts gewandten Aspekt des Immobilismus und der Trägheit in der starren Ausrichtung auf die Vergangenheit bemängelt. Heroischer Humanismus, die Begeisterung für große Gesten und übermächtige Gefühle kennzeichnen die saudosistischen Dichter Teixeira de Pascoaes, António Correia de Oliveira (1879–1960: *Dizeres do Povo* – 1911; *A Minha Terra* – 1915), Afonso Lopes Vieira (1878–1946: *Os Versos*, Gesamtausgabe 1940) und Mário Beirão (1892–1965: *Ausente* – 1915; *Pastorais* – 1923; *Novas Estrelas* – 1940). Sie besangen die portugiesische Erde in archaisierender Künstlichkeit, und ihr oratorisch-deklamatorischer Stil versuchte in teils volkstümlichen, teils okkulten Versen die nationale Vergangenheit wiederzubeleben. So blieben denn auch der romantische Geschmack für Herbstlandschaften und Dämmerstimmungen, die symbolistische Auflösung fester Konturen durch Verbindung von Abstraktem und Konkretem, Rationalem und Irrationalem und die Freude an dem Zwischenbereich zwischen Wahrnehmung und Empfindung für die Poesie maßgebend. João de Barros (1881–1960) folgt einer rationalistischen fortschrittsgläubigen Inspiration, die im dramatischen Gedicht *Anteu* (1912) und in der Gedichtsammlung *Vida Vitoriosa* (1919) spürbar ist. Teixeira de Pascoaes' (1877–1952) Poesie (Gesamtausgabe 1965 ff.) entspricht den mystisch-okkulten Zielen seiner Bewegung, die einen vagen Pantheismus in die idealistischen Erneuerungsideen einbringt, die über Portugal hinaus für ganz Europa ein Vorbild sein sollten. Seine Dichtung ist eine lange Meditation über den Menschen, Gott und die Natur.

Die Dichter des «Integralismo Lusitano» setzten das ästhetische Programm Alberto de Oliveiras fort, der durch Garrett seinen „latenten Nationalismus" entdeckt zu haben glaubte, den er zu einer literarischen Doktrin entwickelte. Mit António Sardinha (1888–1925) schuf die Gruppe deskriptive Lyrik und Verse zur Feier des einfachen Lebens (*Epopeia da Planície* – 1915; *Na Corte da Saudade* – 1922; *Ao Ritmo da Ampulheta* – 1925) und mit dem jüngeren Guilherme de Faria (1907–1929) im gleichen traditionellen Stil melancholische Verse, die tiefen Pessimismus mit nationaler Euphorie mischten (*Saudade Minha* – 1929).

Ab 1921 erschien eine neue Zeitschrift, die sich unter António Sérgio in bewußter Distanz zu beiden Bewegungen hielt: «Seara Nova». Die Herausgeber der «Seara Nova» polemisierten sowohl gegen die restaurativen Tendenzen des «Integralismo Lusitano» wie auch gegen alle Vorstellungen der «Literatura Pura», wie sie sich in den Jahren nach 1915 in manchen Konzeptionen modernistischer Dichtung niederschlugen, und wollten Literatur nur in direkter Wechselbeziehung zur sozialen Realität akzeptieren. António Sérgio (1883–1968) publizierte seine Gedanken zu literarischen, philosophischen, politischen und sozialen Fragen in einer Serie von Bänden unter dem Titel *Ensaios* (1920ff.; ²1971–1974). Den von ihm propagierten sozialpädagogischen Reformideen liegt die Wertschätzung des Individuums und seiner Freiheit zugrunde: einer Staatswirtschaft zieht er ein Genossenschaftssystem nach dem Vorbild des deutschen Raiffeisenverbandes vor, und in seinen geschichtlichen Analysen bewahrt er Distanz zur marxistischen Doktrin, wenn er sich weigert, individuelles Leben aus den Produktionsbedingungen der jeweiligen Gesellschaft zu erklären. Seinen kritischen Analysen wurde bis in die zweite Hälfte des 20. Jahrhunderts große Aufmerksamkeit zuteil.

Trotz des nationalen Anspruchs konnte sich die Lyrik dieser Jahrzehnte dem Einfluß internationaler Tendenzen nicht ganz verschließen. Konnten sich die portugiesischen Neuromantiker mit ihrem Bezug auf Garrett an ihre patriotische Tradition anschließen, so konnten die Symbolisten ihre poetischen Ausdrucksmöglichkeiten nur am ausländischen Beispiel schulen. Hauptvertreter des poetischen Symbolismus, welcher die rhythmischen und stilistischen Erfahrungen des französischen Vorbilds in die portugiesische Poesie übernahm, war Eugénio de Castro (1869–1944). Sein Programm entwickelte Eugénio de Castro in den Vorworten zu den Gedichtbänden *Oaristos* (1890),

Horas (1891), *Silva* und *Interlúdio* (1894). Im Mittelpunkt seiner Überlegungen stehen das Versmaß und das poetische Bild. Die Schockwirkung des ungewohnten Bildes, der reiche und seltene Reim (auch im Inneren der Verse), Alliteration, Rhythmus und Musikalität des Verses, die Verbindung von Konkretem und Abstraktem, Wiederholungen und Refrains sind formaler Ausdruck eines geschärften ästhetischen Sinns für der Sprache inhärente Möglichkeiten, welche in der Folgezeit die Dichter der modernistischen Phase verstärkt nutzen werden. In den späteren Werken macht sich auch bei Eugénio de Castro eine klassizistische Tendenz in der Feier des Landlebens nach Horazischem Vorbild (*Éclogas* – 1929) und der patriotischen Tugenden (*Constança* – 1900) bemerkbar. Der Hermetismus vieler Gedichte gehört zum Programm des «l'art pour l'art», welches den aristokratischen Stolz einer 'Kunst für wenige' beinhaltet.

Die symbolistische Schule umfaßt viele Namen, gipfelt aber in dem Werk Camilo Pessanhas (1867–1926), der zwischen 1896 und 1926 rund 25 Jahre in Macau verbrachte. Sein Werk (*Obras I/II* – 1988) besteht mit Ausnahme einiger in verschiedenen Zeitschriften publizierter Gedichte, Erzählungen und Chroniken aus einem schmalen Band von etwa 100 Seiten mit dem Titel *Clépsidra* (1920). Er enthält zumeist rhythmisch und musikalisch ausgewogene Sonette, in denen sich das persönliche Schicksal eines Menschen offenbart, den die Vorstellung eines in der Kindheit verlorenen Paradieses angesichts der Erfahrung der Vergänglichkeit, des Leids und der Agonie mit dem melancholischen Gefühl der Nutzlosigkeit jeglicher menschlicher Anstrengung erfüllt. Der Autor offenbart einen illusionslosen Pessimismus und übersetzt die persönliche Erfahrung der Vanitas, die sowohl barockem wie buddhistischem Gedankengut entspricht, in eine Poesie der Leere, die aus sich auflösenden Bildern besteht, welche die Ruhelosigkeit der eigenen Psyche wie auch die Erfahrung der Vergänglichkeit und Auflösung allen Seins in direkter Weise ausdrücken. Es handelt sich um eine fragmentarische, elliptische Art des Dichtens, die geheimnisvolle Analogien entstehen läßt, die sich mit den leeren Bildern und Bezügen in Mallarmés Dichtung vergleichen lassen, deren rationalistische Strenge allerdings nicht erreichen. Der Unterschied zu allen Formen romantischen Dichtens besteht in dem spürbaren Bemühen, jede konkrete biographische Notiz aus den Gedichten fernzuhalten. Die realen Bedingungen für die Entstehung der Gedichte sind weitgehend unbekannt. Die dem Europäer fremde exotische Landschaft, einziges Element einer hier und da auftauchenden Fixierung von Raum und Zeit, kann keine Fixpunkte für ein menschliches Schicksal herstellen. Die menschliche Erfahrung, die sich in den Gedichten Ausdruck verschafft, ist eine Erfahrung der Unruhe, des Mehrdeutigen und des geheimnisvollen Unbestimmten. Sinneseindrücke und Gefühle werden assoziativ in einer Atmosphäre des Traums und des Halbbewußten verbunden. Syntaktische Strukturen und andere Elemente der diskursiven Rede werden zugunsten von Ausrufen und spontanen Gedankenverbindungen aufgelöst. Das Gedicht benennt nicht mehr die Vergänglichkeit, es macht die Vergänglichkeit in seiner formalen Struktur erfahrbar. Trotz aller exotischen Elemente enthält Pessanhas Poesie viele thematische Konstanten der portugiesischen Lyrik: die Erfahrung des Exils, die Sehnsucht nach Geborgenheit und eine gewisse fatalistische Bescheidung.

Die einzige bedeutende portugiesische Dichterin dieser Zeit ist Florbela Espanca (1895–1930), deren Sonette (*Obras Completas* – 1985f., Bd. I und II) als Ausdruck einer sensiblen Seele die Erwartungen, Enttäuschungen und Unruhe der Autorin wiedergeben, die an den Begrenzungen leidet, mit denen die Realität ihrem Absolutheitsanspruch entgegentritt. Die Sonette kontrastieren eine lebensfrohe Sinnlichkeit mit religiöser Suche. Ein Hang zur Personifikation der Naturelemente entspricht einem mystischen Pantheismus, der Ausdruck der Epoche ist. Durch eine überraschende sprachliche Zusammenstellung verlieren bekannte Motive und Symbole (das Meer, die Trennung, der Sonnenuntergang) allerdings ihr gewohntes traditionelles Gewicht.

Historisches und symbolistisches Theater

Auf der Bühne zeigt sich die Rückwendung zur nationalen Tradition in den letzten zwanzig Jahren des 19. und in den ersten Jahrzehnten des 20. Jahrhunderts in einer neuen Welle historischer Dramen. Henrique Lopes de Mendonça (1856–1931) schrieb heroische Dramen in deklamatorischen Versen wie *O Duque de Viseu* (1886) und *A Morta* (1891), und Marcelino Mesquita (1856–1919) dichtete die Versdramen *Leonor Teles* (1889), *O Regente* (1897) und *Peraltas e Sécias* (1899). Ihre schriftstellerische Tätigkeit beschränkte sich nicht auf das Theater. Henrique Lopes de Mendonça veröffentlichte z. B. noch acht Bände heroischer Erzählungen und Romane unter dem Titel «Cenas da Vida Heróica». Henrique Lopes de Mendonça hatte zunächst eine Laufbahn in der Marine angestrebt, die ihn 10 Jahre lang über die Meere Europas und Afrikas führte. Seine literarische Produktion umfaßt außer dem Roman und dem Theater Poesie, Essays über literarische und geschichtliche Themen und Studien über die Seefahrt. Sein nach dem englischen Ultimatum (1890) veröffentlichtes Gedicht «A Portuguesa» wurde später in der Vertonung des deutschstämmigen Alfredo Keil zur portugiesischen Nationalhymne erklärt. Seine patriotische Begeisterungsfähigkeit stellte er in Vorträgen und Schriften über politische Probleme der Zeit, zum Beispiel über den Eintritt Portugals auf seiten der Alliierten in den Ersten Weltkrieg, unter Beweis.

A Morta behandelt als fünfaktiges Versdrama den tragischen Stoff der Inês de Castro, die als Geliebte des Thronfolgers Dom Pedro den vermeintlichen Bedürfnissen des Staates weichen mußte und von König Afonso IV. und seinen Ratgebern umgebracht wurde. Die Tote bestimmte daraufhin für einige Jahre die Politik Portugals. Dom Pedro erhob sich gegen den Vater, rächte sich an den Mitschuldigen, erklärte, mit Inês heimlich verheiratet gewesen zu sein, und ließ ihre Leiche in der königlichen Gruft feierlich bestatten. In Mendonças Stück sind die romantischen Elemente wie der Giftmord, die Gruftszene, das Erscheinen der Ermordeten usw. weitgehend zugunsten des psychologischen Interesses an den Verhaltensweisen des Dom Pedro aufgegeben worden. Mehr noch als bei ihm steht Dom Pedro im Drama *Pedro o Cruel* (1916) des Marcelino Mesquita im Vordergrund. Ein gleichnamiges Drama *Pedro o Cru* von António Patrício (1878–1930) aus dem Jahre 1918 stellt unter einem pessimistischen Aspekt den für den Symbolisten bezeichnenden Konflikt zwischen der Sehnsucht nach der absoluten Liebe und der zerstörerischen Wirklichkeit, dem Tod, dar. Der historische Stoff ist nur Vorwand für eine existentielle oder eine moralische Problematik.

Es überrascht deshalb nicht, wenn neben die klassizistisch strukturierten fünfaktigen Versdramen mit historischer Thematik eine Reihe von Ein- oder Mehraktern in Versen oder Prosa treten, welche als Sittenkomödien, Thesenstücke, Opernlibretti die Untertitel «drama», «comédia», «episódio dramático», «drama lírico» oder auch «fantasia dramática» tragen. So wie Garrett sich nicht scheute, unter seine Stücke, die das moderne Theater Portugals begründen, kleine mythologische Gelegenheitsstücke zur Feier politischer und persönlicher Ereignisse zu mischen, so läßt es sich Henrique Lopes de Mendonça nicht entgehen, zum ersten Jahrestag der neuen portugiesischen Republik im Jahre 1911 eine «Alegoria Comemorativa» mit dem Titel *Auto das Tágides* aufzuführen und so zu beweisen, daß die von Gil Vicente ins portugiesische Theater eingeführten Genera auch nach der Erfahrung des Realismus und des Naturalismus noch lebendig sind. Die Libretti galten dem Bemühen, eine eigenständige portugiesische Oper zu begründen. Sie erschienen gleichzeitig in italienischer Übersetzung. Einen gewissen Erfolg hatten 1899 *Serrana* (Musik: Alfredo Keil) und *O Tição Negro* in der Vertonung durch Augusto Machado im Jahre 1902. Die Variationsbreite des dramatischen Werkes von Henrique Lopes de Mendonça erklärt sich vielleicht auch durch den Versuch des Autors, dem portugiesischen Theater ein Repertoire zu vermitteln, welches den ungebrochenen Einfluß des ausländischen, sprich französischen Theaters und der französischen Theatertruppen in Lissabon zu bremsen imstande wäre. Lopes de Mendonça konnte allerdings nicht verhindern, daß die Krise des portugiesischen Theaters, von der er in einem Vortrag von 1901 spricht *(A Crise do Teatro Português)*, zu einer Dauerkrise wurde, die auch noch neunzig Jahre später lebhaft beklagt wird. Die Stagnation auf dem Theater seit der fruchtbaren Produktion der Romantik bringt er mit den individual- und sozialpsychologischen Themen der modernen Autoren in Verbindung, welche die klassischen dramatischen Formen sprengten. Dieser nostalgische Blick zur Romantik macht sich dann auch in Mendonças dramatischem Schaffen bemerkbar.

Marcelino Mesquitas erstes historisches Drama *Leonor Teles* behandelt historische Ereignisse aus der Generation nach Dom Pedro und Inês de Castro. König Dom Fernando hatte die im Volk und bei Hofe ungeliebte Landadlige Leonor Teles geheiratet, die durch intrigenreiche Hofhaltung und mit Hilfe ihres späteren Geliebten João Fernando Andeiro die Herrscherfunktionen an sich zog. Als sie nach dem Tode Dom Fernandos auch offiziell zur Regentin ernannt wurde, erhob sich ein Halbbruder Dom Fernandos, Dom João, Mestre de Avis, gegen sie, ließ ihren Geliebten umbringen und sich selbst zum König ernennen. In Mesquitas Drama wenden sich die Mitglieder der königlichen Familie, Schwester und verlassener Ehemann Leonors und das Volk gegen die Ehe Fernandos mit Leonor Teles. In einem langen Monolog artikuliert Dom Fernando den Konflikt zwischen den Verpflichtungen des Herrscheramtes und den Bedürfnissen des Herzens. Der König fühlt sich als Sklave, welcher seine Gefühle dem Willen des Volkes und seiner Berater zu opfern habe. Als Mann der Tat nimmt Dom Fernando den Konflikt mit der Staatsraison auf und schlägt sich auf die Seite des Herzens, des Rechts auf ein individuelles Glück. Um so enttäuschender ist die Erkenntnis des späteren Ehebruchs Leonors, der von Mesquita nicht mehr zu einem dramatischen Konflikt gestaltet wird, da er Dom Fernando an einer Krankheit sterben läßt. Fernando ist der starken Persönlichkeit Leonors auf fatalistische

Weise ausgeliefert. Leonor ist intelligent und willensstark, sie kalkuliert ohne moralische Bedenken im Sinne ihres eigenen Vorteils, weiß jederzeit ihren Willen durchzusetzen. Wenn sie sich als Königin einen Liebhaber hält und sich mutig zu ihm bekennt, so löst sie den Konflikt zwischen Amt und persönlicher Erfüllung in gleicher Weise wie Dom Fernando. So wie dieser sich mit stoischer Würde gegenüber dem Ehebruch seiner Frau verhielt, so erträgt Leonor stoisch den Tod ihres Geliebten Andeiro, der schließlich vom Mestre de Avis umgebracht wird, obwohl er dessen Tochter liebt. Wenn der Mestre de Avis den Vater seiner Geliebten tötet, so handelt er in einem cornelianischen Konflikt zwischen Pflicht und Liebe in Treue gegenüber einem Versprechen, das er seinem sterbenden Bruder Dom Fernando gegeben hat. Die reine Liebe wird zum Spielzeug eines ungünstigen Schicksals. Die menschliche Natur – und das ist die Quintessenz des Dramas – hat sich den gesellschaftlichen Umständen, die ein gegenteiliges Handeln erzwingen, unterzuordnen. Wenn auch dem Stück eine einheitliche Aussage zu entnehmen ist, so bleibt doch das Fehlen einer einheitlichen Handlung – die tragische Situation des Mestre de Avis ist nur locker mit dem Konflikt Leonor/Fernando verbunden – dafür verantwortlich, daß aus dem historischen Drama nicht mehr als ein historischer Bilderbogen geworden ist.

Mesquitas Inês-de-Castro-Stück *Pedro o Cruel* beginnt mit vorausdeutenden Warnungen und Traumgeschichten des Botenpersonals, bis ein Botenbericht das Gleichgewicht der Ausgangslage endgültig stört: Inês ist tot, und Pedro reflektiert in pathetischen Langversen über seine Situation. Seine Rache kennt wie seine Liebe keine Grenzen. Camus' absurder *Caligula* scheint bei den Worten „Sie starb! Niemand hat das Recht auf Leben!" mit Dom Pedro vorweggenommen zu sein. In seiner Liebe zu Inês hatte Pedro die Idee des Absoluten verwirklicht gesehen. Ihre Ermordung zeigt ihn als Opfer einer absurden Welt. An die Stelle der Liebe tritt nun die Rache in ihrem Absolutheitsanspruch. Er erhebt sich an die Stelle Gottes und macht sich zum Richter auf Erden. Die realistische Zelebration des Schrecklichen auf der Bühne nimmt der Frage nach der Existenz des Bösen etwas von ihrer ernsthaften Würde. Auf die Bestrafung der Mörder und die Verehrung der toten Königin durch Adel und Klerus erscheinen dann schließlich am Grabe der toten Königin die Zweifel an der Rechtmäßigkeit des grausamen Handelns mit den Gesichtern der getöteten Mörder. Der Kenner der Theatergeschichte wird hier leicht die diversen Elemente aus Melodrama und romantischem Drama analysieren. Formal handelt es sich um eine Mischung aus Prosa und Versdrama, wobei die im Portugiesischen nicht heimische Form des Alexandriner-Verses ebenfalls auf Victor Hugo als das große Vorbild verweist. Dieser Zwölfsilber-Vers war allerdings schon durch die Poesie Guerra Junqueiros zu größerer Verbreitung in Portugal gekommen.

Die Grenze zwischen historischem Stoff und Legende ist erreicht in dem Stück *Margarida do Monte* (1910), in dem die Dreiecksgeschichte zwischen König, Zigeunerin und deren Verlobten mit dem Sieg des politisch Mächtigen und der Niederlage des moralisch Guten endet. Der eifersüchtige König läßt den Verlobten enthaupten, die Zigeunerin nimmt sich das Leben. Die volkstümliche Rührgeschichte hat Mesquita im volkstümlichen Siebensilber-Vers geschrieben, die Handlung ins 18. Jahrhundert verlegt. Die einfache Kontrasttechnik: Jugend der Geliebten – Alter des Königs, Freiheitsdrang und Emanzipation der jungen Liebenden – Besitzstreben und Machthunger des Königs, verbindet sich mit ironischen und satirischen Kennzeichnungen des politischen und kirchlichen Lebens der Zeit. Das volkstümliche dramatische Genus hat eine lockere Szenenfolge, die das Einfügen humoristischer Dialogszenen ohne Verbindung zum Hauptthema erlaubt. Man spürt hier die Tradition des ersten portugiesischen Dramatikers der Renaissance, Gil Vicentes. Die historischen Stücke ermöglichen die scharfsinnige Diskussion wichtiger sozialer Probleme aus der Zeit des Verfassers. Mag auch z. B. der *Sonho da Índia* (1898), ein dreiaktiges Prosastück aus neun Bildern, die zwei Etappen der Entdeckung des Seeweges nach Indien durch Bartolomeu Dias und Vasco da Gama als heroischen Akt einer vergangenen nationalen Größe feiern, so werden doch der Sinn und die Tragweite der Kolonialpolitik des endenden 19. Jahrhunderts mit kritischen Fragen versehen. Natürlich unterliegen, dem Zeitgeist nach dem englischen Ultimatum entsprechend, die Kritiker an den Indienfahrten gegenüber dem in die Zukunft gerichteten Geist der wissenschaftlichen Entdeckung und der expansiven Eroberung, vor dem alle menschlichen Opfer gerechtfertigt scheinen.

Die Stücke mit moderner Thematik behandeln konkrete Probleme der Lebensbewältigung. *Envelhecer* (1909) ist die Geschichte der uneingestandenen Liebe eines fünzigjährigen Mannes zur Tochter seines Freundes. Erst im Augenblick von deren Hochzeit wird die freundschaftliche Zuneigung des Hausfreundes zu der Tochter in ihrer wahren Dimension von den Beteiligten erkannt. In der irrigen Annahme, die Freundschaft auch angesichts der nun eingestandenen gegenseitigen Liebe fortsetzen zu können, und um einen gesellschaftlichen Skandal zu vermeiden, heiratet die Tochter ihren jugendlichen

Freund. Das Stück endet mit dem verzweifelten Selbstmord des alternden Liebhabers. Sein Selbstmord ist auch die Anerkennung einer falschen Entscheidung: indem er dem Mädchen zur Ehe mit dem ungeliebten Jüngling riet, hat er ihrer beider Glück den gesellschaftlichen Vorurteilen geopfert. Wie in den historischen Dramen stehen Ansprüche und Vorurteile der Gesellschaft dem individuellen Glück entgegen.

Die Tendenz einer beginnenden Veränderung läßt sich am besten im Theater Dom João da Câmaras (1852–1908) erkennen. Ausgangspunkt seines Schaffens ist das historische Drama. *Dom Afonso VI* (1890), *Alcácer-Quibir* (1891) und *O Beijo do Infante* (1898) sind zwar historische Dramen, enthalten aber bereits Elemente eines volkstümlichen Realismus einerseits und eines mystischen Symbolismus andererseits. Die realistische Tendenz wird entwickelt in dem Drama *Os Velhos* (1893), in dem eine Gruppe alternder Dorfbewohner auf ihr unausgefülltes Leben zurückblickt und aus Anlaß der goldenen Hochzeit eines Paares die nicht realisierten Glücksmöglichkeiten überdenkt. Dem Leben und den Gesprächen der Alten stellt sich die jugendliche Liebe in der Enkelgeneration gegenüber. Jugend und Zukunftsoptimismus verbinden sich hier mit den Erfolgen der Technik, die der Bau der Eisenbahnlinie bestätigt, an dem der junge Liebhaber beteiligt ist und der nur durch die Eigensucht der Alten zeitweilig aufgehalten zu werden droht. Die schillernde Gestalt eines alten Priesters, der die Hochzeit aus Eigennutz zu hintertreiben sucht, vervollständigt das simple Bild der Opposition von Vergangenheit und Zukunft, Reaktion und Fortschritt. Der Realismus des Stücks beschränkt sich weitgehend auf Zeit- und Lokalkolorit, das sich aus der Konfrontation der modernen Technik mit den traditionellen Strukturen der portugiesischen Bauernkultur ergibt. An dieser Konfrontation wirkte Dom João da Câmara als leitender Angestellter der Eisenbahnverwaltung mit.

A Triste Viuvinha (1897) ist die melancholische Geschichte einer jungen Witwe, die aufgrund der sozialen Strukturen, in denen sie lebt, nicht wagt, sich für eine neue Ehe zu entscheiden. Im schmerzvollen Verzicht auf die neue Liebe opfert sie sich den engstirnigen Erwartungen ihrer Umgebung. Die Handlung des Stücks ist einfach, die Sprache besteht aus kurzen Sätzen und Dialogen, die mit Hilfe von Leerstellen und langen Pausen mehr von dem psychischen Kampf in der Protagonistin andeuten als aussagen und klären. Das portugiesische Theater öffnet sich damit den impressionistischen Tendenzen eines europäischen Symbolismus, der in der Nachfolge von Maeterlinck mystische und übernatürliche Elemente als bestimmende Faktoren des menschlichen Handelns offenlegte und damit dem modernen Theater die Loslösung vom Realismus ermöglichte. Diese Entwicklung, die z. B. in Frankreich alle Versuche eines poetischen Theaters von Cocteau über Giraudoux bis hin zum Theater des Absurden ermöglichte, wurde in Portugal in den verschiedenen Formen des Modernismus weitergeführt, dann aber im Theater des Neorealismus weitgehend wieder rückgängig gemacht. *O Pântano* (1894) wird in der Literaturgeschichtsschreibung als das erste rein symbolistische Drama Portugals bezeichnet. Ihm ließ Dom João da Câmara 1900 ein Stück mit dem Titel *Meia-Noite* in der gleichen literaturgeschichtlichen Ausrichtung folgen. Das vieraktige Stück *O Pântano* thematisiert das Problem von Gut und Böse im Rahmen einer gequälten Menschheit. Ängste, Zweifel, bedrückende Vorstellungen und beunruhigende Vorhersagen sind als Ausdruck blinder und verborgener Kräfte, denen der Mensch ausgeliefert ist, auf der Bühne durch den Sumpf symbolisiert. Die aus dem Sumpf sich erhebenden unheilvollen Dämpfe gelten als die übernatürlichen Kräfte eines unerbittlichen Schicksals. Einer nach dem anderen läßt sich von dieser Atmosphäre anstecken, niemand kann dem Sumpf entkommen. Nur ein Halbverrückter scheint den anderen einen Ausweg weisen zu können, aber er wird nicht gehört. Fieber, Wahnsinn und Verbrechen breiten sich aus und werden schließlich vom Tod überhöht, der diesen Zug von Gespenstern abschließt. Ort der Handlung ist weitgehend ein alter Palast, durch dessen verfallende Wände der Wind pfeift und die klagende Stimme des Käuzchens sowie das ferne Heulen eines Hundes eindringen. Es handelt sich dabei nicht um Dekorzutaten, sondern um die Materialisierung der unsichtbaren Kräfte, die den Menschen bedrängen. Das Vage, Geheimnisvolle und Unbestimmte sind auch die Merkmale der drei Akte von *Meia-Noite*. Der Ort der Handlung ist der Chor der Kathedrale von Lissabon und die in ihrem Dach eingebaute Wohnung eines alten Kanonikus. Die Protagonisten erleben aus der Sicht der oberen Umgänge der Kirche das Geschehen in der Kirche, d. h. in der Welt. So erklärt sich ihre Isolierung, von der z. B. der Organist spricht. Die Personen des Stücks verschließen sich auf tragische Weise der Welt. Aus Dialogen werden Monologe. Ausbrüche aus der angsterregenden Isolierung schlagen fehl, reales Leben, die Entfaltung ihrer eigenen Existenz scheint für sie nur ein Traum zu sein. Die geringe dramatische Aktion verstärkt den monologischen Charakter dieses symbolistischen Theaters.

Zu den historischen, realistischen und symbolistischen Tendenzen des Theaters von Dom João da Câmara fügen sich eine Menge kurzer komischer Stücke, Operetten und Libretti für die «Revistas» der Lissabonner Boulevardbühnen. Theater von realistischem Zuschnitt enthalten die elf Dramen von Alfredo Cortês (1880–1946), der zwischen psychologischen Interessen, historischen Themen und apologetischen Intentionen schwankt. *Zilda* (1921) zeigt wie *O Lodo* (1923) vorzugsweise Gesellschaftskritik mit der üblichen naturalistischen Vorliebe für das Milieu des Kleinbürgers und der Bordelle. Über Stücke mit religiösen Themen (*Lourdes* – 1927; *O Ouro* – 1928; *Domus* – 1931) gelangt Cortês zum symbolistischen Theater mit *Os Gladiadores* (1934), wo eine groteske Karikatur der zeitgenössischen Lebensverhältnise erstellt wird.

Realistisches Theater, allerdings mit einer ausdrücklichen Distanzierung von jedem naturalistischen Dogma in der Art Zolas, schreibt auch Eduardo Schwalbach (1860–1946). Schwalbach wurde als fruchtbarer Komödienschreiber bisher einer ernsthaften Kritik nicht gewürdigt, obwohl er auch nach der Neueröffnung des 1965 durch einen Brand zerstörten Nationaltheaters in Lissabon (1978) zum Repertoire dieser Bühne zählt. Als Journalist und Politiker durchschaute Schwalbach die brüchige gesellschaftliche Moral der Lissabonner Gesellschaft. Seine Stücke enthalten Elemente der Boulevardkomödie, aber auch ernsthafte Kritik an einer durch politische und finanzielle Intrigen korrumpierten Gesellschaft, deren angebliche Moral als Unmoral dekuvriert wird. Individuelle Freiheit und persönliches Ethos kontrastieren mit dem falschen Ehrenkodex einer bürgerlichen Moral, für die sich die Grenzen des Anstands nach der Höhe des Bankkontos bemessen. Die Kritik Eduardo Schwalbachs ist deutlich, verliert aber an Schärfe durch den zumeist glücklichen Ausgang der Komödien, der dem reinen, edlen Menschen die Verwirklichung seines Glücks ermöglicht, auch ohne daß sich an den gesellschaftlichen Verhältnissen etwas ändert. *Os Postiços* (1909) ist ein fünfaktiges Prosastück, das vom Thema und dem dargestellten Milieu her Zolas Theaterwerkstatt entstammen könnte, durch die komödiantische Behandlung sich den Stücken Anouilhs nähert, ohne dessen pessimistische Ausweglosigkeit vorwegzunehmen. Schwalbachs größte Erfolge waren *A Bisbilhoteira* (1900) und *Poema do Amor* (1916).

Einen gewissen Hang zur realistischen Schilderung auch unterer Gesellschaftsschichten offenbart Júlio Dantas (1876–1962) in seinen erfolgreichen Stücken *Viriato Trágico* (1900) und *A Severa* (1901 – Dantas schrieb auch einen Roman mit gleichem Titel). Die Form des historischen Dramas und die Nachahmung des französischen Dramatikers Edmond Rostand behindern keineswegs die Entstehung eines impressionistisch dargestellten realistischen Bilderbogens volkstümlicher Bevölkerungsschichten der portugiesischen Hauptstadt. Die Hauptfiguren sind in beiden Stücken Außenseiter der Gesellschaft, die sich als romantische Helden charakterisieren und als solche mit der Schilderung der volkstümlichen Szenen kontrastieren. Naturalistische Stücke, welche sich als soziale Studien der durch das Erbgut bedingten Dekadenz verstehen, verstärken die Tendenz zur realistischen Milieuschilderung (*Crucificados* – 1902; *O Paço de Veiros* – 1903). Júlio Dantas schrieb eine Reihe von Einaktern oder kurzen dramatischen Bildern, die der Tradition des «Proverbe» angehören. Das bekannteste dieser Stücke ist *A Ceia dos Cardeais* (1902). Die Situation des Stücks zeichnet sich – über die vordergründige Fiktion eines Abendessens im Vatikan des 18. Jahrhunderts hinausgehend – durch eine zurückhaltende Ironie und den Charakter der idyllischen Irrealität aus. Das vornehme und dezent dekadente Milieu der künstlerisch empfindsamen Kirchenfürsten und die kulinarischen Genüsse einer exquisiten Küche verführen drei Kardinäle, mondänen Erinnerungen nachzugehen. In Form eines humanistischen Gesprächs über Art und Wert unterschiedlicher Liebeserfahrungen erzählen die Kardinäle unterschiedlicher Nationalität ihre Erfahrungen als jugendliche Liebhaber. Der Spanier zeichnet sich aus als säbelrasselnder Verteidiger der Ehre einer schönen Frau, der Franzose gewinnt mit geistreicher Galanterie die Liebe einer widerspenstigen Dame, und der Portugiese erlebt die Liebe in ihrer einfachen Natürlichkeit als eine Sache des Herzens und des Gefühls. Der lyrischen Feier der mysteriösen Hingabe und Vereinigung zweier Seelen in aller Aufrichtigkeit und Einfachheit gilt dann der Schluß der kurzen Komödie. Eine solche Liebe ist nur in Portugal möglich. Der inszenierte Kontrast zwischen dem dekadenten Pomp und der natürlichen Einfachheit reiht das Stück, obwohl in Sprache und Stil ganz einer klassischen Form verhaftet, unter die Vorläufer eines poetischen Theaters. *A Ceia dos Cardeais* mag hier als Beispiel stehen für eine Vielzahl kurzer Stücke, die Dantas' historische und realistische Theaterproduktion begleiten. Solche dramatischen Genreszenen sind auch in den Prosabänden des Autors enthalten (z. B. *Como elas amam* – 1920; *Diálogos* – 1928; *Alta Roda* – 1932). Júlio Dantas ist als Chronist, Romancier und Novellist ebenso bekannt wie als Lyriker und als Kulturhistoriker.

Die Liebe in ihrer mythischen Dimension bildet den Mittelpunkt zweier Stücke von António Patrício: *Pedro o Cru* (1918) und *D. João e a Máscara* (1924). Während das erste Stück in einer geheimnisvollen und poetischen Atmosphäre den „portugiesischen“ Mythos der ewigen Liebe, der Liebe über den Tod hinaus behandelt, geht es im zweiten Stück um den spanischen Stoff des Don Juan, der ja eigentlich die ephemere Liebe der schnellen Eroberung beinhaltet. Patrício verändert dann auch den Mythos. Sein D. João liebt in allen Frauen nur die Maske einer einzigen Frau, die mehr ein Symbol aus dem Jenseits ist, welches nur durch den eigenen Tod erreichbar wird. Die metaphysische Dimension des historischen Theaters zeigt, wie schwierig es ist, exakte literaturhistorische Kategorien zur Kennzeichnung des Theaters der Jahrhundertwende zu finden. Romantischer Historismus und metaphysischer Symbolismus können sich ebenso vereinigen wie sozialkritischer Realismus und historisches Drama. Auch die traditionellen Genera beginnen sich zu vermischen. Patrícios *D. João e a Máscara* ist weder eine Komödie noch eine Tragödie, eher eine tragische Farce, der ein gewisser dekadenter ästhetischer Kult eine klassizistische Note verleiht.

Die Conditio Humana als Problem im Roman

Die Romanproduktion der Jahrhundertwende zeigt eine ähnliche Breite der Form, des Themas und der ästhetischen Intention. Die historisierende Perspektive erzeugt historische Romane (Carlos Malheiro Dias [1875–1941]: *Os Teles de Albergaria* – 1901; *A Paixão de Maria do Céu* – 1902; *O Grande Cagliostro* – 1905), historische Biographien (Antero de Figueiredo [1866–1953]: *D. Pedro e D. Inês* – 1913; *Leonor Teles* – 1916, *D. Sebastião* – 1925) und historische Essays und Studien (O Conde de Sabugosa [1854–1923]: *Donas de Tempos Idos* – 1912; *Neves de Antanho* – 1918; *O Paço de Sintra* – 1903). Einige Autoren dieser Generation widmen sich wie Jaime Cortesão (1884 bis 1960), der als saudosistischer Lyriker und Verfasser historischer Dramen begonnen hatte, später ausschließlich historischen Studien. Die nationale Begeisterung der Generation, die Portugal einen neuen Platz im Konzert der europäischen Mächte zuweisen möchte, zeigt sich in verschiedenen Büchern über die Teilnahme am Ersten Weltkrieg (z. B. Jaime Cortesão: *Memórias da Grande Guerra* – 1919, und Augusto Casimiro [1889–1967]: *Nas Trincheiras de Flandres* – 1919). Nähern sich diese Autoren thematisch den Problemen ihrer Gegenwart, so geben sie realistische Milieustudien (Antero de Figueiredo: *Cómicos* – 1908 und *Doida de Amor* – 1910) oder sie versuchen sich wie Carlos Malheiro Dias in der Darstellung dekadenter Helden im Kontext sozialen und politischen Niedergangs. Sein Roman *A Mulata* (1896) behandelt auf dem Hintergrund der konkreten brasilianischen Politik des Jahrhundertendes die Erfahrungen eines jungen Schriftstellers vom Zuschnitt eines Helden Huysmans', der in die Abhängigkeit einer 'femme fatale', der Mulattin, gelangt. Malheiro Dias folgt dabei den Gesetzmäßigkeiten des naturalistischen Romans, der im Sinne der sozialpathologischen Studie die determinierenden Faktoren menschlichen Handelns der Fatalität des Blutes, des Milieus und der jeweiligen Generation zuschreibt. Der Traditionalist und Monarchist Carlos Malheiro Dias, der mit dem Ende der Monarchie in Portugal nach Brasilien auswanderte, ist gleichzeitig der Moralist, der in seinen Helden Negativbeispiele des sozialen Niedergangs beschreibt. Dem einer materialistischen Philosophie folgenden passiven Ästheten der Dekadenz stellt er im Vorwort des Romans eine Jugend gegenüber, die sich ihrer Verantwortung für das Vaterland bewußt wird und das Schicksal in ihre Hände nimmt. Mit der Kritik an seinem Helden verbindet er die Kritik an den neueren literarischen Bestrebungen des Symbolismus, des Parnasse und der Dekadenz. Was er reines Spiel ohne praktische Zielsetzung nennt, muß einer pragmatischen Ethik und einem moralischen Ziel weichen.

Die politischen Unsicherheiten der ersten Republik, deren 44 Regierungen (1911–1926) Ausdruck gärender Unruhen sind, und die schließliche Aufhebung der parlamentarisch-demokratischen Verfassung (1926) mit dem Beginn der Diktatur der Generäle Gomes da Costa und Carmona haben ihre Konsequenzen in der Literatur. Zunächst bedeutet der korporative «Estado Novo» (1933–1974) unter António de Oliveira Salazar (1889–1970), den die Generäle zur Sanierung der Staatsfinanzen 1928 von einem Lehrstuhl für Finanzwissenschaft in die Regierung beriefen, eine Abwendung der Intellektuellen von den Fragen der konkreten Politik. Insgesamt, und sicher beeinflußt durch die staatliche Zensur, verstärkten sich in der Literatur die Reflexionen über ihre ästhetischen Möglichkeiten und die zeitlosere Thematik der philosophischen und psychologischen Standortbestimmung des Menschen.

Aus dem Umkreis des «Saudosismo» und «Integralismo Lusitano» erhebt sich das Werk von Raul Brandão (1867–1930), dessen sozialphilosophische und geschichtstheoretische Reflexionen im Bereich des Romans zu neuen Formen der Erzählweise führen, welche in Brandão ein Bindeglied entstehen lassen zwischen dem realistisch-philanthropischen Roman in der Nachhut des Naturalismus und dem experimentellen Roman der modernistischen Autoren, der im Nouveau Roman der 50er Jahre in Frankreich einen Höhepunkt erreichte. Das Werk Brandãos umfaßt die historische Chronik insbesondere aus der Zeit der napoleonischen Besetzung Portugals (*El-Rei Junot* – 1912; *A Conspiração de Gomes Freire* – 1914), drei Bände Memoiren, die die menschlichen und politischen Erfahrungen des Autors in der Zeit von 1900 bis 1926 gestalten, Reisebeschreibungen, Theaterstücke und vor allem Romane.

Ausgangspunkt seiner geschichtsphilosophischen Betrachtungen waren auch für ihn Reflexionen über den Untergang Portugals und über Möglichkeiten, ihm eine seiner Würde entsprechende Bedeutung zurückzugeben. Der Historiker Brandão erweist sich als ein pessimistischer Skeptiker, der an Begriffe wie Fortschritt, Ziel und Sinn der Geschichte nicht glaubt. Dieser Pessimismus geht über den modischen Überdruß, die Lust am Untergang der dekadenten Literatur am Ende des 19. Jahrhunderts weit hinaus. Sein Gesichtsbild ist statisch, mögliche Veränderungen sind keineswegs mit Fortschritt gleichzusetzen. Von den Integralisten unterscheidet sich Brandão durch die Gewißheit, daß ein Weg in die Vergangenheit, ein Zurück zu den Quellen der unangetasteten portugiesischen Größe nicht möglich ist. Die Geschichte ist auch nicht die Geschichte von erfolgreichen Einzelpersönlichkeiten, sondern die Summe des kollektiven Lebens. Diese wird weitgehend von der Möglichkeit des Träumens, d.h. der Kraft der Imagination und des mitreißenden Ideals geprägt.

Brandão wird nicht müde, Mißstände, Ungerechtigkeiten, menschliches Versagen und die Lüge als Grundlage des gesellschaftlichen Zusammenlebens zu beschreiben. Einen Ausweg aus der desolaten Situation zeigt er nicht. Eher flüchtet sich die Verzweiflung des Dichters in die Ironie und kühle Indifferenz. Der Kirche schreibt Brandão eine Ordnungsfunktion innerhalb der Gesellschaft zu, so daß der Dichter sich durch die atheistische Politik der jungen Republik zurückgestoßen fühlen mußte, obwohl er diese zunächst als Möglichkeit zur Überwindung der Stagnation begrüßt hatte. In der fiktionalen Welt der Romane ist die tiefe Resignation auch Ausdruck einer Welt ohne Gott und ohne Kirche. Die chaotischen Zustände der Zeit der Republik machten Brandão schließlich für den Gedanken eines autoritären Staates empfänglich. Einzelne Aspekte des mythischen Sebastianismus begeisterten Brandão, der in dem verschollenen König D. Sebastião einen jener Träumer sah, die die Realitäten kraft ihrer Phantasie verändern können.

Das Mitgefühl mit den Elenden und Unterdrückten verband das emotionale Temperament und das religiöse Empfinden Raul Brandãos zeitweilig mit der anarchistischen Bewegung. Das zeigt sich in dem frühen Roman *Os Pobres* (1906). Die Sympathie speist sich aus der Bewunderung für die Opferbereitschaft und die fast religiöse Hingabe dieser politischen Fanatiker, während deren Gewalttätigkeit und Terroraktionen bald den Abscheu des Autors hervorriefen. In den letzten Werken läßt sich dagegen ein bisweilen starrer konservativer Zug erkennen, der nur wenig gemein hat mit den anarchistischen Ideen der frühen Romane (vgl. etwa *O Pobre de Pedir* – 1931). Aber schon in seinem formal außergewöhnlich wichtigen Roman *Húmus* (1917) wird deutlich, daß eine Revolution den Armen kaum eine Verbesserung ihrer Situation bringen würde, denn der Kampf aller gegen alle würde die Sieger zu noch schlimmerer Ungerechtigkeit verleiten. Dem Aufstand der Entrechteten würde nicht soziale Gerechtigkeit, sondern Terror, Sklaverei und neue Ausbeutung folgen.

Von den gewichtigen Romanen Raul Brandãos haben nur *A Farsa* (1903) und *O Pobre de Pedir* eine durchgehende Handlung. In *A Farsa* revoltiert die Protagonistin Candidinha gegen die ungerechte Armut, in der sie mit ihrem Sohn zu leben gezwungen ist. Doch ihre Bemühungen, ihrem Sohn durch die Verheiratung mit einer reichen Frau eine veränderte Lebensbasis zu verschaffen, scheitern. Die ehrgeizigen Pläne Candidinhas, die die Ermordung ihrer armen und erblindeten Schwiegertochter als Mittel der Strategie einkalkuliert, scheitern schließlich am Tod des Sohnes. Resigniert verflucht Candidinha Gott und ihr Schicksal. *O Pobre de Pedir* enthält dagegen eine sehr reduzierte Handlung. Es ist die Geschichte eines Ich-Erzählers, der mit Frau und Tochter über Möglichkeiten eines Auswegs aus der elenden Situation nachdenkt. An die Stelle der Handlung tritt die Reflexion über Probleme der menschlichen Existenz. In den Romanen *Húmus* und *Os Pobres* vollzieht sich diese Reflexion in Form von Monologen oder Dialogen einzelner Figuren, die ohne psychologische Konsistenz, ohne Vergangenheit und Zukunft, ja manchmal auch ohne Namen im Romangeschehen eine Rolle übernehmen. Die Erzählperspektive wechselt und löst sich auf in mehrere parallele und konvergierende Erzählvorgänge. Raum und Zeit als gliedernde Dimensionen des Romans sind bei Brandão unklar und verschwommen. Die verwirrende Behandlung von Raum- und Zeitelementen, die ständigen Wiederholungen in der erzählten Zeit sind die stilistischen Mittel, mit denen der Autor die Monotonie und die Sinnlosigkeit des menschlichen Daseins charakterisiert. Die Daten, die die Tagebuchnotizen des Ich-Romans *Húmus* begleiten, strukturieren den Roman keineswegs. Mit der Unfaßbarkeit der Zeit, die als unheilvolle Kraft gefühlt wird, entgleitet den Figuren des Romans die Realität des eigenen Lebens, in der die erinnerte Welt, die Welt des Traums eine wichtige Rolle spielt. Sobald wie in *A Farsa* eine zusammenhängende Handlung vorhanden ist, ist auch der Rahmen einer konkreten Chronologie und eines bestimmbaren Raumes absteckbar. *Húmus* kennt einen solchen konkreten Raum nicht. Der Roman spielt in einer imaginären Stadt, einem Ort ohne Sonne und voll menschlichem Elend.

Der Unterschied in der Behandlung von Handlung, Raum und Zeit zwischen dem frühen Roman *A Farsa* und dem späten *Húmus* charakterisiert den Übergang des portugiesischen Romans von der realistischen Gesellschafts- und Charakteranalyse zur philosophischen Reflexion über die Conditio Humana. Diesen Übergang bezeugen formale Veränderungen bei der Personengestaltung und in der Erzählhaltung. Die neue Form des Romans will keine individuellen Schicksale zeigen, sondern Ideen und eine Philosophie des Lebens zur Diskussion stellen. Die wie eine Sinfonie von Stimmen sich zusammensetzende Erzählung stellt an den Platz einer äußeren Realität eine psychologische Realität. Es ist die erfahrene Realität einer kaum spezifizierten Masse. Dem Leser ist es manchmal nicht möglich, die einzelnen Gestalten zu identifizieren. Es ist nicht leicht zu entscheiden, ob K. Mauricio und der Palhaço in dem Roman *A Morte do Palhaço* (1926) ein und dieselbe oder verschiedene Personen sind. Eine gleiche Unsicherheit kann über die Identität des Ich-Erzählers im Roman *Húmus* entstehen. Dem Ich-Erzähler, der ein durchgehendes Tagebuch führt, tritt plötzlich eine andere Person an die Seite, die schließlich ebenfalls in der 1. Person redet und den ersten Erzähler weitgehend ablöst. Dieser Erzähler macht sich zum Sprachrohr einer realitätsfernen Weltflucht und wird häufig als Alter ego des ersten Erzählers apostrophiert. Die Stimme eines dritten Erzählers kreist in langen inneren Monologen um Probleme der Existenz Gottes.

Der überragende Romancier der ersten Jahrhunderthälfte ist Aquilino Ribeiro. Sein umfangreiches Prosawerk, das Novellen und Romane umfaßt, zeichnet sich aus durch eine lebensbejahende Sinnlichkeit. Diese schließt eine satirische Kritik und eine antibürgerliche Skepsis nicht aus. Aquilino Ribeiro (1885–1963) lebte von 1908 bis 1914 nach einer Verurteilung wegen Komplizenschaft mit einer revolutionären Zelle in Paris. Die Veröffentlichung seiner Novellen *O Jardim das Tormentas* (1913) zeigt, daß Aquilino die Problematik des portugiesischen Provinzlebens nicht vergessen hat, dessen moralische Engstirnigkeit und gefühlsmäßige Zurückhaltung er allerdings mit dem Rausch der Sinne zu überwinden sucht. Die menschlichen Beziehungen scheinen vom Recht des Stärkeren bestimmt zu werden, wobei sexuelle Verführung und Geld die Ausbeutung des Schwächeren erlauben. Die Darstellung regionaler Sitten verbindet sich in den folgenden Jahren mit antiklerikaler Satire (*Andam Faunos pelos Bosques* – 1926). Einen gewissen antiasketischen Libertinismus findet man noch in dem späteren Roman *S. Banaboião, Anacoreta e Mártir* (1937) und den Novellen *O Servo de Deus e a Casa Roubada* (1940). Neben Aquilinos Tätigkeit als Romancier und Novellist tritt eine umfangreiche Übersetzertätigkeit und die Abfassung von romanhaften Biographien, in denen sich Polemik und scharfe literaturwissenschaftliche Beobachtung treffen. Am Ende der 1. Republik sieht sich Aquilino wieder in revolutionäre Bewegungen verwickelt und neuerlich gezwungen, im Exil zu leben. Nach seiner Rückkehr nach Portugal im Jahre 1932 entstehen die ersten Romane mit Themen aus der portugiesischen Geschichte: *Aventura Maravilhosa de Dom Sebastião* (1936), *Os Avós dos Nossos Avós* (1943), *Constantino de Bragança* (1947) usw. Es handelt sich um eigenwillige Interpretationen historischer Figuren und Fakten mit einer antimonarchistischen Tendenz. Mit dem fiktiven Tagebuch der *Maria Benigna* (1933) thematisiert Aquilino zum ersten Mal das städtische Bürgertum. Ein Thema aus der politischen Aktualität der Kriegszeit, die fieberhafte Suche nach Bodenschätzen, ist der Inhalt des 1944 erschienenen Romans *Volfrâmio*. Der Roman wurde von der damals sich konstituierenden Schule des Neorealismus als beispielhaft gefeiert. Aquilino Ribeiro ließ sich allerdings nicht von variierenden Schulenbildungen beeinflussen und schrieb in den folgenden Jahren Romane, die persönliche Erfahrungen seiner Jugend in Lissabon (*Lápides Partidas* – 1945) oder jugendliche Abenteuer seiner rebellischen Schulzeit (*Cinco Réis de Gente* und *Uma Luz ao Longe* – 1948) zum Thema haben. Zwei große Romane, *A Casa Grande de Romarigães* (1957) und *Quando os Lobos Uivam* (1958), können als abschließendes Wort des Romanciers Aquilino Ribeiro gelten. Ihnen folgten noch zwei Theaterstücke, die Memoiren *Um Escritor Confessa-se* und ein postumer Band von Erzählungen, *Casa do Escorpião*.

Die menschlichen und sozialen Konflikte der Romane ergeben sich zumeist aus erotischen Spannungen. Daneben zeigt sich Aquilino als gewissenhafter Beobachter der Kunst des Überlebens, welche aus dem Erfindungsreichtum des volkstümlichen Menschen erwächst, den Aquilino nach pikaresker Manier darstellt. Frei von sozialen Zwängen und moralischen Imperativen gestaltet sich die Liebe zum Wesenskern menschlichen Lebens. Mit der Feier der vorurteilsfreien

Liebe verbindet sich die Kritik Aquilinos an der asketischen Lebensform provinzieller Erziehung (*A Via Sinuosa* – 1918). Der Konflikt zwischen der traditionellen Askese einer religiösen Internatserziehung und der sich entwickelnden Sexualität des zukünftigen Priesterkandidaten, der mit dem Sieg des „Fleisches" endet, ist nur eine Vorstufe für utopische Konstruktionen von Lebensformen ohne Zölibat und Ehe *(Andam Faunos pelos Bosques)*. Aquilinos Texte versuchen die geheimen Gesetzmäßigkeiten, das natürliche Spiel menschlicher Erotik zu beschreiben. So scheitert die Liebe Maria Benignas zu ihrem Geliebten an dessen künstlerischem Temperament, das die Liebe über den unmittelbaren Genuß hinaus als Quelle ästhetischer Konstruktionen betrachtet, die seinen Nachruhm ermöglichen. Der Spontaneität der Liebe stehen die Rationalität und der Intellekt des Künstlers im Wege. Es stellt sich heraus, daß die Erfüllung der Liebe nicht einfach das Ergebnis überwundener Schwierigkeiten ist (*O Homem Que Matou o Diabo* – 1930). Die anarchistische Befreiung der Instinkte löst nicht alle Probleme der Erotik und der Sexualität. Das Glück scheitert nicht nur an sozial bedingten Vorurteilen und sozialen Ungerechtigkeiten, sondern auch an der natürlichen Kontingenz des Menschen, die sich dem Leser in der Form von Alter, Krankheit und Tod darbietet.

Die Romane und Novellen mit ländlicher Thematik gestalten zumeist den grausamen Kampf um das wirtschaftliche Überleben: Rivalität, Unrecht, Verbrechen und Prostitution als die notwendigen Mittel einer Überlebenschance. Die gesellschaftlichen Schranken sind stabil. Der Schwache und Arme bleibt schwach und arm. Recht und Verwaltung liegen in der Hand der Mächtigen. Die Buntheit der Typen und Charaktere ist die Folge des Kampfes aller gegen alle, in dem nur der Gerissene seinen Mann stehen kann. Die grausame Sucht nach dem bißchen Glück, dargestellt an einer parabelhaften Schatzsuche im Dünensand, legt die Sinnlosigkeit der Existenz offen (*A Batalha sem Fim* – 1932). Aquilino definiert keinen Ausweg. Sein skeptischer Pessimismus weicht allerdings hier und da einer vitalistischen Zukunftshoffnung. Nicht nur die Vitalität der Picaro-Helden belegt diesen Aspekt seines Werkes, auch die stilistischen Versuche, das menschliche Verhalten in instinktiver Übereinstimmung mit der animalischen Welt zu sehen, weisen auf den Einfluß hin, den die Bergsonsche Lebensphilosophie auf Aquilino ausgeübt hat. Die Integrierung des Menschen in seine natürliche Umgebung geschieht mit einer Vielzahl von Metaphern aus der Pflanzen- und Tierwelt.

Bei den vielen stilistischen und strukturellen Überlegungen hat

Aquilino immer wieder auf die Bedeutung des Vokabulars und des dichterischen Wortes hingewiesen. Aquilino gilt deshalb als brillanter Wortkünstler, der den literarischen Ausdruck mit dem dialektalen, den städtischen Umgangston mit dem Terminus der Fachsprache, dem Archaismus und dem Fremdwort zu kombinieren versteht und darüber hinaus dem präzisen Wort durch Diminutivbildungen spezielle affektische Konnotationen verleiht. Aquilinos Werk ist eine Fundgrube für all jene, die als Philologen die Ausdrucksmöglichkeiten der portugiesischen Sprache ausloten möchten.

Klarheit und stilistische Vollendung der Form kennzeichnen das Werk des um eine Generation älteren Zeitgenossen Manuel Teixeira Gomes (1860–1941). Das Leben Teixeiras war nicht weniger bewegt als das Aquilinos. Der Journalist, republikanische Politiker und Staatspräsident, der nach 1926 ins Exil ging, schrieb in einer ersten Phase zwischen 1899 und 1909 eine Reihe von Prosaerzählungen, Reisebeschreibungen, zum Teil in Briefform, die sich ohne größere Schwierigkeiten in die realistische und naturalistische Tradition einreihen lassen. Die Beschreibung des Details, des Krankhaften und Häßlichen wird dabei allerdings durch groteske Elemente von einem emotionalen Engagement befreit. Die wichtigsten Werke dieser Zeit sind *Inventário de Junho* (1899), *Agosto Azul* (1904), *Gente Singular* (1909) und *Cartas sem Moral Nenhuma* (1903). Die ästhetische Position zwischen dem Naturalismus und einem dekadenten Symbolismus zeigt sich im Drama *Sabina Freire* (1905), das den individuellen Kampf der Heldin gegen die erstikkende Kollektivmoral des provinziellen Lebens gestaltet.

Die zweite Phase seines Schaffens umfaßt die Werke *Regressos* (1935), *Cartas a Columbano* (1932), *Novelas Eróticas* (1934) und *Maria Adelaide* (1938). In diesen Werken überlagert eine imaginäre Welt das realistische Detail. Eine sinnliche Erotik und der Ausdruck einer sublimierenden Ästhetik verbinden sich zur Feier des Lebens, das auch angesichts von Krankheit, Tod und Alter immer lebenswert erscheint. Daß der Epikureismus in seiner Ich-Bezogenheit eine asoziale Kehrseite hat, zeigt die späte Erzählung *Maria Adelaide*, in der die erkaltende Liebe des Mannes die heroische Größe des verlassenen Mädchens erahnen läßt. Aus Anlaß des hundertsten Geburtstages erschien eine Ausgabe der *Obras Completas* von Manuel Teixeira Gomes in 14 Bänden (1957–1961). Sein Werk ist wie das über 40 Bände Romane und Erzählungen umfassende Werk Aquilino Ribeiros durch viele Einzelausgaben dem portugiesischen Publikum bis heute lebendig geblieben.

Das gilt auch für José Maria Ferreira de Castro (1898–1974), der seine Brasilienerfahrung in den erfolgreichen, in alle Kultursprachen übersetzten Roman *A Selva* (1930) einbringen konnte: es handelt sich um eine Darstellung der harten Lebensbedingungen in den Gummiplantagen des Amazonasgebietes auf dem Hintergrund großartiger Landschaftsbeschreibungen. Obwohl der Roman mehr Dokumentation als programmatische Sozialkritik ist, liegt hier eine politische und soziale Anklage vor, die besonders in der brasilianischen Literatur und später im portugiesischen Neorealismus thematisch bestimmend wurde. Schon der Roman *Emigrantes* (1928) hatte auf die unmenschlichen Bedingungen der Emigration hingewiesen und die Vorstellungen des 19. Jahrhunderts von dem schnell in Brasilien zu erwerbenden Reichtum endgültig überwunden. *Terra Fria* (1934) und *A Lã e a Neve* (1947) schildern ursprüngliche Lebensformen portugiesischer Provinzbewohner, die durch persönliche Schuld oder die enttäuschenden Arbeitsverhältnisse zu einem Leben in menschenunwürdiger Armut gezwungen werden. *A Lã e a Neve* betont die Ohnmacht des einzelnen gegenüber den ausbeuterischen Arbeitssystemen und endet mit dem Vertrauen in die Solidarität der Armen.

Der drei Jahre jüngere José Rodrigues Miguéis (1901–1980) trat 1932 mit einer ersten Erzählung *Páscoa Feliz* an die Öffentlichkeit. Er ließ ihr die Novellen *Onde a Noite se Acaba* (1946), *Léah e Outras Histórias* (1958), *Gente de Terceira Classe* (1962) und *Comércio com o Inimigo* (1973) folgen. Das psychologische Interesse an den Charakteren steht im Vordergrund der Erzählungen. Später verbreitert sich die Thematik zur Darstellung charakteristischer Elemente des portugiesischen Volkes. Ein lange Jahre dauerndes Exil des Autors in den USA mag diese Ausweitung motiviert haben. Die Romane (*Uma Aventura Inquietante* – 1959; *A Escola do Paraíso* – 1960; *Nikalai! Nikalai!* – 1971) bezeichnen eine Position zwischen Naturalismus und Neorealismus, sind einerseits epigonal und andererseits nicht von den ideologischen Konzeptionen einer weltverändernden Philosophie erfaßt. Von den persönlichen Erfahrungen der Krankheit in *Um Homem Sorri à Morte com Meia Cara* (1959) und dem künstlerischen Problem der Kongruenz von Leben und Werk erstreckt sich seine Prosa auf die beschreibende Integration ethischer Probleme der sozialen Umwelt in eine vorzugsweise subjektive Problematik. Die Romane *O Milagre Segundo Salomé* (1975) und *O Pão não Cai do Ceu* (1981) enthalten auch politische Reflexionen, wie sie sich in den essayistischen Zeitchroniken finden, die unter dem Obertitel «Reflexiões de um Burguês» zusammengefaßt wurden (*É Proibido Apontar* – 1964 und *As Harmonias do Canelão* – 1974).

DIE MODERNISTISCHE LITERATUR

Die futuristische Phase

Gegen die vorherrschende symbolistische und neuromantische Literatur des «Saudosismo» und des «Integralismo Lusitano», aber auch gegen die verspäteten Realisten und Naturalisten erhob sich in den Jahren von 1916 bis 1926 eine bunte literarische Bewegung, die in skandalumwitterten kurzlebigen Zeitschriften mit exzentrischer Pose und futuristischen Programmen Anschluß an die großen Umwälzungen innerhalb der europäischen Literatur suchte. Unter drei herausragenden Vertretern dieser Bewegung, Mário de Sá-Carneiro, Almada Negreiros und Fernando Pessoa, ist Pessoa zweifellos der für die Literaturgeschichte wichtigste Vertreter avantgardistischer künstlerischer Bestrebungen geworden.

Der 1888 in Lissabon geborene Pessoa verbrachte als Halbwaise neun Jahre seines Lebens mit seiner Mutter und seinem Stiefvater in Südafrika, kehrte 1905 nach Lissabon zurück, betätigte sich als Auslandskorrespondent von verschiedenen Handelshäusern und starb 1935 an einem Leberleiden. Seine Vita ermöglichte ihm die Teilhabe an zwei sprachlich unterschiedlichen Kulturen, der angelsächsischen und der portugiesischen. Seine Künstlerbiographie setzt sich aus unterschiedlichen Individualitäten zusammen, denen Pessoa neben seinem realen Namen fiktive Namen wie Ricardo Reis, Alberto Caeiro, Álvaro de Campos und Bernardo Soares zulegte. Diese sogenannten Heteronyme erhalten von Pessoa eine eigene fiktive Biographie und zeichnen sich durch ein individuelles ästhetisches Programm aus. Demnach weist das ältere der Heteronyme, Alberto Caeiro, der als Lehrer von Ricardo Reis und Álvaro de Campos vorgestellt wird, Elemente einer traditionellen Lyrik auf. Dazu gehört eine faßbare Realität, die die Realität der Außenwelt ist. Die Realität des Gedichts, die in einem referentiellen Verhältnis zur Außenwelt steht, ist eine sinnlich erfaßte, keine verstandesmäßige. In freien Versen mit natürlichem Duktus entsteht eine fast der Prosa nahekommende freundlich-frohe Bukolik. Caeiros Schüler Ricardo Reis liebt ebenfalls die einfache rustikale und natürliche Welt, ist allerdings schwermütiger als Caeiro, und seine Dichtung ist Ausdruck eines gemäßigten Epikureismus, mit dem er seine innere Freiheit verteidigen will. Die Form ist strenger, eine komplizierte Syntax und ein latinisierendes Vokabular sind Ausdruck einer intellektuellen Dichtung, die auch rational erschließbar ist. Álvaro de Campos dagegen ist als futuristischer Sänger der Maschinenzeit und der modernen Zivilisation konzipiert. Er ist weniger intellektuell als Ricardo Reis, reizbar und emotiv. Nach Pessoa sammelt Álvaro de Campos seine dichterischen und ästhetischen Erfahrungen bei Baudelaire, Whitman und den Futuristen Marinetti und Apollinaire. Er dichtet in freien Versen, die zu Sequenzen voller inhaltlicher und formaler Gegensätze zusammengefaßt sind, wobei das Disparate nicht als Korrelat einer wie auch immer geordneten Außenwelt erscheint, sondern als Spiegel der täglichen individuellen Erfahrung des Ichs. Unter dem Namen Álvaro de Campos werden ästhetische Programme und Manifeste mit klingenden Namen wie «Ultimatum» oder «Apontamentos para uma estética não-aristotélica», die sein poetisches Schaffen begleiten, veröffentlicht. Gedichte, die Fernando Pessoa mit seinem eigenen Namen zeichnet, haben oft volkstümlichen Charakter. Ihre Klarheit, Einfachheit und Musikalität greift auf volkstümliche metrische und rhythmische Formen zurück, sie können aber bei aller Suggestivität nicht als sentimentale oder emotionale Gedichte bezeichnet werden. Sie verbergen zumeist eine distanzierende ironische Haltung, die dem Anspruch einer Verbindung von Fühlen und Denken, den Pessoa formuliert, entspricht. Inhaltlich bezeugen sie oft Aspekte der Einsamkeit, der Unruhe und Fremdheit vor den Rätseln der Welt und vermitteln den Eindruck des Vagen, der Entfremdung, d.h. ein Stück Resignation. Spricht in Álvaro de Campos der rauschhafte Modernist, so erscheint in Pessoa selbst die verhaltene Stimme des Klassikers der Modernität.

Die Poesie- und Prosabände, die bisher veröffentlicht worden sind, zeigen eine facettenartige Vielfalt formaler und inhaltlicher Aspekte, die zu umschreiben einen Akt des Hochmuts darstellen würde. Im folgenden seien deshalb nur einige herausragende Elemente formaler und inhaltlicher Art gekennzeichnet.

Die einzige Gedichtsammlung, die Pessoa zu Lebzeiten veröffentlicht hat, ist das patriotische, äußerlich einem politischen Messianismus unterzuordnende Buch *Mensagem* (1934). Das drei Teile umfassende Werk geht aus von einer symbolischen Deutung des portugiesischen Wappens, dessen heraldischer Sinn mit Figuren und Ereignissen der portugiesischen Geschichte bis zum Zeitalter der Entdeckungen erläutert wird. Die Entdeckungen selbst bilden den Mittelteil der Gedichtsammlung, während im letzten Teil der Mythos des Sebastianismus in Verbindung mit der biblischen Verheißung eines fünften Weltalters für Portugal eine geistige Mission universellen Ausmaßes ankündigt. Die epische Dimension des Gedichtbandes läßt über den rein vaterländischen Aspekt, der den Wunsch nach einem neuen Aufbruch der portugiesischen Nation ausspricht, durchaus noch andere Interpretationsebenen zu. Das Abenteuertum betrifft nicht nur die nationale Größe, das irrationale Heldentum aus Mythos und Legende läßt sich mit dem poetischen Streben nach einer Transzendenz des Mittelmäßigen und Bedingten verbinden. Der Hunger nach dem Absoluten, das Bewußtsein, von Gott oder den Göttern auserwählt zu sein, und der heroische Wunsch, äußere Schwierigkeiten und psychische Hemmnisse zu überwinden, sind Merkmale, die sich der moderne Dichter – und sicher nicht nur Fernando Pessoa – gerne zuschreibt. Die Form der Gedichte ist durchaus konventionell, die Metaphorik wird entweder explizit gedeutet oder ist leicht rational durch Anspielungen auflösbar. Die Suggestionskraft der Symbolik liegt im Bereich dessen, was Romantik, Symbolismus und Saudosismo tradiert haben. Auf dem Hintergrund einer okkulten Mythologie wirkt die sprachliche Form, die mit suggestiven Apostrophen, Ellipsen und Parallelismen arbeitet, pathetisch antiquiert.

Die unter den Überschriften *Poesias* (1942) und *Poesias Inéditas* (1955/1956/1973) publizierten Gedichte Fernando Pessoas betreffen weitgehend eine gleichartige Thematik: die Frage nach dem Ich, der Realität des Subjekts. Dabei zeigt sich immer wieder ein Pessoa stark beschäftigender Zwiespalt zwischen dem intuitiven Erfassen von Existenz und Welt und deren scharfer rationaler Analyse. Erkenntnis und Illusion, Sein und Erkennen und die schmerzliche Erfahrung, daß der Zwang zum Denken nie zu einer endgültigen Klärung führt, sind wiederkehrende Themen, die in unterschiedlichen Stimmungslagen artikuliert werden. Solche Stimmungslagen sind die Sehnsucht nach der Kindheit, der Verlust des Glücks, Lebensekel, Enttäuschung über die Unzulänglichkeit und der Wunsch nach Auflösung und Eingehen in die Nacht. Ein permanentes Thema ist die Aporie zwischen Emotionalität und Intellekt und zwischen Sein und Scheinen. Der unmittelbaren Seinserfahrung tritt jeweils die Reflexion über diese Erfahrung an die Seite. Das thematische Vorgehen beeinflußt den sprachlichen Ausdruck und bedingt die Abstraktheit des Stils. Dabei sind die meisten Gedichte wegen der Verwendung zeitloser Elemente und Symbole, einer klaren Syntax und eines einfachen Vokabulars sowie aufgrund der traditionellen metrischen Gebundenheit (Reim, Vers und Strophenform in traditioneller, ja volkstümlicher Art) keineswegs unzugänglich. Das Neue dieser Dichtung liegt in der ungewohnten Thematik begründet. Der erkenntnistheoretische Ansatz von Pessoas Lyrik befremdet eher als die sprachliche und prosodische Gestalt. Die im Annäherungsverfahren immer wieder um gleiche Themen kreisende Dichtung Pessoas neigt zur Vagheit, zu einer strengen Ökonomie des Wortes, zur Ellipse. Der nur unzureichend konkrete Kontext erlaubt selten eine eindeutige Entschlüsselung des Zeichens. Das hermetische Sprechen ist hier nicht gesucht, sondern eine Folge des begrifflichen Systems, welches dem Auszusprechenden nicht angemessen ist. Hilfen bei der sprachlichen Bewältigung des Seins sind dem Dichter Pessoa Neologismen, ungewohnte Satzstellung, abweichender Gebrauch von Verben und Verbformen, ungewohnte Substantivierungen, Antithesen, Paradoxa und konzeptistische Spiele. In einem Band sind unter dem Titel *Quadras ao Gosto Popular* (1965) kurze Strophen zusammengestellt, in denen Pessoa die Tradition der volkstümlichen oralen Dichtung nachzuahmen vorgibt. Indem er sich unter die anonyme Menge volkstümlicher Dichter mischt, schafft Pessoa im Grunde ein zusätzliches Heteronym.

Die *Poemas* (1946) von Alberto Caeiro umfassen den Zyklus «O Guardador de Rebanhos» und die Gedichtgruppen mit dem Titel «O Pastor Amoroso» und «Poemas Inconjuntos». In seinem Wunsch, sich von den poetischen Vorgängern, den Romantikern, Symbolisten und Saudosisten, abzusetzen, bemüht sich der fiktive Caeiro um eine strenge Trennung von Dingwelt und menschlicher Erfahrung. Gegenüber allen Tendenzen, Natur und Dinge sprachlich zu beleben und zu vermenschlichen, sucht Caeiro die unmittelbare Wahrnehmung der Dinge zu erreichen. Das Dasein der Dinge kann nur punktuell und momentan erfahren werden. Einen affektischen Zugang zur Natur und die Benutzung von Kollektiva und Allgemeinbegriffen vermeidet er zugunsten der Atomisierung der Realität, die sich in Einzelmomente auflöst. Der Inhalt seiner Gedichte besteht zumeist aus metasprachlicher Reflexion. Sie kritisieren Sprach- und Denkverfahren und reduzieren die Grundelemente der Gedichte auf die Antithese zwischen Mensch und Bewußtsein einerseits und der Natur andererseits. Die sprachlichen Mittel dieser Dichtung sind durch die Verbannung schmückender und affektischer Elemente extrem nüchtern, und die poetische Aussage gelingt zumeist mit Hilfe von Wiederholungen im lexematischen, syntaktischen und morphologischen (etwa durch Alliterationen) Bereich.

Die *Odes* (1946) von Ricardo Reis dagegen lösen sich ganz von dem einseitigen Sprachverständnis Caeiros. Die Thematik seiner Gedichte umfaßt die meisten Aspekte seines antiken Vorbilds, Horaz. Einer skeptischen Welterfahrung stellt sich das epikureische Element des „Carpe diem“ an die Seite, und trotz der pessimistischen Sicht von der Widersprüchlichkeit des Daseins gelingt es, in einem relativen Glück der Beschränkung auf das einfache Leben einen Freiraum für die Entfaltung der eigenen Persönlichkeit zu schaffen. Für die Sprache von Ricardo Reis sind entsprechend der klassizistischen Ausrichtung der Lyrik Archaismen und gelehrte Buchwörter kennzeichnend, Neubildungen oder etymologisierende Verwendung von Wörtern und morphologischen Erscheinungen und die Reaktivierung semantischer und auch syntaktischer Elemente einer älteren Sprachstufe. Es bedarf einer gewissen Gelehrsamkeit, um die sprachlichen Potenzen des Portugiesischen einerseits in dieser Art zu realisieren und um sie andererseits als Leser zu entschlüsseln. Die inhaltliche und formale Nachahmung Horazischer Dichtung unterstreicht den künstlichen Charakter der Schreibart von Ricardo Reis. Ungewöhnlichkeit, Verrätselung, Virtuosität und Konzeptismus sind Mittel seiner Dichtung und markieren damit für Fernando Pessoa den Versuch, über die Lyrik des 19. Jahrhunderts hinweg Anschluß an die klassizistischen Formen und Inhalte der Lyrik des 18. Jahrhunderts herzustellen.

Die ausgesprochen modernistischen Stile Pessoas zeichnen sich durch Inkohärenzen zwischen dem Text und einer objektiven Realität aus. Vergleiche und Metaphern zeigen eine möglichst weite ontologische Distanz zwischen der Bildebene und der Aussage. Eine auffällige Zusammenhanglosigkeit, die sich auf der Bildebene zeigt, nicht aber in der Syntax, erweckt den Eindruck von Rätselhaftigkeit, die eine ontologische Dimension hat. Die sprachliche Erstellung einer mehr oder weniger kohärenten Gegenstandswelt intendiert die suggestive Realisierung eines „psychischen Raumes“. Die Bilder müssen als Bewußtseinsreflexe gedeutet werden. Durch den gleichzeitigen Aufbau von zwei Wahrnehmungsebenen, einer realen und einer imaginierten, entsteht kubistischen Versuchen entsprechend eine Verschränkung der Ebenen und eine Überschneidung von Szenen, die die Komplexität von menschlicher Wahrnehmung und Vorstellung ausdrücken kann. Wenn die Poesie eine „innere Realität“ durch Vergleich oder Gleichsetzung mit Gegenständen der Außenrealität ausdrückt, so wird diese Außenrealität um so ungewöhnlicher sein, je ungewohnter und komplexer die psychischen Phänomene gesehen werden. Immer originellere sprachliche Formulierungen sind das Resultat der Konzeption einer Poesie als Instrument der Wahrheitsfindung. Mit dem Heteronym Álvaro de Campos stellt sich Pessoa der europäischen Bewegung des Futurismus, d.h. dem Thema der modernen Technik und der Stadt in der Poesie und der damit verbundenen Öffnung der poetischen Sprache für alle bis dahin als unpoetisch geltenden Bild- und Objektbereiche. Álvaro de Campos, dessen Poesie eine innere Leere und die Erfahrung des Lebensüberdrusses zum Ausdruck bringt, dichtet in freien Versen und schockiert mit literarischen Manifesten, deren Anliegen den ästhetischen Bereich überschreiten. Er benutzt einen syntaktisch einfachen freien Vers, bei dem die syntaktische Einheit mit dem Versende zusammenfällt. Die hymnenartige Poesie arbeitet mit Hyperbeln und Wiederholungen und sucht die Identifikation des Ichs mit der umgebenden Welt. Der moderne Mensch mit den ihn umgebenden Daseinsbereichen bestimmt Thema und Bilder dieser Poesie, die vor der Banalität des Alltagslebens nicht zurückschreckt. Die Elemente dieser Realität werden zum Teil assoziativ aneinandergereiht. Dabei zeigt sich die futuristische Neigung zu den sogenannten «mots en liberté», d.h. zu nicht in den Satz integrierten Wörtern, zum Teil Fremdwörtern, und zu einer semantischen Festlegung sich entziehenden Silben- und Wortfolgen. Entsprechend der in einem poetologischen Text mit dem Titel «Ultimatum» formulierten Theorie müssen diese Formen der Dichtung vorzugsweise als Akte der Befreiung aus traditionellen Formen interpretiert werden.

Mit der Veröffentlichung des *Livro do Desassossego* (Buch der Unruhe) im Jahre 1982 wurde Fernando Pessoa als Prosaschriftsteller der verblüfften Öffentlichkeit vorgestellt. Natürlich waren den Spezialisten eine Vielzahl von Prosatexten bekannt, dramatische Versuche, Texte zur Literaturtheorie und zur Literaturkritik und zu philosophischen, soziologischen und politischen Themen. Mit dem *Livro do Desassossego* erschien Pessoa als moderner Moralist, der dem Hilfsbuchhalter Bernardo Soares maximenhafte Aufzeichnungen zuschreibt, die das vergebliche Mühen um Sinn nachzeichnen. Das *Livro do Desassossego* hält die Summe der Erfahrungen des „Buchhalters" fest, der von einer Bedeutungslosigkeit zur anderen schreitet und der sein Tun als eine Leerstelle inmitten von sinnloser Raserei erfährt. Einer mechanischen Bewegung (der Unruhe!) ausgeliefert, sucht hier ein Ich in der Tagebuchnotiz das Unerklärliche und das Unerträgliche sprachlich zu fixieren. Trostlosigkeit, Lebensekel, die Vergeblichkeit des Tuns führen nicht zur Rebellion, eher in die absolute Verweigerung. Religion, Moral und politische Ethik geben keinen Halt, obwohl der Mensch nicht gleichgültig gegenüber diesen Fragen geworden ist. Es gehört zum Fragmentarischen des Buches, daß es Widersprüche nicht ausschließt. Der pausenlose Grübler, der das Verhalten der Menschen ergründet, steht dem Denken so reserviert gegenüber wie Alberto Caeiro. Die „Bekenntnisse“ des Buchhalters sind in perfekter Sprache abgefaßte Psychogramme, die Verzweiflung herausfordernde Alltäglichkeiten widerspiegeln, aber über die Trostlosigkeit die Ästhetik des schönen Wortes stülpen. Als Tagebuch suggerieren sie die Eindrücke eines Individualisten, sind aber eher das „Journal der verunsicherten Existenz“. So wie Pessoas Lyrik die Überwindung jeglicher Konfessionslyrik bedeutet, so vollzieht sich in den Reflexionen des Bernardo Soares die Universalisierung von Pessoas Lebenserfahrung. Es ist die Erfahrung des modernen Menschen, der sich den einfachen Sicherheiten verweigert und dessen Unruhe nichts anderes ist als die nie befriedigte Neugier. Die Neugier konkretisiert sich an den Widersprüchen, die in der dialektischen Sprachführung zur greifbaren Realität werden. Es geht um mehr als die Notierung von Äußerlichkeiten, es geht um die Ergründbarkeit des Seins aus der Perspektive eines wachen Geistes. In der stoischen Selbstbescheidung des Bernardo Soares liegt auch ein Schlüssel für die Existenz Fernando Pessoas, denn nur die Zurückgezogenheit und die Eintönigkeit der alltäglichen Existenz halten seinen Geist wach für Wanderungen seiner Phantasie. Das impliziert die Absage an das Handeln, die Trennung von den Mitmenschen und mit der Ich-Bezogenheit verbundene Indifferenz gegen moral-ethische Normen, soziale und politische Konzepte und jede Form utopischer Heilslehren.

Die Theaterkonzeption, die Pessoa 1913 zu Beginn des „statischen“ Dramas *O Marinheiro* definiert, hat im Rückblick ihre ungewöhnlichen Aspekte längst eingebüßt. Es handelt sich um symbolistisches Theater im Stile Maeterlincks, das natürlich als Vorläufer des modernen poetischen Theaters eine Basisfunktion für die dramatische Entwicklung hat: lyrisches Theater ohne Handlung, Situationstheater, dessen Texte monologisch Seelenzustände offenbaren. Dieses Theater, das seine spektakulärste Fortsetzung im Theater des Absurden hat, wurde in Portugal von Almada Negreiros weitergeschrieben, ansonsten in der Folgezeit eher wieder abgeschwächt: Eine Totenwache erlaubt es drei jungen Mädchen, über ihre Vergangenheit zu reden, die zu Beginn als „falsch“ oder sogar inexistent angesehen wird. Es geht um banale Erscheinungen der äußeren Realität, die nach ihrem Sinn befragt werden, oder um Zweifel an der Realität selbst, die sich nicht in Worten gestalten läßt. Die Ausschaltung der Zeit – sie besitzen keine Uhr – ermöglicht die Suggestion einer existentiellen Thematik. Das Sprechen als solches befreit, das Schweigen erscheint bedrohlich. Handeln wird unnütz angesichts der Infragestellung der eigenen Vergangenheit und des Wahrheitscharakters des gesprochenen Wortes. Angst ist die wiederkehrende Befindlichkeit. Es fehlt die Sicherheit der eigenen Existenz. Die im Titel genannte Figur des Seemanns ist Mittelpunkt eines Traumberichts eines der wachenden Mädchen. Das Erzählen des Traums, der übrigens keinen Sinn gibt, ist für die Mädchen eine Lebenshilfe. Die Inhalte der Träume ersetzen die Wirklichkeit. Die Wirklichkeit selbst bleibt unerkannt. 1988 wurde erstmals Pessoas Faustfragment *Fausto – Tragédia subjectiva* in einer endgültigen Form veröffentlicht. Das Stück greift ein bekanntes poetisches Bild aus der Lyrik Pessoas auf: die Gespaltenheit des Seins, die Unmöglichkeit des Verstehens. *Fausto*, augenscheinlich als fünfaktiges Drama angelegt, hat alle Merkmale der Kreation eines zusätzlichen Heteronyms. Nicht nur, daß die Dialoge in unterschiedlichen Versformen mehr und mehr dem reimlosen Zehnsilber der Faustfigur Platz machen, auch der selbstzerstörerische Wissensdrang der Titelfigur reflektiert in der Form des «journal intime» genuine Anliegen Pessoas und seiner fiktiven Dichtergestalten. Die unbedeutende Rolle Luzifers verweist auf die innere Gespaltenheit Fausts: er braucht keinen Verführer, das Übel liegt in ihm selbst. In seinem Inneren vollzieht sich die dramatische Aktion. Sein Erkenntnisvermögen bleibt unvollkommen, seine Liebesfähigkeit unterentwickelt, und obwohl sein Verlangen nach intensivem Leben vor Gewalt nicht haltmacht, ist sein Scheitern unausweichlich. Realität und Erkennen führen Faust ins Nichts, in die Indifferenz ohne Hoffnung und ohne Liebe, die sich am Ende in die Sehnsucht nach dem Tod wandelt, die schließlich begleitet wird von einer hartnäckigen, aber unbegründeten Erwartung.

Einer der wichtigsten portugiesischen Dichter neben Fernando Pessoa ist Mário de Sá-Carneiro, der nach einem kurzen Leben (1890–1916) während einer psychischen Krise in Paris Selbstmord beging. Mário de Sá-Carneiro schrieb zunächst Novellen und Erzählungen, die er unter dem Titel *Princípio* (1912), *A Confissão de Lúcio* (1914) und *Céu em Fogo* (1915) veröffentlichte. Die Gedichte stammen alle aus den Jahren 1913 bis 1915. Eine Sammlung von 12 Gedichten erschien 1914 unter dem Titel *Dispersão*. Alle anderen Gedichte wurden postum veröffentlicht (*Indícios de Oiro* – 1937 und *Poesias Completas* – 1946). Die persönliche Krise, die den Jurastudenten in Paris zum Selbstmord führte, bestimmt das poetische Werk des Dichters. Es schwankt zwischen der frenetischen Sinnenfreude, welche sämtliche logischen Schranken hinter sich läßt, und Gedichten, die in normaler Syntax die Diskrepanz zwischen der realen und der erdachten, erträumten Welt mit selbstkritischen und sarkastischen Tönen gestaltet. Sá-Carneiros Poesie erstrebt die Aufwertung der Gefühle mit einer überquellenden Bildwelt, in der sich die Dinge auflösen, die sich aber immer wieder auf das Ich des Dichters zurückbeziehen läßt. Die Metaphern und Synästhesien reflektieren die halluzinatorische Sensibilität des Sehers, der wie Rimbaud aus der bewußten Verwirrung aller Sinne eine Realität erstellt, welche den Erfahrungen einer gequälten Seele entspricht. In Sá-Carneiro spiegeln sich die Transformationen der Moderne, welche sich um die Namen Walt Whitman, Marinetti, Picasso und Apollinaire bewegen und einem 'Surrealismus avant la lettre' Ausdruck verleihen. Die Traumwelt hilft, die Grenzen des Bewußtseins zu überspringen.

A Confissão de Lúcio ist ein Rechtfertigungsversuch des Erzählers Lúcio, der den Leser von seiner Unschuld zu überzeugen sucht. Er zeigt sich als Opfer der Umstände und negiert ein Verbrechen, das man ihm zur Last legen könnte. Hinter dieser eher dem Detektivroman angehörenden Erzählform wird durch die dem Text unterlegte Ironie ein permanenter Zweifel an den gesetzten Aussagen spürbar, so daß der reale Sachverhalt in den Hintergrund tritt vor den erzählerischen Möglichkeiten der Kunst. Zehn Jahre nach dem angeblichen Verbrechen erzählt das „Ich" seine Erfahrungen im Zusammenhang mit der Tat. Es rekonstruiert sich eine Vergangenheit in der Beschreibung von Orten, Situationen und Dialogen. Dabei werden hauptsächlich zwei Personen in einer ungeklärten Symbiose zu Partnern des Ichs: Marta und Ricardo. Obwohl es scheint, daß Marta schließlich von Ricardo getötet wird, liegt auf geheimnisvolle Weise Ricardo tot am Boden, und der Revolver befindet sich vor den Füßen Lúcios. Die Frage, ob es ein Verbrechen gab und wer der Verbrecher war, bleibt ungelöst. Die Kriminalstory hat längst den Übergang in das Phantastische vollzogen. In diesem Bereich erfolgen rätselhafte Metamorphosen zwischen den Geschlechtern oder auch nur in Form der Synästhesie zwischen verschiedenen Sinnesempfindungen. Sexuelle Phantasmen ergänzen die Suche nach dem Ich, leben sich aus in der Vielzahl von Vorstellungen und lassen sich anwenden auch auf die Kunst, die nur als sinnlich erfaßbar konzipiert werden kann. Aus einer Eingangsvision von drei ekstatischen Tänzerinnen entwickelt sich das Trio der drei Hauptfiguren Lúcio, Marta und Ricardo, deren Beziehungsgeflecht Reflexe und emotionale Reaktionen im Erzähler aktiviert. Die reine Fiktion erhält durch den Erzählvorgang den Anschein des Realen, das auf unerklärliche Weise dem Phantastischen angenähert ist. Der Tod des Freundes erscheint wie die Liquidierung einer

Projektion des eigenen Ichs, ein fiktionaler Freitod, der für den Autor Sá-Carneiro keine kathartische Wirkung hatte.

Die Vereinigung aller Künste strebte José de Almada Negreiros (1893–1970) an. Der Maler, Dichter, Romancier und Dramaturg gilt als eine der schillerndsten Personen des portugiesischen Modernismus (*Obras Completas* – 1970ff.) Die Einführung neuer Stilrichtungen und literarischer Konzepte geht bei der Durchsetzung des Modernismus in Portugal einher mit der Abwertung der vorhandenen Literatur und der Beschimpfung von deren Leser. Die Manifeste Almadas («Manifesto Anti-Dantas», «Ultimatum Futurista às Gerações Portuguesas do Século XX», «A Cena do Ódio») enthalten außer der Herabsetzung des Bürgertums und außer präfaschistischen sozialen Rezepten die Feier der Macht, die Freude an der Technik und die Euphorie eines Neuanfangs, der die rückwärtsgerichteten Tendenzen des romantischen «Saudosismo» überwindet und die Schaffung des neuen Menschen, der sich befreit von den Beschränkungen einer christlichen und bürgerlichen Moral, in die Wege leitet. Im Umfeld des Futurismus entstehen unterschiedliche Stilrichtungen, die als «Sensacionismo» und «Interseccionismo» bekannt wurden und die Elemente der internationalen poetischen Erneuerung aufweisen: fehlende Interpunktion, Ansätze zu visueller Poesie, Lautmalereien und Auflösung der Syntax. Absurd erscheinende Verzerrungen ergeben sich bei dieser Lyrik aus der kubistischen Konzeption, Raum und Zeit in der Weise zu modifizieren oder zu eliminieren, daß man das Nacheinander der menschlichen Wahrnehmung durch die gleichzeitige Evokation verschiedener Aspekte derselben Sache oder derselben Handlung ersetzt.

Die Prosawerke, Novellen, Roman und Theaterstücke folgen diesen gleichen Stilmerkmalen. *A Engomadeira* (1917), *Nome de Guerra* (1938) enthalten das assoziative Wuchern von Bildern und den übergangslosen Wechsel von Erzählebenen ohne entsprechende syntaktische Gliederungsmerkmale: Erzählerberichte, direkte Rede und innerer Monolog können in der gleichen Satzperiode wechseln. Poesie und Prosa Almadas zeichnen sich durch eine gespielte Naivität aus. Indem der Erzähler es unterläßt, Zusammenhänge zwischen den fragmentarischen Handlungselementen und den individuellen Erfahrungen der Protagonisten herzustellen, zwingt er den Leser, sich in die vorrationale, kindliche Erfahrungsperspektive zu versetzen. Die Novelle *A Engomadeira* ist ein Beispiel für diese Erzähltechnik, in der sich eine Person durch ein Spiel verschiedener Spiegel scheinbar in verschiedene Personen auflösen kann. Der Roman *Nome de Guerra*, der einzige Roman Almada Negreiros, könnte als eine Art Bildungsroman bezeichnet werden, ist aber die Geschichte der Selbstfindung eines jugendlichen Provinzlers, die sich angesichts seiner erotischen Erfahrungen in der Großstadt Lissabon vollzieht. Ein äußerer Hinweis auf das rein psychologische Interesse des Autors ist der fast vollständige Verzicht auf die realistische Milieubeschreibung in diesem Roman mit drei Hauptpersonen: dem Protagonisten Antunes, dessen ökonomische und berufliche Situation im unklaren bleibt, dem erfahrenen Lebemann und Judite, die den Protagonisten in die Geheimnisse der Liebe im Laufe eines Bohème-Daseins einweist. Ansonsten erfährt man von brieflichen Kontakten zur Familie und zur Verlobten in der Provinz. Die Erfahrungen mit Judite werfen Antunes schließlich auf sich selbst zurück. Die anderen werden für ihn ein Mittel zur Selbsterkenntnis, aber nicht zum bleibenden Wert. Die Personen sind selbst auswechselbar. Deshalb schließt der Roman in den letzten Kapiteln mit einem Selbstgespräch des Protagonisten. Das erwachte Selbstbewußtsein ist Ausdruck der Dynamik seines Unterbewußtseins. Die übrigen Personen erscheinen als Inkarnationen des Inauthentischen. Der psychologische Roman *Nome de Guerra* öffnet sich einer ontologischen Thematik, welche die Definition des Menschen, der Person und der Verantwortlichkeit seines Handelns zum Thema hat. Eine solche Thematik bedeutet gleichzeitig die Flucht aus dem Realismus und dem Naturalismus, welche die veränderbaren Strukturen des sozialen Zusammenlebens behandelten, und weist Aspekte auf, die in der zweiten Hälfte des 20. Jahrhunderts mit der existentialistischen und der sogenannten absurden Literatur weltweiten Ausdruck fanden.

Almadas Theater bewegt sich ähnlich wie die Poesie und die erzählende Prosa auf neuen Wegen. Mit der Intention, den Zuschauer zum Mittelpunkt des theatralischen Ereignisses zu machen, verbindet sich der Gedanke, die vorlogische Spontaneität des Menschen zu wecken, ihm Antworten auf Fragen zu entlocken, für die das Theater keine Lösungen vorschreibt. Das Theater exponiert nicht einen Sinnzusammenhang, sondern weckt die Sinne der Zuschauer, gibt nicht Bekanntes wieder, sondern eröffnet neue Perspektiven. Themen dieses Theaters sind allgemeine menschliche Erfahrungen und Situationen, wie die Liebe, die Hoffnung, das Schicksal, die Wahrheit, das Individuum und das Kollektiv. Die Logik des Wortes tritt zurück vor der Suggestion der Wörter, der Gestik, des Dekors, der Musik und des Tanzes. *Deseja-se Mulher* (1928) thematisiert Stationen aus dem Leben von zwei jungen Menschen, deren Liebe sich zur Beziehungslosigkeit verändert. Während der eine Partner an der idealen Vorstellung der Einheit zweier Menschen in der Liebe festhält, versucht der andere die Unbedingtheit und Intransigenz dieser Vorstellung als unrealistisch darzustellen. Nonsens-Dialoge, Wortspiele und Repetitionen mit vertauschten Rollen antizipieren Elemente des absurden Theaters wie den Verlust der individuellen Charaktere, die Auflösung des konkreten Orts, der Zeit und der Handlung, die durch einen Zustand ersetzt wird. Inhalte des Traums werden auf die Bühne projiziert, die Grenzen zwischen Theater und Realität verschwinden, und auf allen Ebenen erscheinen die gleichen Widersprüche. In der Wiederholbarkeit der Ereignisse erkennt der Zuschauer die Ausweglosigkeit einer Situation. Diese wird an keiner Stelle benannt, sondern im Spiel erfahrbar gemacht. Stellt *Deseja-se Mulher* das Leiden an der Nichtrealisierbarkeit das Ideal der totalen Einheit der Partner in der Liebe dar, so stellt das Stück *Pierrot e Arlequim* (1924) mit den beiden Protagonisten die Inkarnation von zwei unterschiedlichen Konzeptionen der Liebe vor. Die Stücke Almada Negreiros sind meist kurze Stücke, Einakter (*O Público em Cena* – 1931; *Aquela Noite* – 1949) oder auch nur Fragmente wie das Stück *S. O. S.* aus den Jahren 1928/1929. Die letzten Stücke sind sehr hermetisch bzw. persönlich. Eine scheinbar logisch-deduktive Sprache, z. B. in *Aqui Cáucaso*, entlarvt die Bedeutungslosigkeit bzw. Sinnlosigkeit der Seinsbestimmung durch die Ratio. Die Auflösung der Sprache in einzelne Elemente entspricht einerseits der im absurden Theater später praktizierten Methode, andererseits aber auch dem freien Umgang mit Linien und Formen beim Übergang von der konkreten zur abstrakten Malerei.

Erkenntnisprobleme in der Lyrik und im Roman: Die Bewegung der «Presença»

Dem Aufbruch der ersten modernistischen Bewegung innerhalb der portugiesischen Literatur folgte zunächst eine Periode der Stagnation: das Publikumsinteresse an den literarischen Erzeugnissen der Avantgarde war gering. Fernando Pessoa zog sich wahrscheinlich aus Resignation in ein kleinbürgerliches Leben als freier Mitarbeiter Lissabonner Handelshäuser zurück. Sein Werk bleibt weitgehend unveröffentlicht. In dieser Situation erschien 1927 die erste Ausgabe einer literarischen und literaturkritischen Zeitschrift mit dem Titel «Presença» in Coimbra. Die Zeitschrift wuchs rasch von einem Organ literarisch interessierter Studenten zum Sprachrohr aller Modernisten innerhalb der portugiesischen Literatur, die den Anschluß an die großen europäischen Bewegungen des beginnenden 20. Jahrhunderts suchten. Die auf die Dauer wichtigsten Herausgeber und Mitarbeiter waren José Régio, João Gaspar Simões und Adolfo Casais Monteiro. Das einigende Band aller Mitarbeiter war die Auflehnung gegen einen im lusitanischen Traditionalismus erstarrten Literaturbetrieb. Man forderte Originalität und „Leben“ für die Literatur. Als Vorbild für das ästhetische Konzept galt den Herausgebern die «Nouvelle Revue Française». «Presença» bildete ein Diskussionsforum für die Mitarbeiter und literarischen Freunde und ermöglichte durch die relativ lange Existenz als Zeitschrift (bis 1940) eine Wirkung auf das Publikum, welche der erste Modernismus nicht erreicht hatte. Der äußeren Kombination von Poesie und Literaturkritik entsprach eine literaturtheoretische Forderung nach einer Verbindung der emotionalen und intellektuellen Kräfte im ästhetischen Schaffen. Literaturkritik galt den Herausgebern dabei immer als ein schöpferischer Vorgang.

Die eigentlich literarischen Texte, die in der Zeitschrift veröffentlicht wurden, umfaßten neben Essays, Auszügen aus Romanen und Theaterstücken vor allem die lyrischen Kompositionen der Autoren José Régio, Edmundo de Bettencourt, Branquinho da Fonseca, António Pedro, António de Navarro, Afonso Duarte, Fausto José, António de Sousa und Carlos Queirós. Andere Autoren, die zwar nicht zum engen Mitarbeiterstab gehörten, ihre Produktionen aber in der Zeitschrift zur Diskussion stellten, waren Miguel Torga, Vitorino Nemésio, Saul Dias und Alberto de Serpa. Die Autoren verband die Überzeugung, daß Literatur sich nicht in den Dienst einer Sache oder einer Ideologie zu stellen habe. An die Stelle von definierbaren, metaphysischen, sozialen oder ästhetischen Idealen trat die Affirmation des Ichs, die Artikulation seiner menschlichen Gegenwart. Begriffe wie Originalität und Authentizität benennen die Sorge dieser Autoren um die Selbsterkenntnis des Menschen in Ansehung seiner psychischen Bedingtheit, die Konzeption eines ästhetischen Ideals der immanenten Schönheit und die Unabhängigkeit von jedem äußeren Druck politischer, moralischer oder sozioökonomischer Art. In ihrer Poetologie lehnen sie die Sprache als reines Suggestionsmedium ohne präzisierbare Signifikate ebenso ab wie die Konzeption einer Kunst als intellektueller Übersetzung einer poetischen Materie. Sie suchen eine poetische Sprache, die aus der Expressivität der Wörter und aus deren Referenz zur Realität im Kontext des Gedichts eine Sinneinheit entstehen läßt. Dabei ist die Idee des «écart poétique» immer präsent, d. h., mit Hilfe einer gewissen Inadäquatheit der gewählten Termini wird eine Ambiguität hergestellt, die Bezugsmöglichkeiten und Assoziationen erlaubt und so im Sinne des offenen Kunstwerks den Leser in das Gedicht einbezieht. Der Modernismus der «Presença» definiert sich im Kampf gegen jede Form des Akademismus und der gewollten Imitation. Die Wertschätzung des Begriffs Originalität bedingt einen weitgehend ahistorischen Ansatz und den Primat des Individuellen über das Kollektive, des Psychologischen über das Soziale. Die Autoren werten das Unbewußte auf und gelangen zu einer Realitätserfahrung im Gedicht über den Weg der Interiorisierung der Außenwelt.

Die markanteste Persönlichkeit unter den Autoren der «Presença» war ohne Zweifel José Régio (1901–1969). 1925 erschien sein erstes Werk *Poemas de Deus e do Diabo*. Der Titel benennt den das ganze poetische Werk durchziehenden dualistischen Charakter der Poesie Régios. Gott und Satan, Individuum und Gesellschaft, Liebe und ihr Scheitern, Stolz und Einsamkeit, Aufrichtigkeit und Lüge sind die Ausprägungen dieser dualistischen Konzeption. Auch die Bände *Biografia* (1929) und *As Encruzilhadas de Deus* (1936) behandeln zum Teil in strenger klassischer Form des Sonetts fast naturalistisch die Widersprüche des Daseins zwischen Armut, Hunger, Laster und seelenloser Technik sowie das unverdiente Leid, welches mehr in seiner existentiellen Unerbittlichkeit als in seiner sozialen Veränderlichkeit erscheint. Die beiden Gedichtbände *Fado* (1941) und *Mas Deus é Grande* (1945) geben der sozialen Thematik eine verstärkte moralische und auch religiöse Note, die in den Bänden *A Chaga do Lado* (1954) und *Cântico Suspenso* (1968) um eine satirische Dimension erweitert wird.

Der Skeptiker Régio, der keine Flucht in die Möglichkeit des Fortschritts sieht, hört nicht auf, Formen des bürgerlichen Zusammenlebens zu kritisieren. Seine eigentliche Sehnsucht gilt der Erkenntnis des Ungewissen. Die religiöse Dimension, die sich bereits in den verschiedenen Titeln der Gedichtbände dokumentiert, artikuliert sich auch in bezug auf den Dichter. Er ist ein zweiter Christus, wie dieser inadaptiert und mit dem Zeichen der Auserwählung auf der Stirn geboren. Im Bewußtsein einer göttlichen Sendung kann der Dichter die Leere des Menschen mit der Gegenwart des Göttlichen füllen (vgl. besonders den Band *Filho do Homem* – 1961). Die Idee der Poesie als Erkenntnisbereicherung rechtfertigt für Régio die Isolierung des Dichters, denn der in ihr erfahrene Reichtum wirkt auf die Menschen zurück. Viele Gedichte Régios sind Selbstgespräche in dramatischer Form. Dennoch handelt es sich nach seiner Vorstellung nicht um ein intimes Tagebuch, denn der Künstler gibt der individuellen Lebenserfahrung eine objektive Existenz. Die Isolierung ist zwar Voraussetzung

zung für den Versuch, aus der erkannten Beschränktheit einer Situation auszubrechen, sie kann aber nicht das Ergebnis des Dichtens sein. Ziel des Dichtens ist vielmehr die Kommunikation mit dem Du, das eigentlich nur Gott sein kann. So erscheint Dichten für Régio als Selbstfindung über den Umweg der metaphysischen Sicherheit.

Bis in die beiden letzten, postum veröffentlichten Gedichtbände (*Música Ligeira* – 1970 und *Colheita da Tarde* – 1971) bewegt den Dichter Régio immer wieder die Frage nach der Art der poetischen Transfiguration. Régio pflegt mehr als andere Dichter der «Presença» traditionelle Elemente und Formen. Rhythmus und Reim werden mehrmals als wesentliche Konstituenten des Gedichts genannt. Selbst Lautmalerei, Wortspiel, Rhythmus- und Reimspielerei sind als vibrierendes Echo persönlichen Leidens willkommen. Doch erklären die formalen Mittel nicht alles. Der Dichter ist für Régio ein Zauberer, der mit Kunstgriffen Ewiges schafft. Die Imitation der Natur im Sinne einer Photographie wird dabei ausgeschlossen. Die äußeren Objekte der Realität wandeln sich zur Aussage des Dichters. Die Fixierung des Augenblicks der inneren Erfahrung ist kein rationaler Vorgang.

Man vergißt bei der bevorzugten Kennzeichnung Régios als Lyriker, daß er ebenso viele Bände Romane und Novellen wie Lyriksammlungen publiziert hat. Régios erster Roman *O Jogo da Cabra Cega* (1934) stellt den scheiternden Versuch des Ich-Erzählers dar, sich selbst in diversen Kontakten zu Freunden und in erotischen Begegnungen als Individuum zu erkennen. Die authentische Begegnung, das interessenlose Offensein erweist sich als unmöglich. Die Spiegelung des Alltäglichen, der Begegnungen und Auseinandersetzungen, führt zu einem Realismus psychologischer Art, einer inneren Dramatik, die auf der Stelle tritt, ist die monologische Darstellung eines Zustands. Dieser Zustand ist einer Veränderung nicht zugänglich. Der Roman hat folgerichtig auch keine Lösung: er endet mit der abrupten Abreise des Helden aus der Stadt, in die er zum Zweck der Ausbildung ein paar Monate vorher gekommen war. Jedes Gespräch, jede Begegnung des Romans bleibt Fragment, ungelöstes Problem. Weder das Gespräch noch die Selbstreflexion können die immer wieder thematisierte Inkommunikabilität überwinden. Das Ergebnis des Romans ist schließlich eine Verunsicherung, die Infragestellung jeder Sicherheit. Diese Verunsicherung wird erlebbar gemacht aufgrund einer formalen Desorientierung, die zum Strukturprinzip des Romans wird.

Régios zweiter Roman *O Príncipe com Orelhas de Burro* (1943) dehnt das Psychogramm des die eigene Authentizität suchenden

Helden auf politische und soziale Fragen aus. Es handelt sich um ein Märchen für Erwachsene, in dem der vom Glanz der Weisheit und Tugendhaftigkeit umgebene Thronfolger eines utopischen Landes plötzlich die Wahrheit über einen körperlichen Defekt erfährt, der seine Erklärung in den mysteriösen Umständen seiner Geburt trägt. Als es darum geht, dem umworbenen Jüngling eine Braut auszuwählen, sieht dieser zum ersten Mal die bis dahin unter einem Turban verborgenen Eselsohren. Die Diskrepanz zwischen der geistigen Vollendung und der körperlichen Mißgestalt zwingt ihn zu übermenschlichen Entscheidungen. Auf der Flucht vor der Verlogenheit seiner Umgebung erkennt er in den politischen und sozialen Bewegungen seiner Untertanen die gleiche Unaufrichtigkeit wie am Hofe. Als ersten Schritt auf dem Wege zur Überwindung von Schein und Illusion verzichtet er auf die glanzvolle Hochzeit mit der auserwählten Braut, um sich mit deren häßlicher Schwester zu vermählen. Höhepunkt des langen Erfahrungsprozesses, der für den Prinzen zur Überwindung aller Unvollkommenheiten führt, ist die Aufdeckung seiner Monstruosität vor dem versammelten Volk im Augenblick der Übernahme der Amtsgeschäfte als neuer König. Die übermenschliche Kraftanstrengung, der Wunsch nach rückhaltloser Aufrichtigkeit führen den Prinzen zur Selbstentblößung: er stellt seine körperliche Deformation neben die herrscherhafte Größe. Damit erreicht er für sich persönlich die Überwindung aller Unvollkommenheiten. Das Volk selbst kann die Aufrichtigkeit des Prinzen nicht erkennen: im Augenblick der Selbstentblößung hatte der Märchenprinz anstelle der Eselsohren ganz normale hübsche kleine Ohren. Man interpretiert den Vorgang als den Höhepunkt einer geistigen Umnachtung, die schließlich zum Tode des Prinzen führt. Anders als im *Jogo da Cabra Cega* gelingt hier die schonungslos aufrichtige Selbsterkenntnis, sie wird aber nur wirksam für den Helden allein und unter Hinnahme seines eigenen Untergangs. Die Märchensituation zeigt, daß die Realität die absolute Aufrichtigkeit nicht zuläßt.

In den Novellen mit dem Titel *Histórias de Mulheres* (1946) verbindet sich die psychologische Analyse mit der Beschreibung des Provinzlebens um Portalegre, wo José Régio als Studienrat lebte. Es handelt sich um Verhaltensweisen und Schicksale von Frauen, die Régio mit verhaltenem Mitgefühl darstellt. In die Sammlung wurde eine Novelle aus dem Jahre 1941 mit dem Titel *Davam Grandes Passeios aos Domingos* aufgenommen, welche die frustrierte Liebe einer Frau beschreibt, die in den Kreis einer wohlhabenden Provinzfamilie aufgenommen wurde, sich aber durch die sozialen Konvenienzen der Provinz gezwungen sieht, auf die Liebe ihres Vetters zu verzichten. Die Unaufrichtigkeit der Gesellschaft zeigt sich in der Notwendigkeit, die Hochzeit des Erben mit der armen Cousine zu verhindern, gleichzeitig aber keinen Anstoß an den Seitensprüngen der Männer zu nehmen. Die Schilderung des Provinzlebens und die Selbstanalyse eines mit intellektueller Schärfe sich erforschenden Ichs bilden auch die Elemente von Régios fünfbändigem Zyklenroman *A Velha Casa* (1945–1966). Der Roman trägt autobiographische Züge und zeigt den Helden Lelito in verschiedenen Lebensstadien, die ihre Anbindung an ein gemeinsames Zentrum in dem alten Familiensitz, der Velha Casa, finden. Die Beobachtung menschlicher Verhaltensweisen, ihre Interpretation und ihre Verankerung in einer weitgehend statischen, einer durchgreifenden sozialen Veränderung nicht zugänglichen bürgerlichen Umwelt kennzeichnen den Zyklus. Es gibt kontrastierende Charaktere innerhalb der Familie, es gibt Ansätze zu dramatischen Verwicklungen, aber keine eigentlich durchgehende Handlung. So führt die Ambienteschilderung immer wieder zurück zur psychologischen Analyse, ohne dieser allerdings den Abstraktheitsgrad von *O Jogo da Cabra Cega* zu geben.

Régios Theaterstücke sind die einzigen unter den dramatischen Versuchen der Modernisten, denen ein dauerhafter Erfolg beschieden war. Sie sind antinaturalistisch, handlungsarm und nähern sich durch das erkenntnistheoretische Ziel der Bereicherung der Realitätserfahrung der Poesie. Stücke wie *Jacob e o Anjo* (1941) oder *Benilde ou a Virgem-Mãe* (1947) haben kaum äußere Handlung, und man kann bei der Vielzahl unterschiedlicher theoretischer Positionen auch nicht von einem echten Dialog zwischen den Personen sprechen. Im Mittelpunkt von Régios Theater steht wieder das Ich des Künstlers, das sich unter Aspekten des Phantastischen in Gestalt von Narren, Teufeln, Engeln, Propheten, Revolutionären und Halbirren wiedererkennen läßt. Diesen Exemplifikationen des Künstlers stellen sich Inkarnationen des Vernünftigen in den 'Realisten' der Stücke entgegen, die das Visionäre und Ungewöhnliche dem Bereich des Pathologischen zuschreiben wollen.

Trotz aller äußeren Elemente ist die Materie von Régios Theater die Innenwelt. Die Widersprüche der Psyche materialisieren sich in den Phantasiegestalten der Bühne. Mit den königlichen Protagonisten seiner „Königsdramen" (*El-Rei Sebastião* – 1947 und *A Salvação do Mundo* – 1954) thematisiert Régio den nach Selbstvollendung strebenden Individualisten, der die Exempel- und Führerfunktion übernimmt. Die äußere Erniedrigung des Königs Jacob *(Jacob e o Anjo)*, der aus der unumschränkten Herrscherpose durch die Verschwörung seines Bruders in die Situation des Irren und Gefangenen gedrängt wird, öffnet diesem schließlich die Augen für eine ihm bisher verschlossene wesentliche Wirklichkeit. An die Stelle des Machtmenschen tritt der Demütige, der um Vergebung bittet. Die äußere Handlung begleitet die wesentlichere innere: die progressive Reinigung der zu erlösenden Kreatur. Der sinnbildliche Titel gibt den Schlüssel für die Interpretation des Stücks. Das vom Narren bzw. vom Engel vertretene geistige Prinzip siegt über die materielle Diesseitsbezogenheit Jacobs. Sieht man im Symbolismus die Darstellung all jener Kräfte, die das Leben bestimmen, die aber im Alltag unerkannt bleiben, so haftet Régios symbolistischem Theater eine religiöse Komponente an, die über dem Dualismus von Geist und Materie, Seele und Leib, Gewissen und Aktion die Stationen Menschwerdung, Tod und Auferstehung umfaßt. Die Vielfalt der Interpretationsmöglichkeiten von *Jacob e o Anjo* wird durch den Hinweis des Autors vermehrt, es sei auch ein psychologisches und ein Ehedrama. Immerhin trägt das Verhältnis des Königs zur Königin mit seinen komischen Elementen zur Auflösung herkömmlicher Gattungseinheiten bei. Die Zeit- und Ortlosigkeit gibt der Handlung des Stücks die symbolische Dimension, die den Untertitel «mistério» rechtfertigt. Dekor, Ballett, Schattenspiele, marionettenhaftes Schreiten und Sprechen einzelner Figuren, Musik- und Lichteffekte erstellen ein buntes Bühnengeschehen, in dem sich die Sprache der Figuren hier und da zu verselbständigen scheint. Wie in Régios Romanen und Gedichten bleiben logische Bezüge zunächst uneinsichtig, erschließen sich erst in der Repetition oder dem Vergleich. Régio nennt sein Theater zwar Worttheater, doch alle theatralischen Elemente des poetischen Theaters müssen helfen, das letztlich doch ungenügende Wort zur Aussage zu verdichten.

Seit 1931 war Adolfo Casais Monteiro (1908–1972) Mitherausgeber der Zeitschrift «Presença». Seine politisch motivierte Entscheidung, im Jahre 1954 nach Brasilien zu gehen, bewirkte eine gewisse Verzögerung der Rezeption seines Werks in Portugal. Seine literaturtheoretischen und literaturkritischen Publikationen vermehrten sich mit seiner akademischen Tätigkeit in Brasilien. Sie betreffen Gattungsfragen, insbesondere die Theorie des Romans, aber auch poetologische Fragen zur Lyrik sowie Untersuchungen zur Dichtung brasilianischer, französischer und portugiesischer Autoren. Neben einem Roman mit dem Titel *Adolescentes* (1945) veröffentlichte er seit 1929 neun Gedichtbände, welche 1969 in einer Gesamtausgabe neu herausgegeben wurden *(Poesias Completas)*.

Casais Monteiro betrachtet in seiner Dichtung die Conditio Humana aus der Sicht eines Moralisten. Im Gegensatz zu José Régio dichtet Casais Monteiro abstrakt. Seine Lyrik ist nicht gefühlsmäßig-expressiv. Bezeichnend ist ein sparsamer Umgang mit affektischen, Emotionen benennenden Adjektiven und die Reduktion des Epithetons auf die Funktion von Raum-, Zeit-, Zustands- und Intensitätsbezeichnungen. Den gedanklichen Vorgang betont auch die Vorliebe für substantivische Konstruktionen. Die dichterische Reflexion ist weniger in der Form eines weltanschaulichen Credos als in ihrem Vollzug präsent. Das Gedicht gibt nicht die metaphysischen Zweifel und ontologischen Unsicherheiten des Autors wieder: es ist direkter Ausdruck, der Vollzug des Zweifelns und der Verunsicherung selbst. Die formale Gestaltung gewinnt so Aussagekraft, ist nicht Schmuck oder Zugabe zum Inhalt. Das syntaktische Chaos ist notwendiger Bestandteil der Vermittlung der Orientierungslosigkeit. Der Ausruf, die Frage, der halbfertige Satz, die Ellipse sind Phänomene, die zur Zerstörung von Mythen beitragen. Die Erfahrung des chaotischen Seins erscheint mit logischer Folgerichtigkeit in einer inkohärenten Sprache. Die konkreten Bestandteile romantischer Bildtradition weichen den unbestimmten Vorstellungen bedrohlicher Inhaltslosigkeit.

Der Abstraktionsgrad seiner Dichtung beruht auf der konsequenten Entdinglichung der für die Lyrik traditionellen Bilder. Die Objekte lösen sich auf oder verflüchtigen sich in eine fiktive Bewegung. Dem Übermaß an äußerer nichtssagender Realität steht in der Poesie Casais Monteiros die Erfahrung einer inneren Leere gegenüber. Deshalb herrschen Themen der Abwesenheit, des Vagen, der Nacht vor. Die Substanzlosigkeit des Ichs auf der Suche nach einer ontologischen Bestimmung erfährt ihre sprachliche Umsetzung in Formeln der Negation. Casais Monteiros Dichtung kennt keine Seinserfüllung. Der Nihilismus des Autors läßt eine metaphysische Hoffnung nicht zu. Mit dem Titel *Sempre e sem fim* (1937) wird jene Hoffnung bezeichnet, die vergeblich auf Erfüllung wartet. Das Ziel bleibt eine Utopie. Die Hoffnung bedeutet stets neuen Aufbruch, ohne die Gewißheit, jemals anzukommen. Wie alle Anhänger vitalistischer Vorstellungen vom Leben als Bewegung kennt auch Casais Monteiro nur eine Möglichkeit der Teilnahme an der Fülle, der Bewegung, die der unmittelbaren Kontaktaufnahme jenseits intellektueller Bedenken und metaphysischer Vorbehalte. Sprachkritik verbindet sich mit dem Intuitionismus Bergsonscher Philosophie. Casais Monteiros Gedichte sind einerseits rational, abstrakt, andererseits in der Auflösung einer klassischen Periodenbildung und ihrer durch unkoordinierte Satzteile stockenden Syntax dunkel, hermetisch, von einem alogischen Duktus geprägt. Sein Antiintellektualismus ist nicht rein formal, sondern in der Konzeption des Lebens begründet.

In den Gedichten Vitorino Nemésios (1901–1978) vollzieht sich eine starke Rationalisierung der Poesie. Nemésio entkonkretisiert die Inhalte seiner Poesie, atomisiert die Objekte und löst sie so weit auf, daß sie nur noch sprachlich existieren. Nemésio ist ein Sprachkünstler, dessen Texte die subjektive Umsetzung einer intellektuellen Erfahrung der äußeren und inneren Wirklichkeit darstellen. Seine frühen Gedichte (*La Voyelle promise* – 1935; *O Bicho Harmonioso* – 1938 und *Eu, Comovido a Oeste* – 1940) wurden 1961 in einer Anthologie zusammengefaßt *(Poesia: 1935–1940)*. Die Inhalte der Poesie Nemésios betreffen wieder vorzugsweise die Möglichkeiten der Poesie, die Möglichkeiten des Wortes. Die Entmaterialisierung der Inhalte des Gedichts deutet auch die philosophische Dimension der Gedankenlyrik an: die sprachliche Leere entspricht der Erfahrung des Ungenügens, bedeutet aber nicht den Ausdruck einer nihilistischen Erfahrung. Die Leere, die poetisch in Form einer abwesenden Realität organisiert wird, steht in einem platonisierenden Sinn in Bezug zu einem idealen Bereich der Fülle, hinter dem sich ein nicht näher beschriebenes Göttliches verbirgt. Die Transformation der Objektwelt in einen Zustand der Abwesenheit bedeutet den Übergang von der positiven in eine negative, nicht minder reale Realität, der vergleichbar ist mit dem mathematischen Wechsel von positiven zu negativen Zahlen, deren notwendige Existenz und Wirksamkeit niemand bezweifelt. Hinter den scheinbar logischen Spitzfindigkeiten verbirgt sich eine ontologische Problematik in Nemésios Dichtung. Sie ist nicht Spiel mit Worten, Meditation über Sprache, sondern fängt Leben ein. So wie bei Rechenaktionen die negativen Entitäten wirksam sind, so bedeutet das Abwesende in der Poesie einen Erkenntniswert. Eine sich in grammatikalische Bezüge, in Zeit- und Raumverhältnisse auflösende Welt ermöglicht nicht nur die Herstellung formaler, sondern auch begrifflicher Relationen, die eine existentielle Fragestellung durchscheinen lassen. Auffällig ist dabei das konstante Bemühen, vom konkreten Ereignis in eine abstrakt-gedankliche Ebene vorzudringen, ohne die Bindung an das individuelle Geschehen ganz aufzugeben. Letztlich bietet die Entdinglichung des Seins dem Autor die Möglichkeit, den barocken Vanitas-Gedanken in neuer Form auszudrücken: der Leere stellt sich die gedankliche Fülle einer göttlichen Transzendenz gegenüber. Die Titel der Gedichtzyklen nach 1950 sind: *Festa Redonda* (1950), *Nem Toda a Noite a Vida* (1952), *O Pão e a Culpa* (1955),

O Verbo e a Morte (1959), *O Cavalo Encantado* (1963), *Límite de Idade* (1972).

In seinen rund 25 Novellen und zwei Romanen vermittelt Vitorino Nemésio dem Modernismus intellektuelle Schärfe und humorvolle Beobachtungsgabe, die sich mit spielerischer Gelehrsamkeit verbindet. Die Novellen wurden nach einer ersten Veröffentlichung später zum Teil überarbeitet und sind heute weitgehend zugänglich unter den beiden Titeln *O Mistério do Paço de Milhafre* (1949) und *Quatro Prisões Debaixo de Armas* (1971). Hinter den fiktiven Erzählern steht der Autor, der in einer poetischen Erinnerung an seine Kindheit und Jugend Lebensverhältnisse, Gebräuche, Religion und Aberglauben der Azorenheimat lebendig werden läßt. Realismus und Phantastik, Volkstümlichkeit und Gelehrsamkeit paaren sich in der sprachlichen Gestaltung wie auch bei der Wahl der Gattungen. Die fiktive Reise und Chronik, die Garrett *(Viagens na Minha Terra)* auf das Vorbild von Xavier de Maistre *(Voyage autour de ma chambre)* zurückführt, wird von Nemésio wiederaufgenommen mit dem bezeichnenden Titel *Viagens ao pé da Porta* (1965). Es sind nicht die einzigen Reiseberichte Nemésios, aber die für sein Schaffen bezeichnendsten. Strukturelle Offenheit, literarische Bildung, didaktische Intention und der philologisch rigorose Umgang mit den Elementen der Sprache kennzeichnen alle Prosaschriften des Autors.

Von den Romanen (*Varanda de Pilatos* – 1926 und *Mau Tempo no Canal* – 1944) hat sich *Mau Tempo no Canal* eine herausragende Stellung in der portugiesischen Romanliteratur des 20. Jahrhunderts erworben. Die äußere Handlung entspricht einer realistischen Konzeption: Liebe, Ehe, Geschäftsinteressen und Enttäuschungen bilden den Rahmen einer recht konventionellen Handlung. Es geht um das Leben und das Glück der Protagonistin Margarida, die bereit ist, ihre Inselheimat und ihre freundschaftlichen Neigungen zu einem Jugendfreund aufzugeben, um die Freiheit und Ungebundenheit des Lebens in London an der Seite eines reichen Verwandten zu genießen. Ihr Traum zerrinnt mit dem plötzlichen Tod des Engländers Roberto, und sie heiratet schließlich einen reichen Geschäftsmann, der die Firma ihres Vaters vor dem Bankrott bewahrt. Margaridas erste Liebe betrifft einen jungen sensiblen Intellektuellen, den Sohn einer mit ihrer Familie verfeindeten Familie. Sie widersetzt sich den Argumenten ihrer Familie, weil sie den Wunsch hat, aus dem engen Ambiente mit seinen falschen Werten auszubrechen. Doch ihre Liebe scheitert nicht an dem äußeren Druck, sondern an ihrem Stolz und dem Gefühl für ihren eigenen Wert: sie glaubt sich nämlich in ihrer persönlichen

Würde von ihrem Freund unterschätzt. Margaridas zweite Liebe zu dem englischen Verwandten würde in den Augen ihres Vaters eine vernünftige Lösung für die finanziellen Probleme seines Hauses darstellen. Margarida behandelt ihre Zuneigung zu ihrem Onkel mit der größten Diskretion, und erst im Zusammenhang mit der Krankheit und dem Tod ihres Onkels gesteht sie sich und dem Leser ihre wahren Gefühle. Indem sie ihre zweite Liebe so geheimhält, wehrt sich Margarida ein zweites Mal gegen ihre Familie, die sie zum Objekt ihrer Interessen machen will. Ihre Heirat mit dem reichen Azorianer André Barreto scheint die ökonomischen Erwartungen ihrer Familie zu erfüllen und Margarida selbst ein gewisses Maß an Zärtlichkeit und Verständnis zu bringen. Im Grunde ist sie der romantische Verzicht auf die Illusion, für die die Realität keine Entsprechung hat. Margaridas Opfer wird banalisiert durch die wie zufällige Mitteilung ihrer Eheschließung durch zwei Nebenfiguren.

Die Poesie der Generation der «Presença» ist auch erregte und erregende Dichtung. Nicht nur Reflexion, auch Expressivität ist ihr Ziel. Die Dichter António de Navarro (1902–1980) und António Pedro (1909–1966) versuchen die Objektwelt mit in das Gedicht hineinzunehmen, stellen sie aber in gewaltsamen Oppositionen und heftigen Kontrasten verfremdet dar. Die Sprache führt auch hier wegen der ungewöhnlichen Bildbezüge und der suggestiven Assoziationen ein Eigenleben, das in der alltäglichen Realität keine Entsprechung hat. In den *Poemas de África* (1941) erzeugt António de Navarro mit Hilfe von sinnlichen Notationen eine pantheistisch-animistische Dichtung, in der Natur und Mensch in universeller Entsprechung verbunden sind. Die Exaltation sinnlicher Eindrücke geschieht mit Hilfe von Reihungen, Wiederholungen und permanent variierten Bildern. Die Objekte dienen als Auslöser für eine individuelle Erregung, die im ekstatischen Augenblick etwas Wesentliches erfaßt. Die Anthologie *Metal Translúcido* (1967) und der Band *Guitarras em Madeira d'Asa* (1974) zeigen Ansätze zu einer gedanklichen Domestizierung der exuberanten Bilder der frühen Bände, zu denen auch *Ave do Silêncio* (1942) und *Poema do Mar* (1957) zählen. Der den Surrealisten nahestehende António Pedro verbindet in einer frühen Anthologie mit dem Titel *Primeiro Volume* (1936) Navarros pantheistische Vorstellung der mystischen Einheit von Natur, Göttlichem und Menschen mit dem Konzept einer ästhetischen Wirkung durch eine befreite Sinnlichkeit. Die Metamorphosen der Bilder bezwecken eine intuitive Erfahrung, die ein einfacher Symbolismus nicht zuwege brächte. Lautmalerei und musikalisch-rhythmische Möglichkeiten der Sprache sowie

Skizzen und kalligraphische Versuche kennzeichnen seine Gedichtbände (*Quinze poèmes au Hasard* – 1935).

Edmundo de Bettencourt (1899–1973), Mitbegründer der «Presença», die er 1930 wegen Unstimmigkeiten mit den übrigen Herausgebern verließ, dichtet ebenfalls in einem Zwischenbereich zwischen konkreter Bild- und Objektbeschreibung und der durch diese suggerierten Reflexion. Durch ihre Zeichenhaftigkeit verlieren hier die Objekte ihre Gewichtigkeit vor den von ihnen evozierten Affekten und Intuitionen, die sich oft in traumhaft-amorphe Vorstellungen verflüchtigen. Die Gedichte Edmundo de Bettencourts *(Poemas)* wurden 1963 in einer Gesamtausgabe herausgegeben. Im Gegensatz zu den frühen Gedichten enthalten die Gedichte, die nach 1936 entstanden sind, verstärkt Hinweise auf die Bewältigung konkreter Gegenwartsprobleme. Die egoistische Selbstbetrachtung macht dem Gefühl der Gemeinsamkeit und der Solidarität Platz. Mit der Hingabe an das Leben verbindet der Moralist Bettencourt die Ideen von Fortschritt und Freiheit. Der veränderten Thematik entspricht eine Neigung zu odenhaftem Anruf und zur Zurückdrängung der chaotischen Bildorganisation. Die Gedichte haben zum Teil wieder Reime, die ihnen durch die regelmäßige Wiederkehr eine ihrer neuen Thematik entsprechende Gelassenheit verleihen.

Wenn die Bewegung des Modernismus im Umkreis der «Presença» sich selbst auch nicht als ausschließlich lyrische Bewegung verstand, so wurde sie in der Folgezeit doch weitgehend mit Lyrik identifiziert. Das geschah mit allen Nachteilen, die mit diesem Etikett verbunden sein können. Die Betrachtung des Ichs, die intuitive Erfahrung, die Interiorisierung der Objektwelt führten leicht zum Vorwurf des Narzißmus und der Nabelschau. Der Rahmen der hier vorgestellten Lyriker der «Presença» läßt sich natürlich erweitern. Sicher verdienten noch Alberto de Serpa (1906–1992: *Poesia* – 1944), Saúl Dias (1902–1983: *Obra Poética* – 1962) eine ausführliche Würdigung. Im thematischen und auch im formalen Bereich sind ihre Gedichte mit den Merkmalen der schon genannten Autoren der zweiten Phase des Modernismus umschrieben.

Von den Mitbegründern der «Presença» hat Branquinho da Fonseca (1905–1974) zunächst mit zwei Bänden Poesie (*Poemas* – 1926; *Mar Coalhado* – 1932) und mit fünf kurzen poetischen Theaterstücken (*Teatro* – 1939) eine romantisch-symbolistische Linie innerhalb des Modernismus fortgesetzt. In den Theaterstücken macht sich die symbolistische Tendenz zur Darstellung statischer Situationen bemerkbar (*A Posição de Guerra* – 1928). Sie behandeln die nicht akzeptierte Hypokrisie der Gesellschaft und nicht zu überwindende Schuldgefühle und sind, da es vorzugsweise um psychische Fragen geht, von einem vordergründigen Realismus weit entfernt. Das erzählerische Werk Branquinho da Fonsecas umfaßt zwei Romane (*Porta de Minerva* – 1947 und *Mar Santo* – 1952) und vier Bände Novellen (*Zonas* 1932; *Caminhos Magnéticos* – 1938; *Rio Turvo* – 1945; *Bandeira Preta* – 1956). Diese zeichnen sich aus durch die groteske Darstellung regionaler Sitten, die zum Teil auf abergläubischen Praktiken beruhen. Die formale Konsequenz der thematischen Konfrontierung von Realität und Traum ist die Vermischung der Ebenen, d.h. die Einblendung der Traumsphäre in die Realität. Die bekannteste Novelle, *O Barão*, konfrontiert zwei gegensätzliche Charaktere, die eine erlebnisreiche Nacht miteinander verbringen: den Landgutbesitzer, O Barão, der nach feudalistischer Manier über Menschen und Objekte verfügt, dabei aber auch seine uneingestandenen Wünsche und Schwächen offenbart, und den Erzähler, einen reisenden Schulrat, der von dem Landgutbesitzer mit Brasilienerfahrung wie durch einen unerklärlichen Zauber in den Bann gezogen wird. Der Reisebericht dieses Schulrats enthält die unwahrscheinlichen Gespräche, welche die verwirrenden Obsessionen und Träume enthüllen, die die reale Welt des «Barão» und auch die des Schulrats ausmachen. Es geht um die Doppelrolle von Don Juan und Don Quijote, die dem Barão zugeschrieben wird, welcher seine ideale Liebe nicht realisieren durfte und deshalb in erotischen Abenteuern sein Unglück zu mindern sucht.

João Gaspar Simões (1903–1987) ist der einzige der engeren Presença-Mitarbeiter, der auf die Publikation von Lyrik verzichtet hat. Er ist Literaturtheoretiker und Literaturkritiker, der mit seinen Reflexionen über diverse Genera (*Mistério da Poesia* – 1931; *Tendências do Romance Contemporâneo* – 1933; *Caderno de um Romancista* – 1942; *Ensaio sobre a Criação no Romance* – 1944; *A Arte de Escrever Romances* – 1947) und mit seinen Literaturkritiken im Feuilletonteil der portugiesischen Presse über 50 Jahre lang die grundlegenden Prinzipien der Presença-Bewegung in Portugal wachgehalten und vertreten hat. Allein diese Tatsache mag das Gewicht dieser literarischen Bewegung erklären, das sie bis in die 80er Jahre trotz aller gegenläufigen Tendenzen behalten hat. Eine Vielzahl der journalistischen Artikel wurde im Laufe der Jahrzehnte in Buchform veröffentlicht (*Temas* – 1929; *Novos Temas* – 1938; *Crítica I–IV* [1942–1981]; *Liberdade de Espírito* – 1948; *Interpretações Literárias* – 1961; *Quatro Estudos* – 1961; *Literatura, Literatura, Literatura ...* – 1964; *Novos Temas, Velhos Temas* – 1967). Hinzu kommen umfangreiche Untersuchungen über

Eça de Queirós (1945) und Fernando Pessoa (1951), eine Geschichte des portugiesischen Romans und einführende Studien zu verschiedenen Autoren. Simões Konzeption von der Literatur ist eine weitgehend irrationale und mehr dem Konzept einer psychischen Intuition, wie sie sich im Gefolge des französischen Philosophen Henri Bergson formulieren läßt, verpflichtet. Die eigene schriftstellerische Tätigkeit umfaßt einige psychologische Romane (*Elói ou Romance numa Cabeça* – 1932; *Amores Infelizes* – 1934; *Vida Conjugal* – 1936), in denen eine einfache Liebesgeschichte dazu dient, menschliche Beziehungen zu analysieren, Bildungsromane (*Amigos Sinceros* – 1941; *Pântano* – 1940; *Internato* – 1947), die die Bewußtseinsanalyse mit moralischen und pädagogischen Apologien verbinden, und einen satirischen Roman (*O Marido Fiel* – 1942), der Elemente des Schelmenromans mit der Beobachtung provinzieller Sitten mischt. Während ein Band Novellen mit dem Titel *A Unha Quebrada* (1941) mit vorwiegend psychologischen Beobachtungen eine gewisse Anerkennung fand, blieb diese seinen wenigen Theaterstücken (*Teatro* – 1953) versagt.

Ein großer Einzelgänger, der sich aufgrund offenkundiger Affinitäten zunächst zur Gruppe der «Presença» zählte, von der er sich später wie von allen anderen Gruppierungen entfernte, ist Miguel Torga, der 1907 in der nordöstlichen Provinz des Landes geboren wurde und zeit seines Lebens die Turbulenz der großen Städte mied. Miguel Torga praktiziert seit 1939 als Arzt in Coimbra. Wenn auch Miguel Torga ein umfangreiches lyrisches Werk vorgelegt hat (vgl. zuletzt *Antologia Poética* – 1981), so ist seine Wirkung in Portugal vorzugsweise auf seine Prosaschriften, Romane, Erzählungen, Reiseeindrücke und sein 16 Bände umfassendes Tagebuch, eine Mischung aus Poesie und Prosa, zurückzuführen.

Auch die vorliegenden vier Theaterstücke (*Terra Firme, Mar* – 1941; *Sinfonia* – 1947; *O Paraíso* – 1949) konnten das Bild von Miguel Torga als dem großen Erzähler nicht modifizieren. Durchgehende Motive des lyrischen wie auch des erzählerischen Werks sind die Attitüde des Prometheus, das Aufbegehren gegen Gott, aber auch gegen die Widersprüchlichkeit der menschlichen Existenz, das Problem der Isolation in der Gesellschaft und das Leiden an der Grausamkeit und dem Bösen. Die Revolte gilt aber auch der Ausbeutung des Menschen durch den Menschen. Torgas Bindung an die Konzeption des portugiesischen Modernismus zeigt sich vor allem in der Beharrlichkeit, mit der er immer wieder von sich selbst spricht. Die Form des Tagebuchs (*Diário* [I–XVI] – 1941–1989) und sein autobiographischer Roman *A Criação do Mundo*, dessen erste vier Teile 1937–1939 erschienen sind und der erst vierzig Jahre später seinem Abschluß entgegengeführt wurde (5. Bd.: 1981), dokumentieren diese Beziehung. Der Titel und die einzelnen Teile des Romans, die den Schöpfungstagen entsprechen (*O primeiro dia, O segundo dia* usw.), haben parabelhaften Charakter. Den Inhalt des Romans bilden die Lebensstationen des Autors, der sich seinen Platz in der Welt sucht und sich in immer neuen Schritten mit der Welt und der Natur auseinandersetzt.

Von den rund 100 Erzählungen sind die Tiergeschichten (*Bichos* – 1940) für die Thematik und den Stil Torgas besonders charakteristisch. Präzise und nüchtern wird das Schicksal der Tiere als ein Kampf um das Überleben geschildert. Die bei all ihrer Animalität vermenschlichte Tierwelt bezeichnet die Größe und auch die Niedrigkeit der Kreatur. Ihre Größe macht der Rabe Vicente deutlich, der sich gegen den Willen Gottes aus der Arche Noahs entfernt und sich auf einem der letzten Gipfel niederläßt, von dem er Gott herausfordert, ihn als selbständiges Geschöpf zu akzeptieren oder zu vernichten. Für Torga bedeutet Menschsein in der Tat die Anerkennung seines anmaßenden Strebens nach der Ähnlichkeit mit Gott. Nur so erklärt sich sein Hunger nach „Mehr“, seine Sehnsucht nach dem Absoluten. Die Erzählungen aus dem Band *Montanha* (1941 – später als *Contos da Montanha* und vermehrt durch einen zweiten Band *Novos Contos da Montanha* – 1944) reduzieren den Menschen auf seine typischen Verhaltensmerkmale, die besonders in der ursprünglichen Natur des Provinzlebens dargestellt werden: Liebe, Eifersucht, Glaube und Aberglaube, Stolz und Gerechtigkeitssinn usw. Ganz im Sinne der neuen neorealistischen Schule verwischen sich in diesen Novellen die Grenzen zwischen dem Individuum und dem Kollektiv. Indem menschliche Verhaltensweisen in unangefochtener Korrespondenz zur kollektiven Umgebung geschildert werden, kommt ihnen archetypische Bedeutung zu, die demjenigen, der sich ihnen entgegenstellt, kein Entrinnen ermöglicht. Ein gewisser Fatalismus liegt deshalb über den Figuren dieser ländlichen Erzählungen. Die beiden Novellenbände (*Pedras Lavradas* – 1951 und *Fogo Preso* – 1976) bestätigen die stilistische Meisterschaft des Autors und variieren die thematischen Schwerpunkte seines erzählerischen Anliegens: die strukturierte Architektur der Erzählungen verrät ein ästhetisches Anliegen, das gegenüber der didaktischen Absicht überwiegt.

Torgas Roman *Vindima* (1945) kontrastiert Erwartungen, Glück und Unglück der Bergbewohner, die als Lohnarbeiter an der Weinlese im Dourotal teilnehmen, mit den Lebensformen von zwei reichen Grundbesitzerfamilien, deren unterschiedliche sozioökonomische

Verhaltensweise der Roman darstellt: die profitorientierte Konzeption des bürgerlichen Emporkömmlings und die patriarchalisch-feudale Lebensform des gegenseitigen Nutznießens. Zu der sozialen Dimension des Romans kommen skandalöse Verwicklungen innerhalb der beiden Gutsfamilien, die zur Isolierung oder zum Untergang der sensibleren Charaktere führen. Die Dekadenz der einen Familie und das hartherzige Gewinnstreben der anderen sind Hinweise auf einen kritischen Realismus, der sich auch im Erzählstil nachweisen läßt.

Der Surrealismus

Auf der Suche nach neuen Wegen zum Seinsverhältnis blieb es nicht aus, daß avantgardistische Autoren sich die Erfahrungen des französischen Surrealismus zu eigen machten und eine portugiesische surrealistische Bewegung ins Leben riefen. Das geschah Ende der 40er Jahre unter maßgeblicher Beteiligung von António Pedro, der schon zur Zeit der «Presença» durch seine *Poemas Dimensionais* (1938) ausgesprochene Vorläuferfunktion, etwa für visuelle Poesie, übernommen hatte. Entsprechend dem französischen Beispiel war der Surrealismus in Portugal zugleich ein Ereignis, das die Literatur wie die bildenden Künste anging. Wie in Frankreich gab es hier Streitigkeiten um die rechte Konzeption und Spaltungen in Orthodoxe und Dissidenten. Das Beispiel António Pedros zeigt, daß trotz aller bilderstürmerischen Theorie eine gewisse Evolution vom modernistischen Dichten der ersten Phase zum Surrealismus vorhanden ist: das Unterbewußte, die Traumsphäre, die sich durch automatisches Schreiben und waghalsige Symbole erfahrbar machen lassen, waren schon im psychologistischen Ansatz der «Presença» vorhanden. Hinzu kommt eine von Ironie und Sarkasmus geprägte Verweigerungshaltung gegenüber dem kulturellen und ökonomischen System des «Estado Novo».

Während António Pedro außer einem längeren Gedicht (*Protopoema da Serra d'Arga* – 1948) und einem kurzen Roman (*Apenas uma narrativa* – 1942) wenig genuin-surrealistische Texte verfaßte und sich in den 50er Jahren bis zu seinem Tod (1966) mehr dem Theater widmete (*Teatro* – veröffentlicht 1981), publizierte Mário Cesariny de Vasconcelos ein umfangreiches poetisches Werk, das weitgehend von einem surrealistischen Impuls getragen ist. Cesariny (geb. 1923) veröffentlichte die zunächst in Einzelausgaben erschienenen Gedichtzyklen wiederholt in Sammelbänden, in denen sie leicht zugänglich sind (*Poesia* [1944–1955] – 1961 und *Manual de Prestidigitação* – 1981).

Abgesehen von den Erstausgaben der letzten Jahre (*19 Projectos de Prémio Aldonso Origão* – 1971; *Titânia e A Cidade Queimada* – 1977 und *Primavera Autónoma das Estradas* – 1980) haben die Neuauflagen früherer Gedichtbände häufig Anthologiecharakter (z. B. *Nobilíssima Visão* [1959] – ²1976).

Der portugiesische Surrealismus übernahm formale Procédés und Intentionen seines französischen Vorbilds. In der Protesthaltung gegen ein politisches System hatte er allerdings auch eine authentisch portugiesische Komponente. Mit dieser versuchte er, Denkstrukturen und Verhaltensformen der bürgerlichen Kultur, die sich in Lethargie, Ängstlichkeit und Spießertum zeigten, auszuräumen. Mário Cesariny bewegt sich in einer absurden Bildlichkeit, die wiederum strengen Gesetzen der Konstruktion gehorcht. Das automatische Schreiben zur Erforschung des individuellen Unbewußten steht neben Textcollagen, die eine kollektive Erfahrung festhalten wollen. Die Entsprechung von sprachlichem Konstrukt und einer logisch faßbaren äußeren Realität wird nicht gesucht. Dennoch zeichnen sich nicht alle Texte durch eine referentielle Inkohärenz aus. Der antirationale Ansatz dieser Dichtung führt nicht zu einer alogischen Form. Manche Gedichte weisen im Gegenteil Aspekte eines modernen Konzeptismus oder Gongorismus auf. Die suggestiven Metaphern und die oft humorvolle Verwendung von rhetorischen Mitteln verbinden sich durchaus mit einer deskriptiv-diskursiven Vorgehensweise. Bezeichnend bleibt das freie Spiel mit der Sprache, die auch Alltagssprache ist, auf semantischem, syntaktischem oder morphologischem Gebiet. Die inhaltlichen Aspekte der Poesie sind sehr heterogen. Eine Vielzahl der Gedichte enthält metapoetische Reflexionen und programmatische Aussagen. Mit *Pena capital* (1957) öffnet sich Cesarinys Poesie einem Sarkasmus, der den Lebensüberdruß des Autors benennt. Wenn er seine bürgerliche Umwelt angreift, so ist der Dichter sich immer bewußt, daß er selbst dieser Umwelt nicht entkommen kann.

Aspekte eines spezifischen surrealistischen Engagements gesellschaftlicher Art gewinnt die Dichtung mit Alexandre O'Neill (1924–1986). Obwohl er sich 1951 offiziell von den übrigen Surrealisten trennte, ist seine Dichtung mit den ästhetischen Intentionen der Schule verbunden. Das materielle und moralische Elend der Unterprivilegierten, aber auch des Bürgertums, das sich vielseitigen Zwängen ausgesetzt fühlt, und der Protest gegen Technisierung und Organisierung des Lebens bilden die Themen von O'Neills Dichtung. Die kritische Anklage wird oft durch die spielerischen bzw. absurden Textkombinationen kaschiert und vor der Zensur eines repressiven politischen Systems bewahrt. Die Gedichtzyklen, die der Band *Poesias Completas* (1951–1986) enthält, weisen verschiedene Stimmungen auf, die die Auseinandersetzung eines wachen Geistes mit seiner Umgebung andeuten: Enthusiasmus und Enttäuschung, Spielerei und Ironie sowie Satire und schwarzen Humor. O'Neills Dichtung provoziert nicht allein durch die Form, sondern auch durch die Thematik des physischen Verfalls, des moralischen und materiellen Elends und das unpoetische Vokabular. Der Widerspruch zwischen dem realen und dem idealen Menschen, dem Häßlichen und dem Schönen, dem Individuum und der Gesellschaft, deren Druck es sich ausgesetzt sieht, deuten die Themen an, die über dem sozialen Rahmen ontologische und metaphysische Fragen, wie etwa das Phänomen der Angst, umgreifen.

Raul de Carvalho (1920–1984) veröffentlichte seit 1949 verschiedene Gedichtbände, die später jeweils als gesammelte Werke publiziert wurden (*Poesia* [1949–1958] – 1965; *Realidade Branca, Antologia* – 1975). Danach erschienen einzelne Texte, deren Titel bereits einen Hinweis auf die Thematik von Carvalhos Gedichten gibt: *Tempo Vazio* (1975), *A Casa Abandonada* (1977), *Duplo Olhar* (1978), *Elsinore* (1980), *Mágico Novembro* (1984). Es handelt sich bei Raul de Carvalho nicht mehr um eigentlich surrealistische Dichtung. Was ihn mit den surrealistischen Techniken verbindet, ist sein Hang zum barocken Wortspiel, zu den anaphorischen Aufzählungen, assoziativen Bildketten, Kontrasten und Zeit und Ort verwischenden Perspektiven. Die Gedichte entsprechen weitgehend biographischen Ereignissen aus dem Leben ihres Autors. Sie haben die Form eines Tagebuchs, auch wenn sie nur in aller Kürze in zwei Zeilen ein Bild zu einer suggestiven Erinnerung stilisieren. Raul de Carvalho geht sparsam mit dem Wort um. Die quantitative Reduktion gibt dem einzelnen Wort um so größeres Gewicht. Das einzelne Gedicht ist eine Augenblickserfahrung, die sich um thematische Schwerpunkte wie Einsamkeit, Freundschaft, Leben, Tod und Jenseits sowie um Dichtung und Sprache zentriert. Wenn auch die Überschriften hier und da an traditonelle Genusformen anzuknüpfen scheinen (z. B. „Ode"), so sind doch die herkömmlichen Elemente der Metrik weitgehend aufgegeben worden. Der freie Vers überwiegt, Reime sind selten. Bei Raul de Carvalho führt das banale Ereignis in der Dichtung zu einer überraschenden Reflexion, die immer eine der entscheidenden Situationen des Menschen betrifft.

Im Bereich der erzählenden Prosa liegen nur wenige surrealistische Texte vor. Der Mitbegründer der surrealistischen Bewegung Mário Henrique Leiria (1923–1980) veröffentlichte 1973 Novellen unter dem

Titel *Contos do gin-tonic*. Die Novellen tendieren über die Kurzgeschichte zum Prosagedicht, ja erscheinen graphisch manchmal sogar in Versform. Der paradoxale Humor der Texte findet eine Entsprechung in den absurden Romanen von Manuel de Lima (1918–1976), die zum Teil in einer ersten Fassung vor den entscheidenden Jahren des Surrealismus erschienen sind, später aber in Neubearbeitung wiederaufgelegt wurden (*Um Homem de Barbas* – 1944, ²1973; *Malaquias, ou A História de um Homem Barbaramente Agredido* – 1953, ²1972 und *O Clube dos Antropófagos* – 1965). Nicht so sehr die programmatische Aussage bringt Manuel de Lima in die Nähe der Surrealisten, sondern die Ähnlichkeit des stilistischen Verfahrens. Dasselbe gilt für den Historiker, Diplomaten, Lehrer und Kenner der portugiesischen Kultur Ruben A. (Ruben Andresen Leitão: 1920–1975).

Im Mittelpunkt des Erzählens steht bei Ruben A. der Autor. Das betrifft besonders die autobiographischen Schriften *Páginas* (6 Bände 1949–1970) und *O Mundo à Minha Procura* (3 Bände 1964–1968). Indem Ruben A. sich selbst porträtiert, zeigt er sich jeweils in der Konfrontation mit seiner Umwelt, der etablierten Ordnung, die den Bedürfnissen des Individuums entgegensteht. Der Autor sieht sich nicht als Memoirenschreiber im realistischen Sinne, sondern seine autobiographischen Texte sollen seine Persönlichkeitsstruktur durchsichtig machen. Nach einem ersten frühen Roman *Caranguejo* (1954) und Novellen unter dem Titel *Cores* (1960) erschien 1964 der erfolgreiche Roman *A Torre de Barbelas*. Der Roman zeichnet sich aus durch eine Art magischen Realismus, in dem sich Phantastik und Realität vermischen. Die Protagonisten sind seit Jahrhunderten tot, nehmen in der Dämmerung aber neues Leben an, um ihre Abenteuer, ihre Liebschaften, ihren Ruhm neu erstehen zu lassen. Dabei vermischen sich bekannte historische Ereignisse mit den Erfindungen der Fiktion. Ruben A. schreibt in diesem Buch eine besondere Art der Geschichte Portugals, in der Institutionen, Normen und Gewohnheiten als konstante Größen in den Jahrhunderten weiterleben. Die „lebendigen" Toten repräsentieren unter den ironischen Strichen des Autors eine portugiesische Mentalität. Die Zeitlosigkeit dieses mythischen Raumes, in dem sich jede Nacht das Zusammentreffen der Generationen mit der Auferstehung der Traumfiguren erneuert, ermöglicht ein Defilee von Bildern um den Autor Ruben A.

Kaos ist ein Roman mit ähnlichen Charakteristiken der Schreibweise, der 1981 postum veröffentlicht wurde. Verschiedene Epochen der portugiesischen Geschichte überlagern sich bei kompletter Aufhebung aller Begrenzungen durch die Chronologie. Allerdings zentriert sich die Handlung auf die zwei wichtigen Ereignisse der neueren portugiesischen Geschichte, die Flucht und die Rückkehr des portugiesischen Königs in den 20er Jahren des 19. Jahrhunderts und das Ende des Königtums und die Schaffung der Ersten Republik zwischen 1907 und 1917. Wiederum handelt es sich um ein sozialpsychologisches Fresko des portugiesischen Volkes. Die Simultaneität geschichtlicher Fakten erlaubt die Beschreibung eines kollektiven Daseins, das wie das individuelle Ich unter den Widersprüchen der Existenz leidet und sie als Absurdität empfindet.

Aus dem Umkreis des Surrealismus erwuchs das Werk der vielseitigen Natália Correia (1923–1993). Natália Correia wurde durch ihre journalistische Tätigkeit, als Malerin, Regisseurin und Schauspielerin, durch ihre Arbeit als Parlamentsabgeordnete nach dem 25. April 1974 und ihre Mitwirkung bei Fernsehsendungen in der breiten portugiesischen Öffentlichkeit bekannt. Ihr eigentliches poetisches und schriftstellerisches Werk ist dagegen nicht geeignet für ein breites Publikum. Die Gedichte sind immer Ausdruck einer sehr persönlichen Erfahrung und werden auch in ihrer Zusammenstellung zu Zyklen als solche gekennzeichnet: *O Anjo do Ocidente à Entrada do Ferro* (1973) sind Gedichte, die Reiseeindrücke der Autorin durch Mittel- und Westeuropa wiedergeben. Die Gedichte haben einen realen Ausgangspunkt – Realitäten der besuchten Orte bzw. Reise –, verfremden diese äußere Wirklichkeit allerdings durch überraschende Zusammenstellung, vermischen sie mit persönlichen Reflexionen, die in der Distanzierung durch die Form der Ironie und der Ellipse die Bitterkeit des erlebenden Ichs offenbaren. Die Gedichte reihen sich in eine lange Tradition von Lyrik, in der eine fremde Umgebung zum Anlaß wird, über die eigene Person, das Schicksal der Welt, Vergänglichkeit und Tod nachzudenken. Der sogenannte Zyklus hat Aufnahme gefunden in einem Band mit dem Titel *Poemas a Rebate*, den Natália Correia zusammen mit Auszügen aus vorher veröffentlichten Gedichtbänden im Jahre 1975 veröffentlichte. Die metrischen Formen ihrer Poesie sind auch später (*O Dilúvio e a Pomba* – 1979; *O Armistício* – 1985) vorwiegend traditionell, als ob die strenge Form den vorherrschenden assoziativen Wortketten ein tragendes Gerüst geben müßte. Die Kommunikation ist nicht diskursiv, sondern suggestiv, der rationalen, oft geometrischen Form folgend. Natália Correias Literatur provoziert, stellt die Routine in Frage und sucht den Skandal durch die Aufdekkung von Hypokrisie.

Ihr Essayband *Uma Estátua para Herodes* (1974) stellt eine solche Provokation dar, wenn es sich auch literaturhistorisch um den Anschluß an den Amoralismus der Dekadenzliteratur des ausgehenden 19. Jahrhunderts in Frankreich handelt. Die formale Anbindung an eine literarische Tradition mit gattungstypischen Merkmalen des Satanismus (direkte Vorbilder scheinen Lautréamont und Huysmans mit *A Rebours* gewesen zu sein) befreit den Band dennoch nicht von dem Vorwurf einer zynischen Geschmacklosigkeit: es handelt sich um Reflexionen zum Thema der Überbevölkerung, die die Autorin von der traditionellen Wertschätzung des Kindes zu seiner Geringschätzung führen und – wie der Titel zeigt – dem Kindermörder Herodes ein Denkmal setzen möchten. Neben Romanen (*Anoiteceu no Bairro* – 1946; *A Madona* – 1968; *A Ilha de Circe* – 1983; *As Núpcias* – 1992) und einem Reisebericht: *Descubri que era Europeia* (1951), der weniger Beschreibung des amerikanischen Kontinents als vielmehr psychologisches Porträt der Autorin ist, liegen noch einzelne Theaterstücke vor: *O Progresso de Édipo* (1957); *O Homúnculo* (1965); *O Encoberto* (1969) und *A Pécora* (1983). Die Titel verweisen auf die großen Mythen der Literatur und bestätigen Natália Correias hervorragende Fähigkeit: es ist – kunstgeschichtlich gesprochen – die Fähigkeit des Zitats. Sie benutzt die literarische Überlieferung, spielt mit Themen und Worten und sucht in rationaler und konzeptistischer Manier nach neuen Lösungen in der Begründung ihres eigenen Selbst. Manchmal beschränken sich die Lösungsvorschläge auf Fragen: Gibt es für Ödipus an der Seite von Iokaste noch einen Ausweg? Ist die Rückkehr zur Unschuld möglich? Das Morbide, die Frustration, Liebe, Sexualität und Tod bilden den Bezugsrahmen ihres Werks, das mit *Erros meus, Má Fortuna, Amor Ardente* (1980) einen Schritt in das historische Drama vollzieht, welches Stationen des Renaissancedichters Camões nachzeichnet und in seiner Struktur und seiner Sprache die Neigung der Autorin zum Synkretismus offenbart.

DER NEOREALISMUS
UND SEINE ÜBERWINDUNG

Der soziale und politische Roman

Um 1940 entwickelte sich eine Gegenbewegung gegen den vorherrschenden Typ modernistischer Literatur, die bald unter dem Namen Neorealismus bekannt wurde. Die Neorealisten verband das Programm eines sozial-kämpferischen Humanismus, der soziale Bezüge nach objektiven Gesetzmäßigkeiten befragte und gesellschaftliche Mißstände im Hinblick auf eine mögliche Veränderung aufdeckte. Der Primat des Sozialen über das Individuelle bedeutet nicht nur die Determination menschlicher Leidenschaften, charakterlicher Anlagen aus den sozioökonomischen Verhältnissen, sondern die komplette Ausschaltung psychologischer Bedingtheiten, ja individueller Charaktere überhaupt aus dem Roman. Vorbilder der Neorealisten sind weniger die Vertreter des „bürgerlichen" Realismus des 19. Jahrhunderts als südamerikanische Romanciers, allen voran Jorge Amado. Die Darstellung der Realität, der Möglichkeiten ihrer Veränderung und die Heroisierung von Individuen und Gruppen, die den Kampf um die Veränderung aufnehmen, sind Merkmale des neorealistischen Romans.

Alves Redol (1911–1969) schrieb mit *Gaibéus* (1940) den ersten neorealistischen Roman. Der Roman stellt eine Fortsetzung ethnosozialer Studien dar, die den Autor mit den Lebensformen der Menschen am Ufer des Tejo bekannt gemacht hatten und die dieser 1938 mit dem Titel *Glória – uma Aldeia do Ribatejo* publiziert hatte. *Gaibéus* betrachtet menschliches Handeln als Ausdruck der Kollektivität und stellt einen Roman ohne individuellen Helden dar. Es geht um die Rolle einer sozialen Gruppe: die der Saisonarbeiter bei der Reisernte im Ribatejo. Die Auswahl der Personen aus dem Reich der Unterprivilegierten ist ebenso bezeichnend wie deren volkstümliche und dialektale Sprachformen. Die Zeit der Ernte ist die Zeit des Romans, was vorausliegt und was von der Zukunft erwartet wird, geht aus Gesprächen und Erinnerungen hervor. Der Lebensrhythmus der Menschen wird durch ihre Arbeit bestimmt. Sozialer Dualismus, das System von Ausbeuter und Ausgebeutetem, wird verdeutlicht und die Notwendigkeit einer Veränderung angedeutet. Da der kollektive Volksheld vorherrscht, erhalten Einzelfiguren nicht einmal alle einen individuellen Namen. Sie typisieren eine Situation oder ein gemeinsames Geschick, das nur durch eine gemeinsame Anstrengung verändert werden kann. Der Gruppe der Arbeiter steht der Vertreter der Besitzenden gegenüber, der in ausgewählten Situationen das Bild unmenschlichen Gewinnstrebens entwirft. Der Roman ist ohne folgerichtige Handlung, die Darstellung impressionistisch und bis in die Syntax hinein statisch. *Gaibéus* ist das Epos der Arbeit, der Leiden der Landarbeiter, und enthält als solches die traditionellen epischen Mittel: grobe Zweiteilung von Gut und Böse, die Beschränkung der Figuren auf wenige Elemente ihrer Persönlichkeit und die sich wiederholende stereotype Formel. Der Situationsroman ohne Held und Handlung enthält, da Zustandsschilderungen der Gattung Lyrik mehr eigen sind als dem Drama und dem Roman, eine Vielzahl lyrischer Elemente. Diese können lautmalerischer, rhythmischer Natur sein, aber auch aus Symbolen oder metaphorischen Ausdrücken bestehen.

Jahr für Jahr erschienen die Romane Alves Redols als soziales Zeugnis, als Anklage und als Ausdruck optimistischer Zukunftshoffnung: *Marés* (1941), *Avieiros* (1942) und *Fanga* (1943). Die Romane wurden zum Teil später neu bearbeitet, um ihren einfachen Schematismus durch Elemente psychologischer Konfrontation oder eine Liebesgeschichte (*Avieiros* – 1968) zu ergänzen. In diesen Romanen geht es weiterhin um den Lebenskampf, die Erniedrigung einer Klasse und die Allmacht der schicksalhaft über die einfachen Menschen hereinbrechenden Ausbeutung, die Landarbeiter und Flußschiffer in gleicher Weise betrifft. Die fatalistische Unbeweglichkeit der Ärmsten, die jeden Ausbruchsversuch aus ihrer Situation mit Neid und Mißgunst abergläubisch zu verhindern suchen, wird an *Fanga* thematisiert. Der Konflikt zwischen dem Beharren und dem Bewußtsein einer notwendigen Veränderung innerhalb der gleichen sozialen Schicht bestimmt die späteren Romane. Mit seinem Roman *Os Reinegros* verläßt Alves Redol die Landarbeiterszene um den Tejo und wendet sich dem städtischen Milieu Lissabons zu. «Os Reinegros» sind die Mitglieder einer einfachen Lissabonner Arbeiterfamilie, die während der 1. Republik eine Erweiterung ihres politischen und sozialen Bewußtseins erfahren. Der Roman konnte erst postum veröffentlicht werden. Im Unterschied etwa zu *Gaibéus* wird in *Os Reinegros* der kollektive Held wenigstens zum Teil individualisiert: angesichts der vom Land in die Stadt strömenden rechtlosen Massen entwickelt sich der Analphabet Alfredo zu einem scharfsinnigen Verfechter der

Interessen des Proletariats. Nicht so scharfsinnig erkennt er die Probleme des persönlichen Zusammenlebens mit seiner Frau Julia, deren Anliegen er nicht so zu seinem eigenen machen kann wie das der politischen Agitation. In *Porto Manso* (1946) behandelt Alves Redol Probleme der Schiffer und der Landarbeiter im Norden Portugals, denen er in den Jahren zwischen 1949 und 1953 die von ihm als Portwein-Zyklus bezeichnete Trilogie *Horizonte Cerrado, Os Homens e as Sombras* und *Vindimas de Sangue* widmete.

Die Romane *Olhos de Água* (1954), *A Barca dos Sete Lemes* (1958) und *Barranco de Cegos* (1961) führen zurück in die Atmosphäre des Ribatejo. *A Barca dos Sete Lemes* ist die Geschichte einer geistigen Ausbeutung, durch die Menschen des einfachen Volkes für Ideen, die sie nicht begreifen, ausgenutzt und in die großen Auseinandersetzungen der kapitalistischen Welt hineingezogen werden: sie werden zu blinden Instrumenten der Ambitionen anderer, die mit fatalistischer Grausamkeit die mögliche Transformation des Menschen zum Bösen zeigen. Mit *Uma Fenda na Muralha* (1959) wird die sozialethische Position, die den Kampf um das Überleben im Bereich der sozioökonomischen Auseinandersetzungen zum Thema hatte, zugunsten einer gruppenpsychologischen Darstellung aufgegeben. Die Mutprobe einer Gruppe von Fischern, die sich in einer Sturmnacht dem Tod auf hoher See ausgeliefert sieht, endet in Angst und Schrecken. Die Panik der Seeleute läßt Freundschaften zerbrechen, Haß und Wut entstehen. Die existentielle Situation, die in der persönlichen Erfahrung der Todesgefahr besteht, ermöglicht das Studium der Verhaltensweisen von Fischern, die durch die elenden sozialen Verhältnisse dazu gebracht werden, bei jedem Wetter ohne Schutz und ausreichende Ausrüstung auf das hohe Meer zu fahren. Der Roman, der nicht mehr als eine erzählte Zeit von 24 Stunden umfaßt, endet wie die Tragikomödie glücklich: das Schiff zerschellt am Strand, die Besatzung überlebt. In die Richtung des psychologischen Romans zeigt auch der Roman *O Cavalo Espantado* (1960), der eine Dreiecksgeschichte um ein jüdisches Ehepaar, das vor dem Nationalsozialismus aus Österreich geflohen ist, und einen portugiesischen Angestellten beschreibt. Im Mittelpunkt steht die Frau, die zwischen der Realität, die sie im Innersten nicht akzeptiert, und dem Traum eines Ideals, an das sie nicht mehr zu glauben wagt, hin- und hergerissen ist. Die sich entwickelnde Liebe zwischen der Jüdin und dem Portugiesen endet in einer Freundschaft, die das moralische Problem der Dreiecksgeschichte im Grunde ohne Lösung läßt. Der letzte Roman *O Muro Branco* (1966) ist ein dokumentarisches Buch über die Konsumgesellschaft und über die Selbstfindung des Menschen im Maskenspiel um das Geld. Wie alle Romane drückt auch dieser den Protest des Autors aus, der vergeblich auf die Veränderung der Zustände wartet. In drei Bänden *'Teatro'* (1966, 1967, 1972) versucht Alves Redol den um psychologische Beobachtungen erweiterten sozialen Realismus auf die Bühne zu übertragen. Die ersten Stücke, etwa *Maria Emília*, stammen aus der unmittelbaren Nachkriegszeit. Generelle Merkmale sind wiederum das vorherrschende Studium des Kollektivs, der Kampf gegen Unrecht und Gewalt und die soziale Gerechtigkeit.

Zu den Begründern des Neorealismus gehört Fernando Namora (1919–1989). Noch als Student veröffentlichte der spätere Arzt 1938 seinen ersten Roman *As Sete Partidas do Mundo*. Zusammen mit *Fogo na Noite Escura* (1943) präsentiert der Roman die konkrete sozioökonomische Realität Portugals unter regionalistischen Aspekten, die der Tradition der portugiesischen rustikalen Literatur entsprechen. Fragen der Wesens- und Fremdbestimmung werden im Zusammenhang mit ökonomischen Problemen, aber auch, und das inbesondere in den späteren Romanen und Erzählungen, als psychologisches Thema behandelt. Formal betonen die Stilmittel des inneren Monologs und der erlebten Rede den Wandel zur Introspektive. Die ersten Romane zeigen, wie die Redols, die kollektivistische Vision von Massen an Stelle von Individuen. Doch tritt hier die Ideologie vor der lebendigen Erfahrung zurück. Diese zeigt sich insbesondere in den Erzählungen aus der beruflichen Praxis des Arztes, die unter dem Titel *Retalhos da Vida de um Médico* in zwei Folgen (1949 und 1963) veröffentlicht wurden. Im Gegensatz zu den ersten Verlautbarungen der Neorealisten stehen bei Fernando Namora die künstlerische Kreativität und das formale Experiment bei der Suche nach der individuellen Ausdrucksform für eine kollektive Erfahrung wieder im Vordergrund.

Minas de San Francisco (1946) ist ein Roman nach Art der Naturalisten, der im Stil der Dokumentation einen breiten Fächer von fragmentierten Handlungen und Episoden aus dem industriellen Bereich der Wolframgewinnung präsentiert. Dabei wird die Stimme des Moralisten Namora vernehmbar, der sich gegen die Entwurzelung der ländlichen Bewohner durch den Rausch, den das grauschwarze Metall verursacht, wendet. Die beiden Romane *A Noite e a Madrugada* (1950) und *O Trigo e o Joio* (1954) führen weg von den sozioökonomischen Verhältnissen und der in Ausschnitten sich darstellenden Kollektivität, decken dabei die gesellschaftlichen Widersprüche mit Hilfe von pikaresken Figuren auf, die in burlesken Situationen den Aberglauben und die Obsessionen der Landbewohner des Alentejo für das Scheitern der Helden verantwortlich machen. Wenn schließlich in *O Trigo e o Joio* der Kauf einer neuen Eselin, die dem durch allerhand Mißgeschick geschädigten Kleinbauern Loas eine neue Zukunft ermöglichen soll, an den Schwächen der Menschen scheitert, so wird der soziale Konflikt zu einem ontologischen erweitert: Hoffnung und Hoffnungslosigkeit sind Prinzipien des Lebens, die schicksalhaft den Menschen betreffen. Das zerstörerische Prinzip des Bösen verbirgt sich in Vorurteilen, in Angst und Panik, die man vergeblich durch abergläubische Praktiken zu überwinden sucht. In *A Noite e a Madrugada* ist der Kampf eines alten Bauern gegen neue Besitz- und Bewirtschaftungsformen deshalb aussichtslos, weil sich eine Solidarität nicht einmal mehr in der eigenen Familie herstellen läßt. Den Widersprüchen der Conditio Humana ist auch der Roman *O Homem Disfarçado* (1957) gewidmet. Es geht um das Bekenntnis eines Arztes, der angesichts der Widersprüche seines Lebens, die ihn zwingen, eine Maske zu tragen, auf der Suche nach einer echten menschlichen Begegnung scheitert. In dem anderen Arztroman *Domingo à tarde* (1961) tritt an die Stelle der Bewußtseinsanalyse ein emotionaler Konflikt: die Liebe des Arztes zu einer dem Tod geweihten Frau. Der Arzt entdeckt mit der Liebe ein neues Solidaritätsgefühl, das nicht illusionärer Optimismus ist, sondern – und hier fühlt man den französischen Existentialismus – illusionslose Anerkennung der menschlichen Situation. Das Problem der Kommunikationslosigkeit wird in den gleichzeitig erschienenen Erzählungen des Bandes *A Cidade Solitária* (1959) behandelt.

Namoras Werk öffnet sich später, etwa im *Diálogo em Setembro* (1966), der universellen Frage nach der Definition des Menschlichen und des Menschen. Die zuletzt erschienenen Romane *Os Clandestinos* (1972) und *O Rio Triste* (1982) sowie *Resposta a Matilde* (1980), eine als „Divertimento" bezeichnete Sammlung von drei Erzählungen, werden begleitet von der Publikation essayistischer, literaturhistorischer und sozialkritischer Literatur, die die Form einer Reisechronik (*URSS Mal Amada Bem Amada* – 1986) oder von Notizblättern annehmen kann (*Um Sino na Montanha* – 1969; *Os Adoradores do Sol* – 1971; *A Nave de Pedra* – 1975; *Sentados na Relva* – 1986), und von drei Bänden Lyrik, die als Sammelbände einer fünfzigjährigen lyrischen Aktivität gelten können: *As Frias Madrugadas* (1959), *Marketing* (1969) und *Nome para uma Casa* (1984). Mit *O Rio Triste* zeichnet sich ein Übergang von der historischen Realität in die allegorische Dimension ab. Von der Fabel her hat der Roman Züge des Detektivromans.

Das unerklärliche Verschwinden eines städtischen Beamten mit Namen Rodrigo, der zuletzt bei einer Fahrt auf dem Tejo gesehen worden war, und die konfusen Versuche, ihn mit Hilfe von realen Hinweisen oder scharfsinnigen Schlüssen wiederzufinden, werden zum Anlaß für einen spielerischen Umgang mit den epischen und narrativen Mitteln. Der Vorgang des Schreibens, die Entstehung des Romans wird – das ist nicht neu in der modernen fiktionalen Literatur – zum konstituierenden Element des Romans. Der Roman ist eine kontinuierliche Reflexion über seine eigene Struktur, ein formaler Prozeß, in dem Autor und Leser mit Hilfe der Imagination, die die Dokumentation ablöst, Möglichkeiten der Seinsbestimmung zu entdecken suchen. Die Frage, ob der Neorealismus eines Fernando Namora nicht wieder im Umfeld der modernistischen Literatur, von der er sich 1940 abgesetzt hatte, anlangt, ist nicht unsinnig.

Manuel da Fonseca (geb. 1911), der zunächst mit zwei Gedichtbänden, die seit 1963 unter dem Titel *Poemas Completos* zusammen mit späteren Gedichten in einer Gesamtausgabe vorliegen, in Erscheinung trat, ist wie Namora ein Dichter des Alentejo. Auch die ersten zwei Novellensammlungen *Aldeia Nova* (1941) und *O Fogo e as Cinzas* (1952) sind eine Chronik von Ereignissen und eine Galerie von Figuren, die nach realistischer Art das Elend und die Hoffnungen dieser portugiesischen Landschaft und ihrer Bewohner artikulieren. Der Festlegung auf eine Landschaft entzieht er sich in dem 1968 veröffentlichten Novellenband *Um Anjo no Trapézio* mit Geschichten aus Lissabon. Fonsecas erster Roman *Cerromaior* (1944) enthält alle Merkmale der neorealistischen Ideologie: die Menschen erscheinen als Ausdruck und Funktion einer Klasse, die existentiellen Grenzsituationen wie Liebe und Tod erhalten sekundären Rang, die ontologische und metaphysische Problematik wird ausgeschaltet. Fonsecas wichtigster Roman ist *Seara do Vento* (1958). Die Welt der verarmten Kleinbauern, die durch das System der Latifundien zur Proletarisierung gezwungen werden, bildet den Hintergrund für die Geschichte eines doppelten Selbstmordes und die verzweifelte Rache des heruntergekommenen Kleinbauern Palma, der sein Haus und sich bis zum letzten Atemzug mit seinem Gewehr gegen die angreifende Polizei verteidigt. Im Mittelpunkt der drei Generationen umfassenden Geschichte steht Palma, der fälschlich eines Diebstahls angeklagt worden ist und den schließlich das Elend seiner Familie zum Schmuggel treibt, da sein Freiheitssinn Almosen nicht akzeptieren will. Gleichzeitig hört er mit Interesse von den Diskussionen, Problemen und Forderungen, mit denen sich seine Tochter Mariana in geheimen sozialistischen Zirkeln beschäftigt. Nachdem Palma den Raub, den der Sohn des Landbesitzers begangen hat, mit Gefängnis gebüßt und seine Frau durch Selbstmord verloren hat, weil sie die aus Schwäche und Unwissenheit begangene Denunziation ihres Ehemanns sühnen wollte, schreitet Palma schließlich zur Rache an dem Großgrundbesitzer, den er für den eigentlich Verantwortlichen hält, und zu seiner Selbstzerstörung im Kampf mit der Polizei. Die geradlinige Logik der Geschichte führt über die individuelle Tragik der Hauptpersonen hinaus zur Stärkung eines Solidaritätsbewußtseins unter den Landarbeitern des Alentejo.

Sozialistischer Realismus, der amerikanische Vorkriegsroman, der mit Steinbeck, Hemingway und Faulkner den sozial Deklassierten thematisierte, und der brasilianische Regionalismus, der mit Jorge Amado, Graciliano Ramos und José Lins do Rego die sozialen Spannungen des Nordostens Brasiliens zum Mittelpunkt ihrer Romane machte, sind als Quellen des neorealistischen Romans auch für Carlos de Oliveira (1921–1981) bestimmend. Als Sohn eines Landarztes war ihm das Schicksal der oftmals zur Emigration gezwungenen Landbevölkerung nicht unbekannt. Nach philosophisch-historischen Studien in Coimbra veröffentlichte Carlos de Oliveira verschiedene Bände Poesie, die 1976 in zum Teil überarbeiteter Form unter dem Titel *Trabalho Poético* in zwei Bänden in endgültiger Form erschienen sind. Der erste Roman *Casa na Duna* (1943) behandelt den wirtschaftlichen Niedergang eines bäuerlichen Anwesens, das dem Konkurrenzdruck reicherer Gegenden nicht standhalten kann. Familiäre Probleme, der Tod des Vaters und der Frau sowie die Existenz eines für die Landarbeit nicht brauchbaren Sohns, verschlimmern die Situation und führen zum melodramatischen Ende: Wahnsinn und Brandstiftung im eigenen Haus. Der Konflikt, der weitgehend mit sozialen und wirtschaftlichen Veränderungen rational erklärbar wäre, nimmt für den Helden gigantische Proportionen eines Kampfes mit dem Schicksal und mit Gott an. Auch der zweite Roman *Alcateia* (1944) verbindet psychologisches Interesse an den Figuren mit ökonomischen Konflikten, die nun deutlich in der Gegenüberstellung des einfachen Volkes und der „Herren" präzisiert werden. Der Rechtlose, der seine Ehre gegenüber einem „Herrn" mit einem Mord verteidigt, findet bei seinem Abstieg in das Räuberdasein zu einer moralisch neuen Bewertung der Solidarität, während der ein bescheidenes Glück suchende Held des Romans *Pequenos Burgueses* (1948) am Ende des Romans vom positivistischen, praktischen und hinterhältigen Kalkül der im Titel benannten Bürger ergriffen wird.

Der erfolgreichste Roman von Carlos de Oliveira ist *Uma Abelha na Chuva* (1953). In der Figur des Álvaro Silvestre läßt er eine vom Bewußtsein der Sünde gequälte Seele von psychologischer Eindringlichkeit entstehen. In seinem Innern quält ihn der Haß gegen seine Frau, die sich mit ihrer adligen Herkunft und ihrer anmaßenden Eitelkeit dem plebejischen Händlerdasein ihres Ehemannes entgegenstellt. Álvaro Silvestre wird zum Muster einer sozial bedingten Neurose. Diese Neurose hat ihre Gründe in der väterlichen Erziehung, der Angst vor der Armut, religiösen Gewissensbissen, der Verachtung durch die Ehefrau und dem Zwang des Ehelebens, das für die ängstliche Seele zur Hölle wird. 1978 erschien der Roman *Finisterra*. Es ist die fragmentarische Rekonstruktion aus unterschiedlicher Erzählersicht von Ereignissen um den Bau und die Zerstörung eines Hauses am Meer. Reflexionen und Analysen betreffen die äußere Realität und magische Traumsphären, Einsamkeit, Entfremdung und Solidarität der Menschen. In avantgardistischer Manier tastet der Erzählvorgang Möglichkeiten des Erzählens ab. Der Roman ist gleichzeitig – ähnlich Fernando Namoras *Rio Triste* – Metaroman, ein in Handlung und Reflexion sich vollziehendes Nachdenken über die Gattung. Der Neorealismus und die aus seinen Wurzeln sich entwickelnde erzählende Literatur gab – wie man sieht – die Haltung der Revolte gegen soziales Unrecht und Diktatur als alleinigen Impetus für das Romanschaffen auf. Die ironische und dabei immer kritische Form des Romans erlaubte die erste Lockerung einer verbissenen Ideologie, die dann zugunsten unterschiedlicher Formen der subjektiven Selbstanalyse und der Verweigerung gegenüber jeder Art engagierter Literatur verlassen wurde. Dabei betrachtete man die totale ästhetische Freiheit als einen Aspekt der nicht existierenden politischen Freiheit und betrat den Weg des experimentellen Romans.

Vergílio Ferreira (geb. 1916) solidarisierte sich in seinen frühen Romanen *O Caminho Fica Longe* (1943), *Onde Tudo Foi Morrendo* (1944), *Vagão J* (1946) ganz mit den utopischen Hoffnungen der Schule, aber schon mit dem Roman *Mudança* (1949) begann seine Trennung, die er mit *Apelo da Noite* (1963) perfekt machte. In der Zwischenzeit hatte der Roman *Aparição* (1959) den Weg in eine ästhetische Stilisierung gewiesen, die der Autor rasch mit Elementen der existentiellen Philosophie füllte. Nach dem Beispiel der französischen Autoren thematisierte er Grenzsituationen der menschlichen Existenz, insbesondere die Erfahrung des Todes. *Alegria Breve* (1965) ist ein „philosophischer Roman“, der die Reflexion eines allein zurückbleibenden Dorfbewohners im schneebedeckten Gebirge der Serra über das Menschsein beinhaltet, gleichzeitig aber auch auf die anachronistischen Lebensverhältnisse der Bergbewohner hinweist. Doch die Elemente der Innenschau überwiegen. Sie prägen die Romane und Novellen *Nítido Nulo* (1971), *Apenas Homens* (1973) und *Rápida, a Sombra* (1974), in denen neben die thematische Behandlung von Geburt und Tod die der Einsamkeit und der Kommunikationslosigkeit tritt. Die Technik der Darstellung erreicht mit der Bevorzugung des Ich-Erzählers die weitgehende Identifikation von Erlebnis und Erzählvorgang. Der Leser wird vom Zuschauer zum erlebenden Teilhaber der Handlung bzw. des Erzählvorgangs. Formal und inhaltlich liegt ein Bezug zu Samuel Beckett vor, dessen tragische Absurdität sich mit der Irrealisierung des Realen, wie sie Kafka praktizierte, vermischt. Eine große Zahl essayistischer Artikel, deren wichtigste in den drei Bänden *Espaço do Invisível* (1965, 1976, 1977) publiziert wurden, Novellen (*Contos* – 1976) und weitere Romane (*Para Sempre* – 1983; *Até ao Fim* – 1987; *Em Nome da Terra* – 1989) sind Zeugnis für den Versuch Ferreiras, die philosophische Fragestellung des Existentialismus, das psychoanalytische Interesse und die künstlerische Reflexion über die schöpferischen Möglichkeiten der Sprache zu verbinden. *Para Sempre* ist die Geschichte des monologisierenden Ichs, das sich in die Abgeschlossenheit eines verlassenen Hauses inmitten der Bergwelt zurückgezogen hat und dort Gespräche mit Menschen seiner Vergangenheit und Figuren seiner Einbildung führt. Der Roman ist eher eine Reflexion über den Tod, das Endgültige, als über das Leben.

Mit den späten Romanen ist der Autor weit entfernt von den Problemen der jugendlichen Selbstfindung, wie sie in *Manhã Submersa* (1954) gestaltet sind: der mißlungenen Ausbildung des Jugendlichen zum Priesteramt, in das ihn seine dörfliche Umgebung drängt, und seiner Entscheidung für Selbstbestimmung und Freiheit.

In *Em Nome da Terra* vermittelt das erzählende Ich das Bewußtsein der Dekomposition seines Körpers, indem es die Amputation eines Beines zum Bild der Trennung von Körper und „Ich", d. h. zur Chiffre der Bedrohung durch den Tod macht. In einem langen Brief an die tote Ehefrau ersteht nicht nur die Erinnerung an wichtige Stationen der Vergangenheit, die Familie und gesellschaftliche Lebensbereiche, in der Atmosphäre des Altersheims erstellt sich auch in einem langen Schaffensprozeß ein „Du". Der Protagonist schafft die Figur seiner Ehefrau aus der Erinnerung. Es entsteht dabei eine sinnlich-erotische Atmosphäre, die hier und da das Groteske streift, aber stets die tragische Vision des Menschen und seine Situation in einer Welt ohne metaphysische Gewißheit bestehen läßt. Die Thematik stabilisiert sich um

Verantwortung und Tod auch in *Até ao Fim*, wo die Aktion und der sie aufrechterhaltende Diskurs am Sarg des toten Sohnes geschieht. Der Vater läßt in seinen Reflexionen anhand der Bezugspersonen seines Lebens die Beziehung von Vater und ins Drogenmilieu gesunkenem Sohn erstehen.

Ein fünf Bände umfassendes Tagebuch (*Conta-Corrente* – 1981–1987) geht über in eine Maximensammlung mit 677 Eintragungen, deren Titel *Pensar* (1992) den anspruchsvollen Vergleich zu Pascals *Pensées* herausfordert. Das Absolute, die Kunst, der Kommunismus, die Sprache, der Tod, die Musik, die Wahrheit, das Leben bilden Kernpunkte eines fragmentarischen Schreibens, das in seiner Bruchstückhaftigkeit der Imagination Raum läßt, bevor es sich dem Schweigen annähert.

José Cardoso Pires (geb. 1925) beschäftigt sich in seinen frühen Novellen (*Os Caminheiros e outros Contos* – 1949, z.T. unter dem Titel *Jogos de Azar* in Neuauflagen ab 1963 publiziert) mit gesellschaftlichen Außenseitern im neorealistischen Stil, aber ohne für die Verhaltensanalysen Maßstäbe in den sozioökonomischen Verhältnissen zu suchen. Neben den gattungstypischen Merkmalen der Kürze, Präzision und dem überraschenden Schluß kennzeichnet sie der vorherrschende Dialog. Nicht die Geschichte als Handlung interessiert den Autor, sondern die Stimmung, das Milieu. Internationalen Ruhm brachten ihm die Romane *O Hóspede de Job* (1963), *O Delfim* (1968) und *Balada da Praia dos Cães* (1982) ein, obwohl – oder gerade weil? – die Romane typische Merkmale des portugiesischen Lebens einfangen. Zu diesen Merkmalen gehören für den kritischen Autor die Pflege des Gemeinplatzes, Unwissenheit, Männlichkeitswahn, planlose Improvisationskunst und Resignation. Sie werden in einem Essayband *Cartilha do Marialva* (1960) von dem Moralisten Pires beschrieben. *O Hóspede de Job* untersucht die Wirkung einer fremden Macht im „Lande Jobs", eines Waffenhändlers, dessen Anwesenheit Verwirrung, Streit und Leid unter den Bauern hinterläßt. Die Gegenüberstellung von Macht und Schwäche, die Disproportion von Gewalt und Vernunft bilden den Ausgangspunkt für die Beschreibung einer erfundenen, aber doch realen Gesellschaft.

O Delfim ist die Geschichte eines imaginierten, aber um so typischeren Dorfes, in dem nur noch die rückständigen Geister weiterleben. Die Handlung tritt hinter der Ambienteschilderung zurück. Sie betrifft die Suche nach Resten einer alten patriarchalischen Familie und die Aufklärung des geheimnisvollen Verschwindens des «Dauphins» (Delfim) dieser Dynastie: er ist seit dem skandalumwitterten

Tod seiner Frau, die mit einem farbigen Diener ein Verhältnis hatte, unauffindbar. Die Wahrheit ist kaum rekonstruierbar, da nur unterschiedliche Versionen der Geschehnisse bekanntwerden und der Erzähler nicht Position beziehen will. Der Leser müßte eigentlich seine Mutmaßungen zum Geschehen noch einbringen, da ihn kein allwissender Erzähler führt. Den Autor interessieren die Erzählenden mehr als das Erzählte. Diese entwerfen von sich das Bild einer rückständigen Gesellschaft nach den Prinzipien der *Cartilha do Marialva*.

Die Elemente des Detektivromans verstärken sich in dem 1982 erschienenen Roman *Balada da Praia dos Cães*, in dem der mysteriöse Fund einer männlichen Leiche am 3. 4. 1960 aufgeklärt werden soll. Es handelt sich um die Zusammenstellung einer Dokumentation zum Fall, der über einen gewöhnlichen Mord weit hinausgeht und politische und militärische Kreise tangiert. Ein Erzähler ist nur noch im Sinne eines Sammlers vorhanden, der die vorhandenen oder zu entdeckenden Spuren, Aussagen, Kombinationen zusammenstellt. Der Roman schließt mit einer Rekonstruktion des Verbrechens, die auf den 8. August 1960 datiert wird. Auch hier stehen weniger das Faktum des Mordes als die Methoden der untersuchenden Behörden im Mittelpunkt des Interesses. Konkret entwickelt sich eine ungewöhnliche Beziehung zwischen dem Leiter der polizeilichen Untersuchungskommission und der Geliebten des getöteten Offiziers. Das durch die nicht erwiderte Liebe verletzte Selbstbewußtsein des Beamten bewirkt eine quälende Ausübung seiner Macht gegenüber der verdächtigen Frau. Die objektive Methode der Beschreibung, die vom 'fait divers' ausgeht, und die Eliminierung des allwissenden Erzählers stehen in der Tradition des Realismus, der gegenüber dem Neorealismus vom Gewicht der marxistischen Ideologie befreit ist. Die Erfahrung des Nouveau Roman hat diese Objektivität des Materiellen verstärkt.

Konkrete Wirtshausgespräche bilden den Ausgangspunkt für die schriftstellerische Annäherung an Ereignisse der Nelkenrevolution in Lissabon in dem Roman *Alexandra Alpha* (1987), während die Tiergeschichten der *República dos Corvos* (1988) in einen mythisch-allegorischen Bereich vorstoßen.

Hatte *O Delfim* die archaische Welt der landwirtschaftlich geprägten Provinz gestaltet, so geht es in *Alexandra Alpha* um Mythen und Tabus der Stadtwelt, die hinter einem humorvollen, ironischen Fresko erscheinen und einen abgestürzten Deltaflieger schnell zu einem vom Himmel gefallenen Engel werden lassen. Die phantastischen Elemente, die Perspektive der Detektivgeschichte, Ideologie und Politik vermischen sich mit pikaresken Geschichten um Liebe und religiöse Praktiken. Es geht um die Entdeckung Portugals durch Europa und die Veränderung traditioneller Wertvorstellungen unter bürgerlichen Intellektuellen, die in Caféhäusern Freiheiten fordern, selbst aber die Erwartungen durch Inaktivität und Angst vor Risiken enttäuschen. Nach dem 25. April 1974 werden sie zu Anhängern „kollektiver" Werte, bleiben aber perspektivlos, und ihre Wünsche sind letztlich auch in der veränderten Welt eher kleinbürgerliches Sehnen nach dem persönlichen Glück, Egoismus und Ausdruck von Gefühllosigkeit gegenüber den Mitmenschen. Zwei Bände Theater, *O Render dos Heróis* (1960) und *Corpo Delito na Sala de Espelhos* (1980), verraten eine Neigung zur Groteske, die ein historisches Thema, wie z.B. die Revolution der Maria da Fonte (1846) in *O Render dos Heróis*, zum aktuellen Ereignis werden läßt.

Den bewußten Anschluß an den Nouveau Roman französischer Prägung suchte Artur Portela Filho (geb. 1937). Während in den Erzählungen (*A Gravata Berrante* – 1960; *Avenida de Roma* – 1961) eine barocke Bildlichkeit wuchernder Adjektive mit der Technik fragmentarischer Ausschnitte als Ausdruck der Skepsis einer persönlichen Erfahrung und mit herber sozialer Kritik verbunden wurde, erscheint der verschwenderische Reichtum allegorischer Bildlichkeit in dem Roman *O Código de Hamurabi* (1962) als formaler Schematismus, der mit wiederkehrenden Motiven ein nur noch schwer nachzuvollziehendes soziales Anliegen andeutet. In der fragmentierten Handlung haben eigenständige Charaktere keinen Platz mehr, wenn auch, wie der Roman *Rama, Verdadeiramente* (1962) zeigt, die Personen nicht ganz aus dem Roman zu eliminieren sind. Spätere Romane (*Fotomontagem* – 1978; *Marcelazar* – 1979) und Chroniken (*A Funda* – 1972/1977) betonen mehr das aktuelle politische Ereignis, ohne aber die stilistische Suche aufzugeben.

In der Tat zeichnet sich der moderne portugiesische Roman mehr durch sprachlich-stilistische Merkmale als durch die thematische Problematik aus, die eher konstant bleibt und die Einsamkeit des Menschen bzw. seine konfliktreiche Position gegenüber der gesellschaftlichen und staatlichen Organisation umfaßt. Der Roman sucht seine Form, weil er nicht mehr gefällige Aussage für schon bekannte Probleme sein will, sondern schöpferischer Vorgang, der Wesentliches einfängt und eine Welt erstellt. Dadurch wird die alte Scheidung zwischen Lyrik und Epik, Poesie und Roman fragwürdig. *Rumor Branco* (1962), der erste Roman Almeida Farias (geb. 1943), ist ein solcher „Roman", der sich jedem Etikett entzieht. Äußerlich besteht er aus sieben Teilen, die sich zu drei Abschnitten gruppieren lassen. Eine

Person, Daniel João, verbindet Teile und Abschnitte. In den ersten drei Teilen ist Daniel João ein bürgerlicher Jüngling, der nach der Geburt seine Umgebung und ihre Widersprüche in immer weiteren Bereichen erfährt: Lissabon, die portugiesische Provinz, Paris. In den nächsten drei Teilen ist Daniel João ein Sohn proletarischer Herkunft, der seiner Gefangenschaft am Tag, an dem er befreit werden soll, durch Selbstmord ein Ende setzt. Der siebte Teil, der letzte Abschnitt, ist als eine Synthese der zwei vorherigen Kapitel und der dort thematisierten Verhaltensformen des Konformismus und Aufbegehrens gedacht. Der Roman enthält keine weiteren als Person gestaltete Figuren. Es gibt deshalb auch keinen echten Dialog (oder einen zwischen Abwesenden). Die Gespräche, die zur Verständigung führen (auch mit dem Leser), werden ausgespart, da sie von der Logik des Lesers beeinflußt wären, somit ihrer Freiheit beraubt und unfähig, eine neue Dimension des Verstehens aus der Sprache entstehen zu lassen. Was beschreibbar ist an diesem Roman, ist mehr die Negation des Erwarteten: die Aufhebung einer konventionellen Syntax und der durch sie bedingten Sinngebung. Die ungewöhnliche Verwendung des sprachlichen Materials, das Spiel mit Unsicherheiten, die gesuchte Mehrdeutigkeit der Worte, zeigt die Richtung an, ist kein Ziel: sie drückt die Hoffnung aus, das Bedeutungsgefüge der Sprache zu erweitern, nicht die Kommunikationslosigkeit, wie der unbefangene Leser zunächst meinen könnte, wenn er sich dem hohen Abstraktionsgrad einer entrealisierten Welt gegenübersieht. Mit der Befreiung von sprachlichen Fesseln könnte auch die inhaltliche Lösung von traditionellen Repressionen gemeint sein.

Die Referenz zur Außenwelt und zur Erfahrung des Lesers ist ungleich größer in Farias zweitem Roman *A Paixão* (1965). Der Karfreitag ist das Thema des Romans, äußerlich als innerer Monolog und Traumerfahrung von zehn Mitgliedern einer Familie im Alentejo dargestellt. Die allegorische Ebene meint mehr: die Passion jedes einzelnen, seine Leidenschaften und sein Schicksal, das im Traum, im Denken, Reden und Handeln vor dem Leser entsteht. Eine strenge Gliederung teilt den Roman in drei Teile mit einer abnehmenden Zahl von Kapiteln ein. Sie werden mit „Morgen“, „Nachmittag“ und „Abend“ umschrieben. Die äußere Form ist Teil der Symbolik des Werdens und Vergehens, die die Koordinaten für Farias Reflexionen über den Sinn des Lebens angesichts des Todes bildet. Über Vergílio Ferreira wird hier die wesentliche Frage des Existentialisten Camus sichtbar. Das Spiel mit der Form ist kein Selbstzweck. Die ontologische Unruhe bleibt auch in dem Roman *Cavaleiro Andante* (1982) spürbar. *A Paixão, Cortes* (1978) und *Lusitânia* (1980) bilden nach dem Willen des Autors eine Trilogie, die im letzten Band die Möglichkeiten des Briefromans für neue Ansätze des Erzählens nutzt. Brief und Monolog sind auch die bevorzugten erzählerischen Mittel des *Cavaleiro Andante*, der in seinem Protagonisten den Wunsch nach der Transzendenz der alltäglichen Realität ausdrückt und die Trilogie zur Tetralogie weitet. Allen Romanen liegt ein Netz von Mythen zugrunde: von den sieben Schöpfungstagen über die Passion, die Gralssuche bis hin zum parodierten Sebastianismus in *O Conquistador* (1990). Sie dokumentieren die Stadien einer Entwicklung des sozialen und individuellen Bewußtseins, die im Titel *Cortes* (Schnitte) einen sprechenden Ausdruck findet.

Cortes bedeutet den Neuanfang der aus *Paixão* bekannten Figuren nach dem „rituellen" Tod des „Pater familias". Die Veränderungen werden als Zeichen der Emanzipation von Individuen und sozialen Gruppen gesehen, wobei der Erzählvorgang im Übergang vom allwissenden Erzähler über den Subjekte voraussetzenden Dialog zum Monolog, der ein sich erforschendes Ich betrifft, diese „Schnitte" mitvollzieht.

Der Sebastian des Romans *O Conquistador* ist kein Eroberer von Land und Meer, sondern ein Frauenheld mit den dazu wünschenswerten Attributen, die ihn zu beeindruckender Geschlechtstätigkeit befähigen. Doch er sieht sich bald als Opfer der Sexualfreude von Frauen und verliebt sich frustiert in ein unerreichbares Idealbild der Frau aus der platonisch-petrarkistischen Tradition. Der noch jugendliche Held sucht ein Idealbild von sich selbst in den Begegnungen mit den Frauen, die jeweils wieder die erwartete Identitätsfindung zerstören, indem sie ihn auf seine realistischen Dimensionen zurückverweisen. Sein Rückzug aus der Welt des Aberglaubens und der Vorurteile folgt der Erkenntnis, daß die Überwindung des Fragmentarischen und das Erlebnis einer ganzheitlichen Seinserfahrung unmöglich ist.

Álvaro Guerra (geb. 1936), Schriftsteller und Diplomat der neuen portugiesischen Republik nach dem 25. April 1974, teilt sein Opus selbst in drei Phasen ein. Die erste Periode der neorealistischen Inspiration umfaßt die Romane *Os Mastins* (1966), *O Disfarce* (1967) und *A Lebre* (1969). In ihnen spiegelt sich der gesellschaftliche Immobilismus der Salazar-Ära, und die äußere Handlung enthält eine durchsichtige Allegorie: *Os Mastins* sind die Hunde eines Großgrundbesitzers – Ausdruck seiner Gewalt über Menschen und Sachen –, die von einer Landarbeiterin, die der Grundherr zu seiner Geliebten gemacht hatte, getötet werden. *O Disfarce* behandelt die das letzte Jahrzehnt der faschistischen Regierungsform entscheidend prägende Frage des Kolonialkriegs, die schließlich das Ende des «Estado Novo» beschleunigte. Die Generation der Kriegsteilnehmer fühlt sich von der Erfahrung des Todes geprägt. Physisch und psychisch gebrochen lebt sie wie der jugendliche Held des Romans ein Leben in der Verstellung. Die zweite Phase umfaßt die Zeit des Experiments (*A Memória* – 1971; *O Capitão Nemo e Eu* – 1973; *Do General ao Cabo mais Ocidental* – 1976) und mündet in eine Form des Romans, die man mit Hilfe der am südamerikanischen Roman geschulten Typologie als magischen Realismus bezeichnet hat, die aber eher die distanziert gefilterte Erfahrung einer Serie von realen Erlebnissen darstellt. Zu dieser dritten Periode zählt der Verfasser die Chronik der Erlebnisse in Vila Velha, eines Phantasieortes aus der Umgebung Lissabons, die in der Trilogie *Café República* (1982), *Café Central* (1984) und *Café 25 de Abril* (1987) mit dem Untertitel «Folhetim do Mundo Vivido em Vila Velha» vorliegt. Das Café als der offene Ort des Zusammentreffens unterschiedlicher Charaktere und Typen ist für Álvaro Guerra das geeignete Medium, die Ansichten, Interpretationen und Analysen der Zeitgenossen zu ihrer „erlebten Welt" mosaikhaft zusammenzusetzen und dabei die Grenzen des Realismus oder der Realität zur Sphäre des Irrealen zu öffnen. Auf die Durchlässigkeit von Realität und Imagination macht der anwesende Erzähler den Leser mehrfach aufmerksam. Die fragmentierende Erzählweise erlaubt, den Erzählenden Texte unterschiedlicher Strukturierung zuzuschreiben, die von der einfachen Chronik bis zu modernistischen Experimenten reichen können. Die letzten Romane (*A Guerra Civil* und *Razões de Coração* – 1993) bestätigen das Interesse des Autors an der historischen Perspektive.

Weniger dem Experiment gewidmet, dafür aber um so eindringlicher und kontinuierlicher der psychologischen Problematik der Einsamkeit und Entfremdung zugewandt ist das umfangreiche erzählerische Werk von Maria Judite de Carvalho (geb. 1921). Zwischen 1959 *(Tanta Gente, Mariana)* und 1983 *(Além do Quadro)* hat die selbstkritische Autorin, die sich schon früh ideologischen Utopien entzogen hat, mehr als ein Dutzend Bände Erzählungen vorgelegt. Ihr Thema ist als Lieblingsthema von Autoren des Absurden und des Existentialismus leicht in Gefahr, in epigonale Banalität abzugleiten. Judite de Carvalho entgeht der Gefahr durch eine zurückhaltende Ironie und die Sparsamkeit der Worte. Der Titel einer Sammlung von Erzählungen heißt bezeichnenderweise *As Palavras Poupadas* (1960).

As Palavras Poupadas enthält die Geschichte einer verbotenen

Liebe zu der Stiefmutter Leda, die von der Stieftochter entdeckt wird. Maria da Graça – im Mittelpunkt der Erzählung stehend und diese durch ihre Erinnerungen und Reflexionen nährend – scheint aus Eifersucht oder Enttäuschung das Verhältnis, das der von ihr verehrte Vasco zur Stiefmutter unterhielt, verraten zu haben. Vasco ist der Vetter der ersten Frau des Vaters und lebt wie ein Familienmitglied im Hause, so daß der Vater vom mütterlichen Instinkt seiner Ehefrau gegenüber dem Verwandten sprechen kann. Die Elemente der Bezüge werden durch die mosaikhafte und chronologische Inkohärenz der Erzählweise weitgehend im unklaren gelassen, so daß die im Titel genannte Sparsamkeit der Worte sowohl für den Inhalt der Erzählung wie auch für die Erzählhaltung von Bedeutung ist: der Leser erfährt nur so viel, wie das Bewußtsein der Hauptfigur freigibt. Der permanente Versuch, das Verhältnis zum Nächsten, zu den Familienmitgliedern, den Töchtern und Freundinnen abzustecken, ist ein Versuch der Selbstfindung. Die sentimentalen Konflikte konzentriert Judite de Carvalho mit einer rigorosen Organisation der Novellen auf das Wichtigste. Immer handelt es sich um Frauen, deren Schicksal von der Enttäuschung durch Männer geprägt wird und die in bitterem Pessimismus ihre Situation überdenken. Sie sind verbittert, frustriert, weil der andere die von der Begegnung erhoffte Zukunft nicht realisieren kann. Die Problematik zeigt sich in kleinen Ausschnitten des Alltagslebens, das von Heuchelei, Egoismus, Zugeständnissen, Hoffnungen und Katastrophen geprägt wird. *Os Armários Vazios* (1966), eine Novelle von der Länge eines Romans, enthält die Geschichte einer Antiquitätenhändlerin, deren Innenleben dem Zustand der im Titel genannten Möbel entspricht: Leere, Nutzlosigkeit von Personen und Objekten suggerieren kontinuierlich die Absurdität als Erfahrung. Die Dinge offenbaren ihren emblematischen Charakter. Es gelingt der Protagonistin nicht, die konfliktreichen Beziehungen zu ihrer Tochter zu klären, da sie deren natürliche Reaktionen nicht begreift. Die Erzählhaltung dieser Novelle wirft ein weiteres Licht auf die Absichten von Judite de Carvalho. Die Erzählerin erzählt von sich in der ersten, von der Freundin, der Möbelhändlerin, in der dritten Person. Die beiden Geschichten überschneiden sich: mit der Geschichte der Freundin kombiniert sich die Reflexion der Erzählerin auf der Suche nach ihrer eigenen Substanz. In den kürzeren Novellen des Bandes *Flores ao Telefone* (1968) wird die technische Kommunikationsmöglichkeit per Telefon zum Anlaß von Gesprächen zwischen Flores und befreundeten Frauen. Das Ergebnis des Erfahrungsaustausches ist generalisierbar als die Fatalität des Unglücks, das sich an das Schicksal der

Frau zu heften scheint. Erzählerisch vermischen sich auch in diesen Novellen wieder unterschiedliche Ebenen und Zeiten, so daß die gleichartige Thematik durch die perspektivische Darstellung an überraschender Eindringlichkeit gewinnt.

Unter den Romanautorinnen der Gegenwart ragt Agustina Bessa Luís (geb. 1922) mit der Variationsbreite ihres Werks und der erfolgreichen Aufnahme durch das Publikum hervor. Sie knüpft bis in die späten Romane (*Eugénia e Silvina* – 1989; *Vale Abraão* – 1991) an die lange regionalistische Erzähltradition an, die die Geschichte einzelner traditionsreicher Familien in sozialem und wirtschaftlichem Niedergang beschreibt, oder auch an die historische Thematik, wenn sie für Mythen der nationalen Geschichte (etwa in *Adivinhas de Pedro e Inês* – 1983) neue, zum Teil entmythologisierende Erklärungen sucht. Im Fall der Inês de Castro glaubt sie weniger an eine Tragödie der Leidenschaft als vielmehr an einen sozial-ethnischen Konflikt, der Inês' Untergang in der Notwendigkeit des Staates begründet sieht: der Stabilisierung des Staates mit Hilfe von nationalen Leitlinien war eine Königin mit anderen ethnischen und sprachlichen Voraussetzungen im Wege. In Agustina Bessa Luís' Version hat Pedro den Konsequenzen dieser Notwendigkeit sogar zugstimmt. In vielen ihrer Romane spielt der Norden Portugals mit seinen versteckten wirtschaftlichen Konflikten und den heidnisch-christlichen Mischformen in der Lebensführung seiner Bewohner eine seit Camilo Castelo Branco und Júlio Dinis traditionelle Rolle (z. B. *O Manto* – 1961; *O Sermão do Fogo* – 1963; *Os Quatro Rios* – 1964). Allerdings taucht hinter der realistischen Darstellung eine neue Seinsproblematik auf: die phänomenologische Beschreibung des Zeitlichen soll die Wesenhaftigkeit des Seins offenbaren. Die Protagonistin des frühen Romans *A Sibila* (1954), Tochter eines Provinzadligen und eines Landmädchens, die ihre Frustration in übersteigertes Machtbedürfnis umsetzt, hat wie andere Romanfiguren der Autorin über ihre individuelle Person hinaus exemplarische Bedeutung. Eine mythische Dimension der Figuren läßt Aspekte einer nationalen Charakterisierung durchscheinen. Aber die Personen und die Geschichte verlieren an Konsistenz in den folgenden Romanen.

In *Os Incuráveis* (1956) und *A Muralha* (1957) verstärkt sich eine Tendenz zur gedanklichen Assoziation, die die durchgehende Erzählung einer einzigen Geschichte verhindert. Hierin liegt die Modernität der ansonsten klassisch-traditionellen Autorin: die Erfahrung einer Realität im Umbruch erlaubt es ihr nicht, den Erzählvorgang in die geordneten Bahnen abgeschlossener Episoden zu lenken. Die Erzählung in Bruchstücken, die Pflege des Aphorismus (*Aforismos* – 1988) und der epigrammatischen Form bleibt für das jetzt über vierzig Titel umfassende Prosawerk kennzeichnend. Die Sprache wuchert, die Handlung erweitert sich, Personen tauchen auf und verschwinden, ohne als Personen einen nachhaltigen Eindruck zu hinterlassen. Die Übergänge zwischen der Realität und der Imagination verwischen sich, selbst die immer wieder diskutierte Frage, ob reale Personen als Vorlage zu den Romanhelden gedient haben (der Dichter Teixeira de Pascoaes in *O Susto* [1958], der 1980 bei einem Flugzeugunglück umgekommene Politiker Francisco de Sá Carneiro in *Os Meninos de Ouro* – 1983), ist eigentlich ohne Gewicht. Die Romanfigur ist nichts als Vorwand für die an ihr ersichtliche menschliche Situation. Das hindert die Autorin nicht, immer wieder historische Figuren und Ereignisse in ihre Romane zu integrieren. So sind die Romane *As Pessoas Felizes* (1974), *Crónica do Cruzado Osb* (1976) und *As Fúrias* (1977) als Spiegelung der soziopolitischen Ereignisse nach der Revolution vom 25. April 1974 interpretierbar. In der Tat scheint Agustina Bessa Luís in solchen Epochen sichtbarer menschlicher Leidenschaften ein bevorzugtes Feld zum minuziösen Studium menschlichen Verhaltens zu sehen, das in Überlegungen zu einer Geschichtskonzeption einbezogen wird. Die Hinweise auf den englischen Kreuzfahrer Osberto und dessen lateinischen Bericht über die im Zuge der Reconquista durchgeführte Belagerung Lissabons im Jahre 1147 *(Crónica do Cruzado Osb)* deuten die zeitliche Ausweitung der konkreten Ereignisse von 1974 in die Zeitlosigkeit an. In dem genannten Roman tritt neben eine zentrale Figur – die des politischen Journalisten – wieder eine Vielzahl sekundärer Figuren, die wie ein Prisma die unterschwelligen politischen Leidenschaften einer ganzen Gesellschaft zusammenfassen. Die Liebe zum Detail verbindet sich mit der Neigung zur Sentenz und Maxime und die Rekonstruktion der Vergangenheit (*A Monja de Lisboa* – 1985; *A Corte do Norte* – 1987; *Prazer e Glória* – 1988) mit einem geschichtsphilosophischen Konzept.

Urbano Tavares Rodrigues (geb. 1923) galt dem portugiesischen Publikum als politischer Autor, dessen Engagement für ein bestimmtes Programm auch die Grenzen der Rezeption determinierte. Novellistik und Roman, Essayistik und literaturwissenschaftliche Studien umreißen ein umfangreiches Schaffen, das 1952 mit der Novellensammlung *A Porta dos Limites* begann und in jährlicher Folge über vierzig Jahre zum Spiegel einer persönlichen Biographie und eines epochalen Wandels wurde. Die erste Phase, zu der die Novellenbände *Uma Pedra no Charco* (1958), *Nus e Suplicantes* (1960) und die Romane *Os Insubmissos* (1961) und *Exílio Perturbado* (1962) gehören, ist geprägt von der existentiellen Philosophie Sartrescher Prägung und gestaltet Elemente der politischen und sozialen Instabilität, Verzweiflung und Angst, aber auch die pathetische Liebeserfahrung. Das Gefühl der Fraternität weitet sich zum politischen Engagement für die gesellschaftlichen Realitäten, zur Entwicklung des sozialen Bewußtseins und zur Entlarvung oppressiver Systeme in den Jahren des endenden Faschismus und der Suche des demokratischen Neubeginns. Die auf *Imitação da Felicidade* (1966) folgenden Erzählungen und Romane bis hin zu *Contos de Solidão* (1974), *Dissolução* (1974) und *Desta Água Beberei* (1979) thematisieren die bedrückende Stimmung des Faschismus, den Widerstand und die Solidarisierung, aber auch immer wieder die existentielle Kommunikationslosigkeit. Die sieben frühen Novellen, die in *Abecê da Negação* (1980) publiziert sind, fassen das didaktische Anliegen des Neinsagens, des Protestes gegen Repression, Gewalt und Bedrohung zusammen, eine Bedrohung, die für den Autor vom Faschismus, aber auch von einer „zweideutigen demokratischen" Entwicklung ausgeht. *Prima Matéria*, die erste Novelle der Sammlung, enthält die von Sartre in *Les Mains sales* und Camus in *Les Justes* entworfene Situation der engagierten Widerstandskämpfer, die sich mit dem politischen Kampf und der Problematik der Liebe konfrontiert sehen. Die Innovation betrifft die Erzähltechnik, die Träume, Imagination, eine symbolisch erlebte Landschaft in die Perspektiven wechselnder Erzähler einbezieht. Die Undurchschaubarkeit der Erzählerstandtpunkte bewirkt, daß die besprochenen Ereignisse einer Vielzahl von Betroffenen zugeschrieben werden können. Die Universalisierung des einmaligen Ereignisses geschieht durch die Form des Erzählens. Der Roman *Violeta e a Noite* (1990) thematisiert u. a. die Multiperspektivität der Wirklichkeitserfassung, die in ihrer Widersprüchlichkeit Ausgangspunkt und Antrieb für künstlerisches Schaffen bildet. Nach 1980 werden das Unbewußte und die Traumwelt als reale Bedingungen der menschlichen Situation entdeckt und als Groteskes und Monstruöses immer bedrängender in die Realität der Fiktion integriert. Bereits *Casa de Correcção* (1968) enthielt phantastische Elemente, die sich später – etwa in *Filipa nesse Dia* (1989) – zu einer realistischen Landschaftsbeschreibung als Metapher für eine „innere Landschaft" zurückbilden. In diesem Roman spielt wieder wie am Anfang der literarischen Produktion des Autors der Alentejo als regionales Ambiente eine Rolle. Allerdings ist jeder Anklang an neorealistische Konzepte und an die früheren ideologischen Klischees aufgegeben. Das Thema von Liebe und Tod, Zeit und Vergänglichkeit bildet die Grundlage für die parabelhafte Novellistik, die gegensätzliche Gefühlslagen gestaltet und ästhetischen Experimenten aufgeschlossen ist.

Auf dem Hintergrund einer Irrfahrt durch den Alentejo, die die Materialisierung der psychischen Unruhe darstellt, behandelt *Filipa nesse Dia* das Inzestproblem in der Tradition des Phädrastoffes. Thema ist die Verdrängung des Vaters, das konkurrierende Bemühen um die gleiche Frau und schließlich der Untergang der Frau, die sowohl als Objekt der Gesellschaft als auch als Subjekt des Aufbegehrens und der Befreiung erscheint. Der Rückgriff auf den Mythos ist für die ästhetische Umorientierung des Autors nicht unbedeutend. Er erlaubt den Übergang in die Introspektive, die Welt des Traums und die ontologische Reflexion. Der Tod der geliebten Stiefmutter wird vom Protagonisten als Niederlage erlebt und bedeutet die Unmöglichkeit der Selbstrealisierung angesichts einer allmächtigen Vaterfigur, die auch ohne göttliche Intervention einen zerstörten Sohn bzw. Stiefsohn hinterläßt. Schuld, Angst, Reue, Schicksalhaftigkeit und Freiheit, kosmische Harmonie und individuelle Ambitionen umreißen den Inhalt des Romans, der weitgehend aus Reflexionen, Erinnerungen und Befürchtungen des „Helden" erstellt wird. Dieser strebt, aufgeschreckt durch die nicht näher erläuterte Nachricht, sein Liebesverhältnis zu seiner Stiefmutter sei von seinem Vater entdeckt worden, in einer labyrinthischen Autofahrt seinem Elternhaus zu.

Die dramatische Aktion endet nach der Ankunft in der Konfrontation mit Filipas Tod und mit der Rekonstruktion des Universum der Toten, die mit ihrem Verschwinden den Tabubruch aufhebt, aber im Zurückbleibenden den absurden Zwiespalt zwischen dem individuellen Wunsch nach Erfüllung und der objektiven Teilnahmslosigkeit der Welt um so quälender macht. Der Welt der Hypokrisie und Lüge wird der notwendige, aber unmögliche Anspruch auf Aufrichtigkeit und Wahrheit gegenübergestellt. Der Selbstmord erscheint wie ein Unglücksfall, das Schweigen um die Umstände wird mit Geld erkauft. Die Tote verläßt in aller Diskretion die Welt der Lebenden. Als Lebende war sie Fremde in ihrer Umgebung und als Liebende gleichzeitig Mutter. Das Leben erweist sich als Summe von Widersprüchen. Nur das Schweigen macht das Überleben möglich. Die Tragik des Todes offenbart die Absurdität des Seins. Die Totenwache erlaubt dem Protagonisten das gedankliche Eindringen in das Universum der geliebten Stiefmutter, aus dem er ebenfalls mit der Erkenntnis der Absurdität entlassen wird. Albert Camus' Zwiespalt zwischen Individuum und Welt bezeugt nach vierzig Jahren schriftstellerischer Tätigkeit wiederum die Persistenz der Philosophie des französischen Existentialismus.

Die Dichtung der konkreten Lebensbewältigung und die experimentelle Lyrik

Wie der Roman artikuliert sich die Lyrik zu Beginn der 40er Jahre in einer kämpferischen Pose unter dem Zeichen des Neorealismus. Der Kampf richtet sich insbesondere gegen die modernistische Dichtung, d.h. konkret die Presença-Bewegung. Das ästhetische Experiment, das noch die Ästhetik der «Presença» kennzeichnete, wurde zugunsten der „Verstehbarkeit" zurückgedrängt, denn es ging nicht mehr darum, unbekannte Horizonte menschlicher Existenz zu erforschen, sondern bekannte Thesen einer Weltanschauung einsichtig zu machen, Mißverhältnisse im sozialen, ökonomischen und politischen Leben aufzuzeigen und das richtige gesellschaftliche Bewußtsein zu erzeugen. Natürlich war die Verwirklichung des Anliegens bei den völlig anders gearteten politischen Konzeptionen der totalitären Herrschaft des Salazar-Regimes nur mit Hilfe subtiler Formen einer indirekten Aussage möglich. Immerhin kann man allgemein von einem Appellcharakter der neorealistischen Lyrik sprechen, der sich formal in Ausrufen, Anrufen und Auslassungszeichen kundtut. Die Reduzierung der ästhetisch-formalen Experimente auf eine Konzeption der realistischen Nachahmung bei gleichzeitiger Aufwertung der programmatischen Aussage wurde allerdings auch bei den engagierten Vertretern des Neorealismus später im Sinne einer echten Dialektik von Inhalt und Form wieder rückgängig gemacht.

Typische Beispiele agitatorischer Lyrik sind in dem 1971 veröffentlichten Band *Poemas (1941–1971)* von Sidónio Muralha (1920–1982) enthalten. Optimismus und Heroisierung des neuen Menschen, die Gegenüberstellung von Gut und Böse und die Häufung emotionsgeladener Begriffe begleiten den insistierenden Anruf und das apodiktische Ausrufezeichen. Andere Lyriker bevorzugen – besonders wenn sie wie Manuel da Fonseca mehr als Erzähler hervorgetreten sind – das kurze epische Gedicht in der Form einer „Geschichte" (*Poemas Completos* – 1969). Hervorragende Themen sind die Formen der Ausbeutung, Unrecht und Elend in der Arbeitswelt, Armut und Exil, Aberglauben und Gewalttätigkeiten in der Hauptstadt oder in den armen Landgebieten Portugals. Mit der Darstellung der neuen Werte verband sich die Distanzierung von metaphysischen Lösungen und von den christlichen Tugenden der Caritas und der Demut. Die Gedichte von José Gomes Ferreira (1900–1985) aus den Jahren um 1940 entsprechen dieser thematischen Analyse. Sie sind in Band II und III der *Poesia I–VI* (1948–1975) betitelten Werkausgaben oder in der Gesamtausgabe *Poeta Militante* (3 Bde. 1977–1978) enthalten. Formal sind die Gedichte Gomes Ferreiras poetischen Tendenzen des 19. Jahrhunderts verpflichtet, thematisch sind sie es ebenfalls, wenn sich Mitgefühl und Empörung mit dem Leid anderer und das Selbstmitleid mischen. Es zeigt sich, daß intime Erfahrungen wie Enttäuschung und Angst nicht immer mit dem Enthusiasmus der kämpferischen Zukunftsgestaltung vereinbar sind. Die Dichotomie prägt die Lyrik Gomes Ferreiras. Dabei wird auch die Frage aufgeworfen, ob das revolutionäre Engagement nicht auch eine Flucht vor sich selbst, dem ungelösten Problem des Todes und der Einsamkeit sein kann.

Zu den dynamischen Figuren der Bewegung gehört Joaquim Namorado (1914–1986), dessen erster Gedichtband *Aviso à Navegação* (1941) in der Reihe «Novo Cancioneiro» erschien, die eigens als Publikationsorgan der Neorealisten im gleichen Jahr gegründet worden war. In ihr publizierten u. a. Álvaro Feijó (*Os Poemas* – 1941), Políbio Gomes dos Santos (*A Voz que Escuta* – 1944) und die großen neorealistischen Erzähler Manuel da Fonseca, Carlos de Oliveira und Fernando Namora ihre Poesie. Joaquim Namorado verkündet in seinem zweiten Gedichtband *Incomodidade* (1945) sein Programm: Poesie ist Waffe im Kampf für die klassenlose Gesellschaft. Der Symbolismus ist einfach und jederzeit verständlich. Die Bilder entstammen der traditionellen Umgebung von Land, Landwirtschaft, Meer und Seefahrt. Dem Ideal der Zukunft wird die Falschheit der Gegenwart mit beißender Ironie gegenübergestellt. Die Satire der bürgerlichen Gesellschaft nähert sich hier und da dem bilderstürmerischen Humor surrealistischer Tendenz. Indem Judas und Kain zu heroischen Figuren werden, zeigt sich die Umwertung moralischer und religiöser Gehalte, wie sie auch in makabrer Weise in bezug auf die Figur des Herodes bei Natália Correia zu finden ist. Namorados Zukunftsoptimismus trifft sich mit dem Lob von Maschinen und Fabriken, einem Topos aller Formen des sozialistischen Realismus, die an die Stelle des Christentums den Mythos der Arbeit stellen. Der Poesieband *Poesia Necessária* (1966) enthält alle Anzeichen einer inhaltlichen Kontinuität, während die Form der Gedichte sich ändert, indem eine persönliche Stimme der epischen Beschreibung an die Seite tritt.

João José Cochofel (1919–1982) ist als Kritiker und Theoretiker des Neorealismus hervorgetreten. Seine zahlreichen Gedichtbände (*Instantes* – 1937; *Búzio* – 1939; *Sol de Agosto* – 1941; *Os Dias Íntimos* –

1950; *Quatro Andamentos* – 1964; *O Bispo de Pedra* – 1975) sprechen eher von Müdigkeit und Trauer als von demagogischer Kampfesfreude, sind aber nichtsdestoweniger voller Vertrauen und Hoffnung. Die bis 1966 erschienenen Texte sind in einem Band *46° Aniversário* (1966) zusammengefaßt worden. Das Konkrete, Alltägliche wird darin zur Poesie, für die pathetische Formel ist kein Platz. Bevor die Lyrik Cochofels den ideologischen Akzent verstärkt, enthält sie Aspekte einer selbstquälerischen Melancholie, die eventuell aus dem Zwiespalt zwischen der Begrenzung durch aristokratische Herkunft und dem Wunsch nach Kommunikation entsteht. Ein Schwanken zwischen totaler Hingabe und Isolation oder Evasion bestimmt auch noch spätere Gedichte. Immer aber gilt seine Beschäftigung dem Augenblick, der Gegenwart, die metaphysische Dimension ist völlig ausgeschlossen, auch nicht mehr in der Ironie als Bild vorhanden. Mit der fortschreitenden Festigung des neorealistischen Programms wird aus der Beschreibung die Feier der Außenwelt, einer Außenwelt, die als Wunschwelt alle Unvollkommenheiten der Realität abstreift *(O Dias Íntimos)*. Doch der Gedanke des „unmöglichen" Gesangs, die tragische Erfahrung der geringen Konsequenzen, läßt auch immer neu die Melancholie des Zweifels und die Versuchung der Resignation durchblicken. Der paradoxe Widerspruch zwischen Momenten des persönlichen Glücks und dem Unglück der Zeitläufte wird zum Thema verhaltener Poesie, die schließlich auch die existentielle Angst und Verzweiflung zum Ausdruck bringt. Da es sich um eine intime Erfahrung handelt, wird in den Gedichten der 50er Jahre der Duktus diskursiver Prosa verändert: die Gedichte nähern sich volkstümlichen Strophen- und Versformen (*Obra Poética* – 1989).

Einer der wichtigsten Theoretiker des Neorealismus ist Mário Dionísio (geb. 1916), der als Essayist (*A Paleta e o Mundo I–IV:* 1973–1974), Novellist (*O Dia Cinzento* – 1944; *Monólogo a duas Vozes* – 1986; *A Morte é para os Outros* – 1988) und Romancier (*Não Há Morte nem Princípio* – 1969) hervorgetreten ist. Seine umfangreiche Poesie aus der Hauptphase des Neorealismus (*Poemas* – 1940; *O Riso Dissonante* – 1950) liegt in dem Sammelband *Poesia Incompleta* (1965) vor. Seine Gedichte sind trotz polemischer Programmatik von subtiler Zurückhaltung, wenn auch die insistierende Betonung der solidarischen Verantwortung sein persönliches Engagement jederzeit offenbart. In dem Band *O Riso Dissonante* hat man den Einfluß Paul Éluards und des Surrealismus feststellen wollen. Der Lokalisierungsversuch umreißt Übergänge, die bei gleicher politisch-sozialer Intention auf dem Gebiet des formalen Vergehens liegen müssen. Immerhin kann bei aller Offenheit für surrealistische Procédés von automatischem Schreiben bei Mário Dionísio nicht die Rede sein. Er dichtet, in musikalischen Termini ausgedrückt, in kammermusikalischen Dimensionen. Themen sind das Kollektiv, die Stadt und die sozialen Konflikte (*Poemas, As Solicitações e Emboscadas* – 1944), die aus naheliegenden Gründen mit der Maske des „Puppenspielers" kaschiert werden. Die Trauer über die Ineffizienz bestimmt auch noch den mit dem portugiesischen Kritikerpreis ausgezeichneten Band *Terceira Idade* (1983), mit dem der Dichter die Intentionen seines Dichtens kundtut: die Überwindung der Einsamkeit, die verstehbare Mitteilung der Bemühungen um die Selbsterkenntnis, die Konstruktion einer solidarischen Zukunft. In Dionísios Poesie ist die Außenwelt Ausgangspunkt und Ziel.

Zwischen Neorealismus und Surrealismus bewegt sich die Lyrik Jorge de Senas (1919–1978), der als Literaturhistoriker, Literaturtheoretiker, Dramatiker, Erzähler und Lyriker ein umfangreiches Werk vorgelegt hat. Den Schnittpunkt zwischen beiden literarischen Bewegungen bilden die Gedichtbände *Coroa da Terra* (1946) und *Pedra Filosofal* (1950), die einem ersten Band mit dem Titel *Perseguição* (1942) folgten. Die gesamte Poesie liegt vor unter dem Titel *Poesias* (3 Bde. 1961/1978). Jorge de Sena ist geprägt vom Bewußtsein der Angst und besessen von der Vorstellung, die Sprache neu gestalten zu können. Der existentielle Konflikt zwischen Vergehen und Bleiben entfaltet sich in logischen Arabesken im Stil eines barocken Konzeptismus. Jorge de Sena gehörte zur Gruppe der Herausgeber der *Cadernos de Poesia*, die zwischen 1940 und 1942 (bzw. in einer zweiten Serie 1952–1953) als lyrische Anthologien erschienen und die die sich abzeichnende ideologische Schulenbildung in der Dichtung überwinden sollten. Zu den Mitherausgebern gehörten die Dichter José Blanc de Portugal (geb. 1914), Ruy Cinatti (1915–1986) und Tomás Kim (1915–1967). Indem Sena eine Lyrik im Dienste einer Sache ablehnt, bleibt er offen für die Sinnfragen. In einer solchen, philosophischen Fragestellungen zugänglichen Poesie ist die Realität, das Konkrete, Ausgangspunkt der Poesie: „Prätext" und Text, wie er im Vorwort zu *Exorcismos* (1972) sagt und damit mehr als nur „Vorwand" («pretexto») meint. Doch Jorge de Senas Lyrik bedeutet keine Rückkehr zu Positionen der «Presença». Konfessionslyrik und das Verständnis für die Zusammenhänge der Welt allein interessieren ihn nicht: es gilt auch, die Welt zu verändern. Das geschieht in seiner Lyrik mit den traditionellen Formen der Ode und dem Sonett, der Ballade und dem Madrigal, in denen sich klassische Periphrasen und Mythen mit einem streng logischen Gebrauch rhetorischer und stilistischer Mittel verbinden, aber auch mit dem chaotischen Arrangement, dem freien Vers, der gebrochenen Syntax als Ausdruck der Modernität.

Der experimentellen Dichtung gehören die *Metamorfoses, seguidas de Quatro Sonetos a Afrodite Anadiómena* (1963) an, in denen die Beziehung zwischen den Künsten, Malerei und Dichtung, thematisiert wird, die später in der Sammlung *Arte de Música* (1968) auf die Musik ausgedehnt wird. Bei den Gedichten handelt es sich nicht um ein deskriptives Abbild der Malerei, sondern um deren sprachliche Metamorphose, wobei die Vorstellung der sprachlichen Alchimie in den *Quatro Sonetos* bis zur Neuschöpfung von Wortkörpern ohne denotative Funktionen führt, Sprache also zur reinen Suggestion wird. Die Idee der Metamorphose, d.h. im Grunde die Negation des Todes, steckt bereits im Titel des poetologischen Bandes *Pedra Filosofal*, den man als die Suche nach dem Elixier des Lebens verstehen kann. Der Poesie schreibt der Dichter die Kraft einer magischen Substanz zu, die die verdeckte Natur der Dinge offenbaren kann. Erkenntnistheoretische und ontologische Probleme stecken den inhaltlichen Rahmen insbesondere der Sammlung *As Evidências* (1955) ab, ohne daß es trotz einer vorhandenen klaren Begriffswelt möglich wäre, eine eindeutige Interpretation der einzelnen Gedichte zu erstellen, da fehlende Präzision bei den syntaktischen Bezügen zur Verunsicherung führt. Auch die Form der 21 Sonette dieser Sammlung folgt dem Prinzip der Verunsicherung: keines der Sonette entspricht in seiner formalen Strukturierung einem der 20 anderen. Senas Poesie ist eine Poesie der Übergänge, da das festgefügte Wort die Erfahrung des Wandels nicht ausdrücken kann. Die Erfahrung ist eine persönliche, sinnliche, die mit der Intellektualisierung in der Poesie eine zerebrale Note erhält. Die Inhalte folgen dieser persönlichen Erfahrung. Die Krise der abendländischen Zivilisation, Müdigkeit und Pessimismus sind einmal schmerzlich benannt (*Peregrinatio ad loca infecta* – 1969), einmal mit stoischem Vertrauen in die Liebe und das Leben akzeptiert.

In der Prosa schwankt Jorge de Sena zwischen dem realistischen Fresko der jüngsten Geschichte Portugals (*Sinais de Fogo* – 1979; *Os Grão-Capitães* – 1976) und der phantastischen Flucht in das Mittelalter oder die Fabelwelt (*O Físico Prodigioso* – 1966; *Antigas e Novas Andanças do Demónio* – 1960–1966). Bis auf den Roman *Sinais de Fogo* handelt es sich um Erzählungen und Kurzgeschichten, die – wie *O Físico Prodigioso* – sprachlichen Experimenten offen sind. Aber auch das mittelalterliche Thema erhält durch die parodistische Darstellung allegorischer Zusammenhänge eine realistische Note. Die überwiegend rationale, zu sprachlichem Experiment neigende Literatur Jorge de Senas hat viele Gemeinsamkeiten mit dem Werk Vitorino Nemésios. Mit diesem verbindet ihn gleichzeitig die berufliche Karriere als Universitätsprofessor. Beide lehnten im übrigen die Kennzeichnung ihrer Poesie als zerebrale Kunst ab und betonten den emotionalen Anteil und die in ihr enthaltenen Elemente der Sinne. Im Gegensatz zu Vitorino Nemésio schrieb Jorge de Sena auch für das Theater. Die für die vieraktige Verstragödie *O Indesejado* (1951) festgestellte neoklassische und gongoristische Tendenz entspricht Kennzeichnungen seiner poetischen Werke und wiederholt sich in den Einaktern *Amparo da Mãe* (1951) und *Ulisseia Adúltera* (1952). Während *O Indesejado* ein sarkastischer Angriff auf tradierte Werte der Moral, der Religion und den nationalen Mythos des Sebastianismus ist, enthält *Amparo da Mãe* die der Gattung des modernen Einakters inhärenten Merkmale des Grotesken: eine Mutter schlägt auf der Bühne die bereits tote Tochter, weil sie sich mit ihrem Tod ihrer Aufgabe entzieht, die Mutter zu unterstützen. Das Stück stellt den Verlust der Individualität, der die Reduzierung des Menschen auf die bloße gesellschaftliche Funktion zur Folge hat, in der Tradition des symbolistischen Theaters dar. Es weist damit auf die Existenz eines poetischen Theaters in dem Augenblick hin, als in Frankreich die Höhepunkte des absurden Theaters gefeiert wurden. Die Einakter Jorge de Senas (u.a. *A Morte do Papa; O Império do Oriente*) konnten in Portugal erst nach der Revolution von 1974 aufgeführt werden.

Die Geschichte der modernen Lyrik ist weitgehend die Geschichte der Reflexion über Möglichkeiten der Lyrik. António Ramos Rosa (geb. 1924) kommt aus der Generation der Neorealisten (*O Grito Claro* – 1958), individualisiert die Erfahrung des Objektiven in einer surrealistischen Phase (*Viagem através de uma Nebulosa* – 1960) und findet schließlich in einer konstruktivistischen Lyrik der räumlichen Koordination (*Voz Inicial* – 1960; *Sobre o Rosto da Terra* – 1961) eine Position zwischen dem Objekt und dem Ich „auf einem Weg aus Worten“. Das bedeutet für seine Gedichte die vorherrschende metapoetische Thematik, die der Autor nach der Herausgabe seiner gesammelten Dichtungen (Bd. 1: *Não Posso Adiar o Coração* – 1974; Bd. 2: *Animal Olhar* und Bd. 3: *Respirar a Sombra Viva* – 1975; jetzt in *Obra Poética* – 1987) in dem Gedichtband *O Incerto Exacto* (1982) beibehält. Es geht darin um die Überwindung der Leere, in der sich das Wort auf seiner Suche nach Klarheit befindet. Das Ziel ist die mit Hilfe der Wörter erreichte Transparenz des Realen, Exakten. Ramos Rosa zeigt damit den erkenntnistheoretischen Anspruch der Poesie, deutet aber gleichzeitig mit dem im Titel der Sammlung genannten „Ungewissen“ (es bleibt unklar, welcher der beiden Begriffe das Substantiv und welcher das Adjektiv ist) an, daß Poesie nur den Weg, das Unterwegssein skizzieren kann. Das „Erfassen“ der Dinge mit dem Wort bleibt eine Utopie. Dem Konzept der kontinuierlichen Annäherung an das Reale entspricht das unsichere Abstasten der Dinge mit den Wörtern. Ramos Rosa vermeidet die subjektive Aussage, das Ich hat keinen konkreten Ort in seiner Poesie, findet sich auf Beziehungen der Distanz reduziert. Gleichzeitig mit ähnlichen abstrakten Gedichten *(Matéria de Amor)* erschien 1983 *Quando o Inexorável*, ein Band, in dem sich wie in *Clareiras* (1986) die freien Vers- und Strophenformen zur Prosa zusammenfügen und in dem das persönliche Thema des Todes dem Werk eine existentielle Note hinzufügt, die vielleicht schon vorher anklang, wenn das Dichten als Flucht vor dem Nichts bezeichnet wurde. *Estou Vivo e Escrevo Sol* (1966) und *A Construção do Corpo* (1969) heißen bezeichnenderweise die Titel zweier Gedichtbände, die die Idee des „Ich schreibe, also bin ich“ exemplifizieren.

Die ontologische Perspektive mündet in den letzten Bänden*(A Intacta Ferida; A Rosa Esquerda* – 1991; *Clamores* – 1992) deutlich in einer metaphysischen Fragestellung. Die Perzeption des Göttlichen wird versucht durch die Eliminierung des überflüssigen Wortes und die Reduktion auf das Substantielle. Durch die Entgrenzung des Körperlichen beschritt Ramos Rosa mit *Acordes* (1990) bereits den Weg des Mystikers, der die Selbstaufgabe zur Voraussetzung seines Vorstoßes zu den Ursprüngen des Seins macht. In einer säkularisierten Bildlichkeit voller musikalischer und instrumentaler Referenzen wird der immer wieder scheiternde Versuch der Vereinigung von Mensch und Seinstotalität beschrieben. Das Erkenntnisziel, die Überwindung der Antinomien, wird nicht erreicht, aber Zweifel und Unwissenheit erscheinen als Vorbedingung für die Suche nach Harmonie und Fülle trostreich (*O Livro da Ignorância* – 1988).

Auch das Thema des Todes betrifft in seiner Konsequenz die Sinngebung menschlichen Lebens. Die Antworten auf die Sinnfrage sind nicht nur von agnostischer Verdrängung oder materialistischer Unbarmherzigkeit diktiert. Ruy Belo (1933–1978) gilt wie Fernando Guimarães (geb. 1928) als einer der Vertreter einer metaphysischen Offenheit, für die der Gedanke an den Tod auch eine befreiende Funktion haben kann. In Belos *Aquele Grande Rio Eufrates* (1961) und *O Problema da Habitação* (1962) öffnet sich die moderne Lyrik dem Leben, das nicht von der Hoffnungslosigkeit überschattet ist. Es offenbart sich in dieser Lyrik eine thematische Tradition aus dem pantheistischen Erbe des beginnenden Jahrhunderts, die in der Lyrik José Régios eine konfessionelle Präzisierung erfahren hatte. Die Freude an der Welt – *Despeço-me da Terra de Alegria* heißt ein Titel, den er ein Jahr vor seinem Tode publizierte – drückt sich aus in einer wuchernden Sprachgewalt, die bis zur ästhetischen Spielerei führt, in den letzten Gedichtbänden aber durch den Rückgriff auf regelmäßige Metren und Reime (*Transporte no Tempo* – 1973) wieder zurückgedrängt wird. Reim und Metrum – wenn auch zum Teil ironisiert – dienen als Schranke für die Exuberanz der Bilder. Ruy Belos Sprache bedient sich der Elemente des Diskurses, besteht aus Sätzen, nicht aus einer stockenden Syntax wie die jener Lyriker, die sich in die Kürze und Lakonik – so etwa António Ramos Rosa – flüchten. *Boca Bilingue* (1966) und *Homem de Palavra(s)* (1969) zeigen dennoch eine Diskontinuität des Sprachflusses, die sich durch die scheinbar zusammenhanglose Zusammenstellung von Sätzen ergibt. Der experimentelle Wille ist evident, wenn auch der Literaturhistoriker über Apollinaire, bestimmte Formen der Barocklyrik und den «Coq-à-l'âne» der französischen Renaissance eine Leitlinie feststellen könnte. In diese gleiche stilgeschichtliche Richtung weisen Alliterationen, Assonanzen, das Prinzip der Repetitio und der Anakoluth (*Obra Poética I–III:* 1981–1984).

Die Vielfalt sich wandelnder Bilder und Metaphern ist das Spezifikum der Poesie Eugénio de Andrades (geb. 1923). Sie kreisen um die Thematik von Jugend und Natur und erstellen in reiner Diesseitigkeit einen Hymnus auf die Körperlichkeit, die Sinne und die Natur. Der Titel des frühen Gedichtbandes *As Mãos e os Frutos* (1948) kann als Ausdruck dieser Thematik gedeutet werden, die bis *Ostinato Rigore* (1964) die Dichtung bestimmt. Die elementaren Gegebenheiten der Natur (die Erde, das Wasser, die Luft, das Licht) sind die Objekte, an denen sich das menschliche Sein erprobt, erkennt und mit denen es in einer konnotativen Flut von Bildern verschmilzt. In diese Zeit gehören die Gedichte der Bände *Os Amantes sem Dinheiro* (1950) und *As Palavras Interditas* (1951). Eine Ausweitung der Problematik der frühen Bände im Hinblick auf theoretische Überlegungen zur poetischen Sprache geschieht mit *Obscuro Domínio* (1971), *Matéria Solar* (1980) und *Peso da Sombra* (1982). Die entscheidenden menschlichen Erfahrungen der Liebe, des Verstehens (und des Mißverstehens) bestimmen auch noch die Bände *Véspera da Água* (1973), *Escrita da Terra* (1974), *Limiar dos Pássaros* (1976) und *Memória doutro Rio* (1978). Die durchsichtigen und doch rätselhaften Verse einer Kunst, die die Abbildung vermeidet, sind trotz aller tastenden Zurückhaltung hoffnungsvoller Ausdruck der Begegnung von Mensch zu Mensch. Die Hoffnung erscheint in der Persistenz von Bildern des Morgens, der Geburt und des Wachsens, das Leben in den Vorstellungen von Bewegung, Wind, Vögeln, Fluß und Wasser. Selbst der Tod als Element der Auflösung mündet wieder in die Vorstellung von Wasser, d. h. von Leben. Die Bilder erleben eine ständige Metamorphose, die syntaktisch durch die Versetzung von Bezugswörtern erzeugt wird, und bewirken ein dynamisches Netz suggestiver Bezüge, das man mit musikalischen Variationstechniken vergleichen kann. Eugénio de Andrade dichtet vorzugsweise in freien Versen. Die letzten Bände (*Vertentes do Olhar* – 1987; *O Outro Nome da Terra* – 1988) verstärken eine Tendenz zum Prosagedicht, die im Titel der Gesamtausgabe *Poesia e Prosa (1940–1986)* (1990) zum Ausdruck kommt.

Trotz aller ungewöhnlichen Versuche und der sich daraus ergebenden überraschenden Aussagen ist Andrades Lyrik im Gegensatz zu der Herberto Helders (geb. 1930) nicht experimentierfreudig. Helder kommt aus der Umgebung des Surrealismus und organisierte zwischen 1964 und 1966 zusammen mit den Lyrikern António Aragão und Ernesto Manuel de Melo e Castro (geb. 1932), der sich den Möglichkeiten visueller Poesie zuwandte, zwei programmatische Anthologien mit dem Titel *Poesia Experimental. Poesia Experimental* hieß die Zerstörung der Reste von Diskursivität in der Lyrik, da die logisch-diskursive Sprache als die Sprache der gesellschaftlichen Unterdrükkung angesehen wurde. Ziel der experimentellen Poesie sind sprachliche Strukturen, die Verweise auf objektive Realitäten außerhalb des Gedichts möglichst ausschließen. Der Leser habe von dem Gedicht den ihm möglichen Gebrauch zu machen. Eine solche Lyrik verlangt einen totalen Freiheitsanspruch im Umgang mit der Sprache, ein Anspruch, der sich mit der exemplarischen Auflösung von Strukturen auch auf andere soziale Bereiche ausdehnen sollte.

Die Annäherung an die Gedichte Herberto Helders, die in gesammelter Form mit dem Titel *Poesia Toda (1953–1990)* (1990) vorliegen, geschieht mit Hilfe von wiederkehrenden Motiven und Themen. Diese entsprechen der lyrischen Tradition: Leben, Tod, Liebe, Poesie und Erkenntnisprobleme. Einzelne zentrale Begriffe (Körper, Spiegel, Stimme, Baum, Kind, Haus usw.) bilden den Ausgangspunkt von Gedichten, der Rest unterliegt Automatismen und Eingebungen der schöpferischen Phantasie des Autors. Die frühen Gedichte enthalten freie Verse in unterschiedlich langen Strophen (*A Colher na Boca* – 1961; *Lugar* – 1962), später (*O Bebedor Nocturno* – 1968) mischen sich Maximen, Rätsel und Texte mit formaler Nachahmung überlieferter Lyrik (Nachdichtungen von Psalmen, antiken und biblischen Gesängen, fernöstlicher Poesie usw.) und Prosatexte («A Máquina de Emaranhar Paisagens» und *Retrato em Movimento* – 1967). Der Zwiespalt zwischen den Wörtern als Bedeutungsträgern und der normalerweise von ihnen gesetzten Bedeutung ist so groß, daß Ratlosigkeit entsteht, die nach dem Willen des Poeten Ausgangspunkt für überraschende Erkenntnisse sein kann. Die verbale Organisation, die solche Erkenntnisse ermöglicht, ist das Gedicht. Es benutzt Laute, Bilder, in der Ferne mitschwingende Sinnbereiche des sprachlichen Materials. Die Vorgehensweise ist die Wiederholung, Erweiterung, Umkehrung und die minimale grammatische Bezugsdifferenzierung, die sich in der Vorliebe für futurische und konditionale Tempora äußert oder auch in ungewohnten Trennungen von Wortkörpern, durch die diese verdeckte Bedeutungen offenbaren. Die Dichtung thematisiert die Liebe, die Freude an der Natur, den Wunsch, an ihrem verschwenderischen Leben teilzunehmen, die Fruchtbarkeit und die Konfliktsituation zwischen dem Freiheitswunsch des Individuums und den Zwängen der Gesellschaft. Die Poesie scheint für Herberto Helder die Möglichkeit zu schaffen, Tod und Vergehen zu überwinden: ein alter Topos gewinnt bei ihm eine neue Form.

Gastão Cruz (geb. 1941) wurde zu Beginn der 60er Jahre im Zusammenhang mit einer Gruppe, die sich «Poesia 61» nannte, bekannt. Der experimentelle Charakter seiner Poesie ist nicht so weitgehend wie der der *Poesia experimental*, aber sie ist doch der Suche nach einer neuen Syntax, nach neuen linguistischen Koordinaten für das verbale Objekt, das er Gedicht nennt, gewidmet. 1990 erschien das bis dahin vorliegende Gesamtwerk unter dem Titel *Órgão de Luzes – Poesia Reunida*. Die Abstraktheit der Aussage erschwert die Festlegung einer Thematik. Es lassen sich aus den mit obsessiver Hartnäckigkeit wiederholten Zeichen und Motiven Bedeutungsschwerpunkte ermitteln, die in einer wenig optimistischen Weise eine tragische und erdrückende Welterfahrung wiedergeben. Leere, Krise, Ruinen und Korruption sind Zeichen einer kranken Welt, die die Titel seiner frühen Gedichtbände evozieren: *A Morte Percutiva, Hematoma, A Doença*. Der Tod hat nichts Erhebendes, ist vielmehr Ausdruck einer unausweichlichen Bedrückung, die sich in Angst und körperlicher Zersetzung zeigt. Die sozialen Übel (Armut, Lüge, Krieg) gipfeln in der angstvollen Einsamkeit des Nichtverstehens und des Nichtverstandenwerdens. Die Sprache ist eine körperliche Sprache, die auch den abstrakten Vorgängen eine sinnliche, erotische Erfahrbarkeit verleiht. Der Erfahrung der unausweichlichen Situation entsprechen kreisförmige Bilder und Bewegungen und die Konzeption der Gegenstände als komplementäre Entsprechungen. Wenn der Himmel als Spiegelbild der Erde und des Meeres erscheint, ist die Baudelairesche Erfahrung des Erdrückenden nicht fern. Die körperliche Sprache trägt sexuelle Symbole (der Mund als Hingabe, Wunsch und Abhängigkeit; Penis, Sperma und Feuer als Ausdruck vitaler Energien) bis in die metapoetische Reflexion hinein.

Theater und Gesellschaft

Keine literarische Gattung ist so von den politischen Verhältnissen abhängig wie das Theater. Während die Zensur der totalitären Macht in der Buchproduktion eine gewisse Freizügigkeit erlaubte, konnte der «Estado Novo» sich zu einer freien Entwicklung der ästhetischen und ideologischen Auseinandersetzungen der Moderne auf der Bühne nicht entscheiden. Zu sehr fürchtete man unerwünschte spontane Willensäußerungen der versammelten Zuschauer. Die Wirkung auf die Produktion von neuen portugiesischen Theaterstücken ist leicht zu ermessen. Es entstanden nur wenige Stücke, die ohne die Chance einer Aufführung relativ unbekannt oder auf ein Lesepublikum beschränkt blieben. Die Impulse der internationalen Theaterszene, die sich mit Begriffen wie „totales" Theater, Living Theatre, „poetisches" und „politisches" Theater als Avantgarde-Dramaturgie bestimmen lassen, haben in Portugal keine schöpferische Resonanz. So ist es möglich, daß naturalistisches Theater mit Bühnenfassungen der Romane von Eça de Queirós (*O Crime do Padre Amaro* und *A Tragédia da Rua das Flores*) in rein musealer Inszenierung und mit der moralischen Intention des erhobenen Zeigefingers noch 1980 Publikum in die Lissabonner Theater lockt. Die modernistischen Versuche Almada Negreiros, José Régios und Jorge de Senas haben nie einen bestimmenden Einfluß auf die portugiesische Theaterszene nehmen können. Selbst wenn erfolgreiche Autoren wie Bernardo Santareno (1924–1980), Luís de Sttau Monteiro (geb. 1926) oder Luiz Francisco Rebello (geb. 1924) verfremdende Elemente des poetischen und epischen Theaters in ihre Stücke integrieren, so fehlt ihnen das bahnbrechende Engagement für dramatische Neuerungen. Es fehlt dem Theater in Portugal – auch noch nach dem Ende der Diktatur – eine für seine Blüte unentbehrliche Stütze: das verständnisvolle Publikum. Ohne das auch Experimenten aufgeschlossene große Publikum bleibt die Entwicklung eines zeitgemäßen Theaters auf die Experimentier- und Studentenbühnen beschränkt, die auch in den letzten Jahren des «Estado Novo» mit relativer Unabhängigkeit arbeiten konnten.

Die wichtigsten Gruppen und Bühnen mit proklamierter reformatorischer Absicht waren bzw. sind das Teatro-Estúdio do Salitre (ab 1946), das Teatro Experimental do Porto (ab 1953), das Teatro-Estúdio de Lisboa (ab 1964) und das Teatro Experimental de Cascais. Diese Bühnen und andere wechselnde Gruppierungen, die z. T. in den bestehenden großen Theatern (dem Teatro Villaret, dem 1969 eröffneten Teatro Maria Matos an der Avenida de Roma) auftraten oder auch Kinosäle mieteten, blieben viele Jahre hindurch Garanten für lebendiges Theater, das durch Hinzuziehung anderer Künste seinen Spielcharakter betonte. Nach 1974 veränderte sich die Theatersituation durch neue Gruppen und Spielstätten mit einem zum Teil ideologisch-didaktischen Theater, zum Teil aber auch mit neuen dramaturgischen Konzepten (A Barraca, Comuna, Teatro Aberto, Teatro do Bairro Alto in Lissabon, Teatro Laboratório in Faro sowie anderen in Leiria und Porto). Selbst das Café-Bistro wird nach französischem Vorbild für das Theater genutzt.

Erstaunlicherweise haben die führenden Vertreter des Neorealismus wenig für das Theater geschrieben. Der Übergang von einer den psychologischen Konflikt oder Erkenntnisfragen bevorzugenden Dramatik zum Theater mit sozialer Problematik läßt sich auch bei Autoren aus dem Umkreis des Modernismus feststellen. Joaquim Paço d'Arcos (1908–1979) ist einer der meistgelesenen Autoren der 40er und 50er Jahre. Sein frühes Theaterstück *O Cúmplice* (1940) neigt zur subtilen Charakterzeichnung, die sich in dem erfolgreich im Nationaltheater aufgeführten Stück *O Ausente* (1944) mit herber Gesellschaftskritik verbindet: ein angeblich Kranker wird in einer psychiatrischen Klinik interniert, während seine Familie die Geschäfte des Kranken in die Hand nimmt. Nach seiner Entlassung aus der Anstalt muß der „Kranke" sich als Störenfried in einer vom Egoismus getriebenen Umgebung vorkommen. In tragischer Klarsichtigkeit verlangt er seine endgültige Internierung, der die Familie erleichtert zustimmt. Lange Zeit glaubte man, hier eine portugiesische Form des sarkastischen Pessimismus Anouilhs oder auch Giraudoux' *(La Folle de Chaillot)* zu entdecken, doch der Essayist und Erzähler Paço d'Arcos versagte sich später lange Zeit dem Theater. *Paulina Vestida de Azul* (1948) ist eine Verbindung der psychologischen Problematik des *Cúmplice* (der Sohn wird ungewollt zum Komplizen des Ehebruchs seiner Mutter mit seinem Freund) mit der Kritik am Gewinnstreben einer kapitalistischen Moral: während ein Schiffskapitän ohne Rücksicht auf das Schicksal der Besatzung den Untergang seines Schiffes herbeiführt, um an Versicherungsgelder heranzukommen, versucht seine Stieftochter mit Hilfe ihres Verlobten, eines Rechtsanwalts, den verbrecherischen Betrug aufzudecken. Ihre eigentliche Handlungsmotivation ist allerdings nicht ihr Gerechtigkeitssinn, sondern ihre in Haß umgeschlagene, nicht zu realisierende Liebe zu ihrem Stiefvater. Die Form des Theaters ist klassisch-naturalistisches Illusionstheater.

Ein zweiter Zyklus von Theaterstücken entstand nach 1958. Zu diesem Zyklus gehören die Stücke *O Braço da Justiça* (1961) und *Antepassados, Vendem-se* (1970), die sich zwar nicht thematisch, aber doch formal in der konsequenten Anwendung der Mittel des modernen Theaters vom Theater der ersten Phase unterscheiden. An die Stelle der Akteinteilung tritt die offene Bilderfolge, an die Stelle des naturalistischen „Ausschnitts aus dem Leben" das Problem, an dessen Lösung der Zuschauer beteiligt wird. Die Ansprache an den Zuschauer, der absurde Dialog, die groteske Situation kennzeichnen *O Braço da Justiça*. Es geht um den Anspruch auf den Arm einer Leiche, den mehrere Frauen nach einem Flugzeugunglück geltend machen, denn nur für den ordentlich identifizierten und mit Totenschein ausgestatteten toten Ehemann wird die Lebensversicherung fällig. Obwohl der Arm eher einem Bordangestellten zu gehören scheint, wird er auf Anweisung eines Ministers dem toten Bankdirektor zugesprochen: über die Witwe und die Bank nutzt der „Arm der Justiz" letztendlich dem Staat. *Antepassados, Vendem-se* erstellt einen Dialog zwischen Lebenden und Toten, dem letzten Sproß einer Familie, der zu seinem Lebensunterhalt die Ahnengalerie verkaufen will, und den Porträtierten, die der Autor zum Leben erweckt. Wirtschaftliche und politische Probleme einer dekadenten adligen Familie und unterschiedliche Mentalitäten enthüllt das anachronistische Spiel mit fünf Generationen. Die Thematik offenbart Paço d'Arcos' Vorliebe für die dekadente Gesellschaft, die er kritisch im Stile der realistischen Erzähler in seinen Romanen (*Ana Paula* – 1938; *Tons Verdes em Fundo Escuro* – 1946; *Corça Prisoneira* – 1956; *Memórias duma Nota de Banco* – 1962) und seinen Novellen (*Carnaval* – 1959; *Novelas Pouco Exemplares* – 1967) darstellt. Paço d'Arcos publizierte auch Gedichte (*Poemas Imperfeitos* – 1952) und Memoiren (*Memórias da Minha Vida e do Meu Tempo* – 1973–1979).

Als Theoretiker, Historiker und Kritiker des portugiesischen Theaters ist Luiz Francisco Rebello hervorgetreten. 1947 wurde sein erstes

Stück, das er „expressionistisch“ nennt, aufgeführt: *O Mundo Começou às 5 e 47.* Das Stück wurde als Allegorie aufgefaßt, die die Auseinandersetzung zwischen der alten Welt, die zum Untergang bestimmt ist, und einer neuen, zukunftsträchtigen Welt gestaltet. Die Dialektik ist ideologiebedingt und deutet die neorealistische Konzeption eines schematischen Manichäismus an, nach der Gut und Böse jeweils durchschaubar gemacht werden. Der Darstellung der Verzweiflung einer Generation und ihrer Hoffnungen sind auch die Stücke *O Dia Seguinte* (1951), *Alguém Terá de Morrer* (1956), *É Urgente o Amor* (1958) und *Os Pássaros de Asas Cortadas* (1959) gewidmet. Es handelt sich um ein politisches Theater des Protestes, das 1959 in zwei Bänden *Teatro* herausgegeben wurde. *Teatro de Intervenção* nennt Rebello 1977 die Ausgabe von fünf Theaterstücken mit politischen Themen, die unter anderem die Landreform und den polizeilichen Terror während des Faschismus betreffen. Die Stücke machen über die politische Dimension, die Probleme wie Liebe, Gerechtigkeit, Freiheit einschließt, die existentielle Erfahrung des Todes zum Gegenstand der Reflexion.

Bezeichnend dafür ist das „dramatische Sequenz“ genannte Stück *Condenados à Vida* (1964). Das Stück enthält eine Mischung formal unterschiedlicher Elemente, die aus dem epischen Theater und dem poetisch-spielerischen Theater des Absurden kommen und die sich mit Formen des realistischen Dramas verbinden. Die Handlung beginnt mit einem Prolog, in dem die Figuren des Dramas vor ihrer Geburt den Zug betreten, der sie ins Leben befördert. Die beiden Protagonisten entdecken zwischeneinander eine Sympathie, die sie zu einem Leben in Gemeinsamkeit und Liebe entwickeln wollen. Die zwei Teile des eigentlichen Dramas verdeutlichen die schmerzvolle Erkenntnis, daß die Sehnsucht nach Einheit und Liebe nicht realisierbar ist. Die innerweltlichen Werte, die das Leben bestimmen, ja auch der identische Kampf gegen Hypokrisie und Unrecht der Gesellschaft lassen die Helden unbefriedigt: obwohl sie sich zweimal begegnen, erkennen sie einander nicht. Bei einem Flugzeugunglück kommen beide um. Ein Epilog klärt schließlich in einem Gespräch die philosophische Konzeption der beiden Protagonisten, die sich zum Leben und Tod in sinnloser Weise verdammt sehen. Das Stück ist gleichzeitig dramatische Erfahrung der menschlichen Situation und Reflexion über diese, poetisches Drama im Stile von Beckett und Tardieu und Argumentationstheater, das an Sartres *Huis Clos* erinnert. In der Form kann sich die nihilistische atheistische Position von der metaphysischen Konzeption einer Existenz vor und nach dem Leben nicht trennen. Die Struktur des Dramas widerspricht in gewisser Weise seinem logisch erklärten Anspruch, so daß der Wunsch nach Liebe, Gerechtigkeit und Freiheit als metaphysische Sehnsucht deutbar bleibt. Der Einakter *O Dia Seguinte* geht ebenfalls von einer imaginären, religiös motivierten Situation aus: ein verstorbenes Ehepaar steht vor einem Richter und sieht sich mit seiner Vergangenheit und der Zukunft, die es sich durch Selbstmord verscherzt hat, als Zeitebenen und Reflexionsinhalten konfrontiert.

Luís de Sttau Monteiro untersucht in seinem erzählerischen Werk (*Um Homem não Chora* – 1960; *Angústia para o Jantar* – 1961; *E se For Rapariga Chama-se Custódia* – 1962) und im Theater die politischen und sozialen Bedingungen für das Verhalten seiner Protagonisten. Sein Werk engagiert sich gegen die Gewalt, gegen Vorurteile und beginnt auf dem Theater mit einem historischen Drama: *Felizmente Há Luar!* (1961). Das Schicksal des General Gomes Freire de Andrade, der 1817 von der portugiesischen Regierung unter dem Engländer Beresford als Haupt einer Verschwörung gehängt worden ist, dient als Ausgangspunkt für die Diskussion der Handlungsmotive der regierenden weltlichen und kirchlichen Macht und der Vertreter des Volkes. Die Lebensgefährtin des Generals, Matilde, legt in ihren Gesprächen mit den Vertretern der Macht deren wirkliche Absichten offen, so daß sich der Tod des Generals aus den Bedürfnissen einer kurzsichtigen Politik, die die Festigung der vorhandenen Machtstrukturen bezweckt, erklärt. Dem mit dem General sympathisierenden Volk fehlt trotz der Appelle Matildes das Vertrauen in seine eigene Kraft. Das 1961 verbotene Stück wurde im Eröffnungsjahr des Nationaltheaters D. Maria II (1978) in einer Inszenierung durch den Autor und mit Musik von Fernando Lopes-Graça im Stile des Brechtschen Verfremdungstheaters aufgeführt, ohne die Erwartungen, die an diese Form politischen Theaters gestellt wurden, zu erfüllen. In einer Zeit, in der politisches Theater im Stile von Peter Weiss, Adamov, Gatti und Arrabal auch in Portugal aufgeführt wurde, wirkte die starke Verankerung in der realistischen Theatertradition, die auch die folgenden Stücke wie *Todos os Anos pela Primavera* (1963), *As Mãos de Abraão Zacut* (1968) und *Sua Excelência* (1971) auszeichnen, nicht publikumswirksam.

Publikumswirksamkeit muß dagegen Costa Ferreira (geb. 1918) bescheinigt werden. Der Autor hat in einem frühen Impromptu (*Nocturno* – 1948) zwar seine dramaturgische Konzeption mit einer kompromißlosen Aggressivität gegen das kommerzielle Theater verbunden, doch weisen seine zahlreichen Stücke manchen Effekt des

Boulevardtheaters auf, so daß es ihm ein leichtes ist, von der Farce (*Por um Fio ...* – 1950) über die Komödie (*Comédia das Verdades e das Mentiras* – 1956) zum Drama überzuwechseln. Titel wie *Quando a Verdade Mente* (1955), *Um Dia de Vida* (1958), *Um Homem Só* (1959), *Os Desesperados* (1961) sprechen die Themen seines Theaters aus: Verlogenheit des bürgerlichen Lebens, Einsamkeit, erbarmungsloses Geldstreben und individuelle Enttäuschung. Seine Stücke geben ein kritisches Panorama der unterschiedlichen Gesellschaftsschichten, des Adels in *Trapo de Luxo* (1952), des volkstümlichen Milieus in *Milagre da Rua* (1955) und des Kleinbürgers in *Atrás da Porta* (1956). Sie weichen in der gekonnten Form nicht von den traditionellen Mustern naturalistischen Theaters ab.

Der wichtigste Dramatiker der jüngsten Zeit ist zweifellos Bernardo Santareno (1924–1980). Santareno veröffentlichte seit 1957 *(A Promessa, O Bailerino, A Excomungada)* jährlich neue Stücke, die Probleme der sexuellen Frustration, der Hysterie, religiöse Zweifel und soziales Fehlverhalten thematisieren: *O Lugre* (1959), *O Crime da Aldeia Velha* (1959), *António Marinheiro* (1960), *O Pecado de João Agonia* (1961) usw. Mit *O Judeo*, einem Stück, das den Leidensweg des berühmten Dramatikers António José da Silva (1705–1739) behandelt, der der Inquisition zum Opfer fiel, beginnt eine Phase des epischen Theaters. Das politisch-soziale Klima wird als Motivation für unmenschliche Reaktionen einzelner verdeutlich und in Frage gestellt (*O Inferno* – 1967; *A Traição do Padre Martinho* – 1969). Den Ausbruch der Revolution feiert das Stück *Português, Escritor, Quarenta e Cinco Anos de Idade* (1974), das die erste Saison des Theaters Maria Matos nach der Revolution eröffnete. Es handelt sich um Dokumentationstheater, das die jüngste Vergangenheit zum Ausgangspunkt kritischer Meditation macht und das Verhältnis für historische Prozesse und die Bereitschaft zum Eingreifen in diese Prozesse wecken will. Hier sind alle Techniken des politischen und epischen Theaters von Brecht bis Gatti kumuliert. Wechselnde Orte, Rückblenden, Film, Theater im Theater, Zirkus, Pantomime, Simultanbühne, Licht- und Toneffekte illustrieren vierzig Jahre des Schriftstellerdaseins bis zum Tode des Sohns, der zur bitteren Enttäuschung der Eltern die Sache des Widerstandes verraten hat. Reflexion, Lamentation, Deklamation und Wechselgesang lösen sich ab. Zeitdurchbrechungen und simultane Begegnung mit dem Protagonisten in drei unterschiedlichen Lebensphasen suggerieren dem Zuschauer die politische Aktualität des Stücks. Während die Bühnenfiguren resignieren, rufen die Schauspieler sich und die Zuschauer zum weiteren Kampf gegen den Faschismus auf.

Das zentrale Thema der frühen Stücke ist die Bedrohung des einzelnen durch die Gewalt einer abergläubisch-fanatisierten Umgebung von Menschen, die sich durch mysteriöse Anzeichen, Träume und Unglücksfälle zu grundlosen Anschuldigungen hinreißen lassen und zur Selbstjustiz schreiten. Ursprüngliche Gefühle wie Liebe, Haß und Eifersucht werden zum Auslöser von Kapitalverbrechen. An die Stelle von logischer Handlungsanalyse treten Bilder, suggestive Anspielungen, die sich schließlich zur ausweglosen Gewißheit verdichten. Die Sprache ist fragmentarisch, allusiv. Die Metaphorik arbeitet mit verschiedenen Sinnebenen, so daß z.B. Aussagen, die das Meer betreffen (z.B. „bösartig", „verräterisch"), sich schließlich auf die Fischer beziehen lassen. So kommt in *A Promessa* das Unglück von dem im Sturm gegebenen Gelübde zur sexuellen Abstinenz. Die unbefriedigte Ehefrau widersteht nicht der Versuchung, die von einem fremden Landbewohner ausgeht. Dessen Tod kündigt sich durch von erregten Gemütern als schlimme Vorzeichen interpretierte Naturphänomene an. Die suggestive Bildersprache gibt den Stücken einen monologischen Charakter. An die Stelle des geschliffenen Dialogs tritt ein Deklamationsstil, der mit Andeutungen, Motiven und Hinweisen ein Mosaik aus psychischen Impulsen erstellt, die die Handlung vorantreiben. Für Santarenos Gesellschaftsanalyse spielt das Irreale, für den Entscheidungsprozeß nicht Rationalisierbare eine wesentliche Rolle. Indem er den Figuren einen direkten Anteil an kosmischen, natürlichen Kräften zugesteht, entzieht er sie weitgehend den Bedingungen einer rationalisierten Zivilisation. Sein magischer Symbolismus weist Obskurantismus und Unwissenheit als die eigentlichen Urheber des Übels aus: der einzelne Mensch ist dabei unschuldig. Die frühen Stücke sind weitgehend deskriptiv und einer naturalistischen Dramatik verhaftet. Sie sind zumeist dreiaktig und von geringer formaler Experimentierfreudigkeit. Die Situationen, Charaktere, Bilder und Motive der Stücke sind als Ausdruck volkstümlicher, typisch portugiesischer Lebensformen interpretiert worden. Diese Merkmale, die durchaus positiv zu deuten sind, stehen eventuell einer universellen Wirkung von Santarenos Theater im Wege, obwohl die Mystifizierung der Naturgewalten und die Determination des Handelns aus dem Zwang ursprünglicher Lebensformen der modernen Literatur nicht fremd sind.

Die experimentellen Formen des Theaters der Fiama Hasse Pais Brandão (geb. 1938), die ab 1961 Stücke publiziert (*Os Chapéus na Chuva* – 1961; *O Testamento* – 1962; *A Campanha* – 1965; *Quem Move as Árvores* – 1979), machen eine Entwicklung von einem sehr persönlich determinierten Anarchismus – der auch die Auflösung der Sprache betrifft – zum Schematismus eines Lehrtheaters Brechtscher Prägung durch. Das Ergebnis aus klassischen und modernen Lektüren ist ein literarisches Theater, das als Metatheater im Stil des «Impromptu» immer auch über das Theater reflektiert (*Teatro-Teatro* – 1990). Die Situierung historischer Figuren in ahistorischen Kontexten verweist auf eine existentielle Thematik von Menschen auf der Suche nach sich selbst. Die zum Teil als Einakter konzipierten Stücke lassen sich wie die des Augusto Sobral (geb. 1933) nur schwer auf einen thematischen Nenner reduzieren. *Os Degraus* (1962) von Sobral verbindet den Aufstand einer rebellischen Jugend mit mythischen Parallelen und knüpft somit in einer Bewegung, die dem Anti-Theater nahekommt, dialektisch an alte Traditionen an (vgl. *Memórias de Uma Mulher Fatal* – 1981). So ist auch das absurde Theater des Hélder Prista Monteiro (geb. 1922) in der Negation des Traditionellen an die Tradition gebunden (*A Rabeca* – 1959; *O Meio da Ponte* – 1960; *O Anfiteatro* – 1961). Der für ihn typischen Gattung des Einakters folgen in den 80er Jahren Zweiakter wie *O Mito* (1980) und *Naturalmente! Sempre!* (1982). Den Gesetzen des absurden Theaters, das in der Konzeption Becketts und Ionescos als „metaphysisches" Theater gedacht war, gehorchen die Stücke *Os Visigodos* (1968) und *A Batalha Naval* (1970) von Jaime Salazar Sampaio (geb. 1925), denen er mit *Os Preços* (1976) eine soziale Satire hinzufügt: durch den Hinweis auf stereotypes Verhalten sowie entleerte Umgangs- und Wertvorstellungen wird der Abbau sinnloser gesellschaftlicher Regeln eingeleitet.

Am eindrucksvollsten wird die Vorstellung des Theaters als magisches Ritual von Manuel Granjeio Crespo (1939–1983) in *Os Implacáveis* (1961) vorgeführt: ein Drama ohne Szenen und Akte zieht den Zuschauer hinein in den Fluß sich eskalierender Gewalt. Es bleibt dabei unklar, ob die im Titel genannten Unerbittlichen die Mächtigen sind, die für das Leiden, die Einsamkeit und Entpersönlichung Verantwortung tragen, oder die Opfer, die auf der Flucht vor sich selbst immer wieder neue Masken aufsetzen. Der Konflikt zwischen den Forderungen der Gesellschaft und den Bedürfnissen des Individuums endet für das Individuum tödlich. Es ist jederzeit in seiner sozialen Funktion ersetzbar. Crespo zelebriert in dem Stück die Grausamkeit nach dem Muster Genets und Arrabals. Der „Aussteiger" wird von seiner Geliebten nach einer „Logik des Sozialen" umgebracht, wobei sie – und hier liegt der Ansatz zur Groteske – den Mord als einen Liebesdienst versteht. Die Unerbittlichkeit der Situation zeigt sich in den Schlußworten, die in Nachahmung von Sartres *Huis Clos* den Aufruf zum

Weiterspielen enthalten. Im Gegensatz zum Theater Bernardo Santarenos stellen die vorhandenen Beispiele des experimentellen Theaters kaum authentische Versuche zur Artikulation eines portugiesischen modernen Theaters dar. In der Hoffnung, daß die neue politische Lage die eingangs geschilderten Verhältnisse im Theaterleben ändern kann, bleibt Portugal auf die Erwartung eines neuen Gil Vicente oder eines zweiten Almeida Garrett angewiesen.

UMBRUCH UND AUFBRUCH

Bestandsaufnahme

Der politische Wandel, der sich seit 1974 im Gefolge der „Nelkenrevolution" vollzog, in der ein vom Militär ausgehender Putsch der 50jährigen Diktatur des Salazarregimes ein Ende setzte, fand nicht gleichzeitig auch in der Literatur eine revolutionäre Entsprechung. Einmal indizierte die Literatur schon lange vor dem Ende des Faschismus die Agonie der sich im internationalen Kontext mehr und mehr isolierenden Regierung, zum anderen führten die Unsicherheiten der ersten nachrevolutionären Jahre nicht zu einer eindeutig zu definierenden Bestandsaufnahme, in der das gesellschaftspolitische Engagement, die individualpsychische Befindlichkeit und die formale Reflexion über die Möglichkeiten des Schreibens auf einer epochenspezifischen Ebene hätten sichtbar gemacht werden können. Aus dem zeitlichen Abstand und dem Wissen um die Festigung der demokratischen Entwicklung des Landes, das seit 1986 Mitglied der Europäischen Gemeinschaft ist, läßt sich einerseits ein Bemühen um ein neues Verhältnis zur nationalen Vergangenheit, zur Geschichte und den nicht zu verdrängenden Problemen eines Kolonialkrieges, der zum Exodus aus Afrika führte, erkennen, andererseits aber auch ein bewußtes Bemühen um Ausdrucksformen und Inhalte, die die portugiesische Literatur als lebendigen Teil einer vielstimmigen internationalen Literaturbewegung ausweisen.

Die Reflexe der politischen Umwälzungen sind naturgemäß deutlicher in der erzählenden Literatur, wie Roman und Novelle, die den Menschen eindeutiger als gesellschaftliches Wesen definieren.

Mit José Saramago (geb. 1922) wird in den 80er Jahren ein Romancier zum Erfolgsautor, der zunächst mit lyrischen Bänden (*Os Poemas Possíveis* – 1966; *Provavelmente Alegria* – 1970), Chroniken journalistischen Zuschnitts (*Deste Mundo e do Outro* – 1971; *A Bagagem do Viajante* – 1973; *As Opiniões que o DL Teve* – 1974; *Os Apontamentos* – 1976) und später Theater (*A Noite* – 1979; *Que Farei com este Livro?* – 1980; *A Segunda Vida de Francisco de Assis* – 1987) eine eher zurückhaltende Resonanz erfahren hatte. Sein erster großer Erfolg war der Roman *Levantado do Chão* (1980), eine Mischung aus Reportage und

Fiktion über soziale Probleme der Landbevölkerung, die man als Saga der Tragödie des Alentejo bezeichnet hat. Was als Neuauflage des Neorealismus erscheinen konnte, entpuppt sich rasch als eine erzählerische Kraftquelle, aus der nicht enden wollende Sätze, in denen das Komma das Satzschlußzeichen zu verdrängen scheint, zu gewaltigen Sequenzen und Abschnitten hervorsprudeln und alle graphischen Signale zur Scheidung der Redeformen außer acht lassen.

Memorial do Convento (1982) vermischt die historisch reale Ebene des Klosterbaus von Mafra und der Flugversuche des Bartolomeu de Gusmão mit phantastischen Vorstellungen der Protagonisten, für die das Ungewöhnliche den Charakter der Normalität hat, und erreicht im Leser mit der Darstellung der widersprüchlichen Vieldeutigkeit der menschlichen Realität die Auflösung der Konturen, die er bis dahin für normbildend hielt. Bereits die Ausgangsfabel unterliegt der Desakralisierung von Legenden und Wunderglauben. Der Klosterbau durch den König – so heißt es – sei Vorbedingung für die Überwindung der Sterilität des Königspaars. In der fiktiven Wirklichkeit des Romans wußte der ratgebende Priester schon von der Schwangerschaft der Königin, bevor er dem König den angeblichen göttlichen Willen, der das Junktim von Klosterbau und Nachwuchs vorsah, übermittelte.

Mit Ironie werden legendäre Höhepunkte der portugiesischen Geschichte einer destruktiven Metaphorik unterworfen, aus der sich ein optimistisches Reisemotiv, das allen weiteren Romanen inhärent ist, herauskristallisiert. Baltazar und Blimunda sind paradigmatische Konstrukteure der Zukunft, die – im Fall der Blimunda – mit einer Ansammlung von „Willensakten“ den Flugkörper des Frei Bartolomeu zum Abheben bringen oder den Bau des Klosters vorantreiben. Die lineare Geschichte, die neutrale und objektive Geschichtsschreibung werden dabei demontiert, und unter der Verzweiflung des Skeptikers erscheint eine menschliche Welt voller Schönheit und Gerechtigkeit.

Die phantastischen Elemente verstärken sich mit dem Besuch des fiktiven Autors Ricardo Reis bei seinem längst verstorbenen Schöpfer Fernando Pessoa im Jahre 1936, den *O Ano da Morte de Ricardo Reis* (1984) zum Thema hat. Der von Fernando Pessoa zu seinen Lebzeiten mit einer fiktiven Vita versehene Arzt Ricardo Reis kehrt 1936 aus Brasilien zurück. In Lissabon erlebt er die Anfänge der verschiedenen Ausprägungen des europäischen Faschismus, zwei Liebesabenteuer, die Rebellion der portugiesischen Marineeinheiten und – hier schiebt sich das Imaginäre immer mehr in die fiktive Existenz des Arztes – eine Reihe von Gesprächen mit dem Dichter Fernando Pessoa. Zusätzlich zu der hybriden Existenz des Protagonisten vollzieht die Überschreitung der Grenze von Leben und Tod vollends die Auflösung des herkömmlichen Konzepts. Wir befinden uns in der Welt des Denkens und der Vorstellung, die sich für den Dichter Pessoa als die realere erweist. Auch Ricardo Reis läßt sich von dieser Vorstellung erfassen und folgt Fernando Pessoa bei seinem letzten Besuch in dessen Welt.

Einen ungewöhnlichen Perspektivenwechsel, der geographische und historische Sicherheiten außer Kraft setzt, zeigen die Romane *A Jangada de Pedra* (1986) und *História do Cerco de Lisboa* (1989). Die Geschichte der Belagerung und der Befreiung Lissabons (1147) aus der Hand der Mauren entsteht aus der Mischung von historischer Dokumentation und deren permanenter Infragestellung, Fragmentierung der Darstellung und parodistischen Mitteln. Die Romane thematisieren insgesamt heroische Gesten, die den Stillstand überwinden, sei es die kollektive Anstrengung der Alentejo-Bauern, die architektonische Kraft oder die gesammelten Willensakte zur Realisierung der Flugversuche, und sie zeichnen Menschen beim Vollzug ihrer Träume, ihres Kampfes und ihrer Rebellion.

O Evangelho Segundo Jesus Cristo (1991) wiederholt den Vorgang der Dekonstruktion. Ausgangspunkt ist ein naiv-menschlicher Jesus, der sich gegen den Gedanken der Gottessohnschaft sperrt und seine Mission schließlich gegen seinen Willen als kleineres Übel akzeptiert. Die Schuld seiner Eltern, die von dem Kindermord des Herodes erfahren hatten, die übrigen Kinder Bethlehems durch unterlassene Warnung aber nicht retteten, bewirkt schließlich sein öffentliches Auftreten und letztendlich seine Kreuzigung durch die Römer. Der Roman ist keine erbauliche Geschichte im orthodoxen Sinn, vielmehr die Reflexion des Satirikers, der mit dem Teufel der Meinung ist, daß Gott das Blut der zahlreichen Märtyrer nicht hätte zulassen dürfen, und dessen Christus den Menschen zurufen kann: Vergebt Gott, denn er weiß nicht, was er tut.

Die Geschichte ist für Saramago Paradigma des Lebens. Leben heißt in der Geschichte, mit der Geschichte leben, heißt aber auch, diese Geschichte immer neu schreiben, denn in der Geschichte erkennt der Mensch sein eigenes Ich. Saramagos Werk mündet nicht in politischen Aktivismus, es betrifft die Natur des Menschen und benennt den Anteil der Geschichte, die den Menschen zu dem macht, was er ist.

António Lobo Antunes (geb. 1942) ist eine Entdeckung der 80er Jahre, wenn auch seine Romane *Memória do Elefante* und *Os Cus de Judas* bereits 1979 erschienen, denen dann 1980 *Conhecimento do ferno*, 1982 *Explicação dos Pássaros* und 1983 *Fado Alexandrino* folgten.

Thema seiner Romane ist die jüngste Geschichte Portugals, der Traum von der nationalen Großmacht, Kolonialkrieg und die verpaßte Revolution. Die Welt seiner Romane, das Krankenhaus zum Beispiel, ist stets exemplarischer Ausschnitt der portugiesischen Gesellschaft. Diese Gesellschaft zwingt dem Individuum die Bedingungen für sein Leben auf. Der Untergang der – literarisch immer wieder thematisierten – patriarchalischen Welt des Alentejo gestaltet die Geschichte des sterbenden Grundbesitzers im *Auto dos Danados* (1985), während die fiktive Rückkehr der Eroberer, Seefahrer, Könige und Kaufleute (*As Naus* – 1988) die gesamte nationale Geschichte als die Geschichte eines Scheiterns zu suggerieren scheint: die Heroen reihen sich ein unter die vielen Afrikaflüchtlinge, die am Ende der Kolonialzeit nach Portugal kommen. Die phantastischen Geschichten entstehen durch die Suggestivkraft der Bilder wie von selbst, entwickeln sich in syntaktische Normen überwindenden Rhythmen und verschränken sich zu einem jede beruhigende Harmonie abweisenden Fresko. *Os Cus de Judas* erweist sich als ein kaum endender Monolog, der das Leben des Protagonisten in der Erzählzeit einer Nacht zusammendrängt, die der Ich-Erzähler mit einer Frau in einer Lissabonner Bar verbringt. Die Frau, die in der Rolle des Zuhörers den impliziten Leser markiert, erfährt wie dieser aus den assoziativen, zwischen Vergangenheit und Gegenwart springenden Erinnerungen und Kommentaren die Geschichte einer sarkastischen Abrechnung mit einer verlogenen Welt, die die Kindheit in Portugal, den Krieg in Afrika und die Verderbtheit der Machthaber umfaßt. Wiederkehrende Bildmuster sind die Stagnation in überlebten Traditionen und die Vitalität des einfachen und verführten Volkes, aber auch das die Einsamkeit des Individuums bezeugende Bitten um Zuwendung. Spiegelmetaphern offenbaren das Altern, Schiffbruch, Meer und Aquarien das Scheitern, die Isolation, die Kommunikationslosigkeit, Zustände, die der Verantwortung eines unmenschlichen politischen Systems zugeschoben werden, aber von den Menschen schon verinnerlicht sind.

In anderen Romanen wechseln nicht nur die Zeitebenen beständig, auch die Sprecher und die Situation der besprochenen Personen. So wird in *Explicação dos Pássaros* die Hauptperson Rui von unterschiedlicher Seite beschrieben. Er erscheint so als der Versager, dessen einziger erfolgreicher Akt der Selbstmord ist, nachdem er seine Eltern in der Schule und bei der Berufswahl enttäuschte, eine erste Frau nicht an sich binden und akademische Pläne nicht verwirklichen konnte, als Revolutionär nicht zu gebrauchen war und schließlich in den vier Tagen der Handlungszeit des Romans von seiner zweiten Frau verlassen wird. Den Erklärungen der sein Leben begleitenden Figuren verdankt der Protagonist seine erzählerische Konsistenz. Auch im Erzählvorgang scheint das Individuum das Produkt der Gesellschaft zu sein.

Erst im nachhinein erweist sich das erzählerische Werk von Augusto Abelaira (geb. 1926) als ausgesprochen modern. Aus dem Umfeld des Neorealismus kommend (*Os Desertores* – 1960; *As Boas Intenções* – 1963) stellt er früh die Gewißheit des dogmatischen Ansatzes in Frage. Neben der Thematik des Unrechts und der notwendigen Veränderungen wird deshalb in *A Cidade das Flores* (1959) der erzählerische Vorgang zum Problem. Der dominante allwissende – wenn auch nur implizit anwesende – Erzähler weicht unterschiedlichen Erzählern, bevor eine Romanfigur sich als Autor eines Romans im Roman mit dem Titel «A Cidade das Flores» zu erkennen gibt, dessen Inhalt, die Utopie einer idealisierten Liebe, sicher nicht mit dem Roman als ganzem zur Deckung kommt. In *Bolor* (1968) tritt an die Stelle des allwissenden Erzählers ein unwissender Erzähler, der den Leser auf falsche Spuren führt. Die Realität des Romans wird als fiktive Realität durchsichtig, der Leser erkennt die illusorische Realität, deren Inhalte im Bereich der Virtualität verbleiben, und weiß die formale Instabilität auf die thematische Ebene zu übertragen: die Suche nach Glück bleibt ergebnislos. Das Verwirrspiel um den Erzähler beginnt spätestens nach 115 Seiten mit der Erklärung der Protagonistin Maria de Remédios, sie habe nun 115 Seiten Tagebuch für ihren Dialogpartner gefüllt, in dessen Haut sie geschlüpft sei, um in ihrer Vorstellungswelt die Persönlichkeit des anderen zu erstellen. Der Leser erkennt, daß das, was er für eine Aussage Humbertos halten mußte, ein fiktives Konstrukt seiner Frau ist, die sich in einen anderen versetzt, um sich selbst von außen betrachten zu können. Doch die Lösung wird wieder in Frage gestellt, indem Humberto plötzlich erklärt, er werde die Maske von Maria de Remédios wieder ablegen, und dann die Möglichkeit auftaucht, daß ein realer oder imaginierter Liebhaber Marias das Tagebuch verfaßt haben könnte. Wenn der Erzähler unbekannt bleibt, wird der Text autonom. Kann ein solcher Text zur Identitätsfindung einer Person herangezogen werden? Welchen Wert hat das Schreiben für das Sein, wenn die Schreibenden konstatieren müssen, daß ihre Erinnerung die Vergangenheit nicht einfangen kann? Ist die Fixierung der Vergangenheit nicht möglich, so wird auch die Konstituierung eines Ichs verhindert. Es unterliegt der Fiktionalisierung oder der Entfremdung. Ein eigentliches Romansubjekt entsteht deshalb nicht. Die Figuren des Romans sind Positionen eines sprachlichen Diskurses, sonst nichts, sie haben keine Wesenhaftigkeit. Augusto Abelaira, der in den 70er Jahren Novellen veröffentlichte (*Quatro Paredes Nuas* – 1972; *Ode quase Marítima* – 1978), kehrt 1979 in *Sem Tecto entre Ruínas* zur Disproportionalität zwischen Sprache und Sein zurück. Das Sprechen dient hier dazu, die Leere des Seins zu überbrücken. Die Betonung der Distanz zwischen Leser und Erzähler führt in *O Triunfo da Morte* zur Einflußnahme des immanenten Lesers auf die Handlungsführung, ja zu der Möglichkeit, daß dieser Verantwortung für den Tod des Erzählers übernehmen könnte. Der Erzähler bemüht sich zu Beginn um die Einbeziehung des Lesers in das Konzept des zu erstellenden Buchs, das aus unterschiedlichen Themen und Handlungssträngen besteht: Liebesgeschichten, eine Reise nach Paris, Handelsunternehmungen. Der mögliche Leser wird im Laufe des Romans auf eine fiktive Zuhörerin reduziert, der der Erzähler sogar eine Zigarette anbieten will. Als Komplizin des Schreibens nimmt sie immer mehr Einfluß auf den Erzähler, so daß das normale Verhältnis von Dichter und Geschöpf hier fast eine Umkehr erfährt: Die Zuhörerin wird als textimmanente Leserin in die Romanhandlung integriert und hilft dem Erzähler bei dem Versuch, über sich selbst Klarheit zu gewinnen. Die Demontage der Macht des Erzählers nimmt in *O Único Animal que ...* (1985) groteske Züge an: Ein Menschenaffe kann als Erzähler in ironischer Verfremdung Formen des gesellschaftlichen Umgangs kritisieren. Es geht Augusto Abelaira bei der expliziten Offenlegung der Erzählstrukturen um das Schreiben als eine seinkonstituierende Sinnsuche. *O Bosque Harmonioso* (1982) übernimmt das Thema des Labyrinths als Konstruktionsprinzip des Romans. Das Auftauchen eines utopischen Ortes, den der Titel benennt, ist vielleicht möglich, setzt aber die Mitarbeit des Lesers voraus, der z.B. die Unaufrichtigkeit einer Schreibart aufdecken kann und sich nicht gefangennehmen läßt von der Vermittlung einer falschen Sicherheit. Die Abhängigkeit des „Sinns" von wechselnden Kontexten, von intratextuellen Konstruktionen, vom spielerischen Umgang mit einzelnen Fragmenten und den Übergängen zwischen Erzählebenen und der Reflexion über diese verdeutlichen einzelne in die Romane eingelassene Geschichten. Abelairas Romane bewirken die Erziehung des Lesers durch die Bewußtmachung der Maskerade: Probleme, die der Roman gestaltet, lassen sich nur in der Interaktion erfassen, bei der der Leser eine Rolle spielt.

Die von Mário Cláudio (geb. 1941) verfaßten Biographien *Amadeo* (1984), *Guilhermina* (1986) und *Rosa* (1988) enthalten Reflexionen der berichtenden Figuren über die Möglichkeiten der Biographie und über die Schwierigkeiten, fehlende Dokumente zu ergänzen. Unterschiedliche Personen tragen die Dokumente zusammen und beauftragen sich gegenseitig mit der Fortführung der Biographien, die sie aus Briefen, Tagebüchern, besprochenen Magnetbändern und Fotos zusammenstellen. Ein wesentlicher Teil der drei Bände erweist sich dementsprechend als Metaliteratur. Die Biographien enthalten Aussagen zu den biographierten Personen und zu ihrer Umgebung. Das fragmentierte Material wird puzzleartig zusammengesetzt, wobei in *Amadeo* mehrere Rechercheure an der Zusammenstellung des Materials, das dem fiktiven Autor dann zugestellt wird, mitarbeiten. In *Rosa* ist Mário Cláudio der Vollstrecker der schon begonnenen Biographie der Keramikkünstlerin, die der ursprüngliche Biograph nicht zu Ende führen konnte. Die Biographien sind fiktional, aber die thematisierten Protagonisten sind historische Persönlichkeiten, portugiesische Künstler des 20. Jahrhunderts. Die Konfrontation von Realität und Fiktion ist evident und an den Textsorten erkennbar. Die Rekonstruktionen des fremden Lebens aus Fragmenten seiner Vergangenheit wird zum Problem gemacht. Zwischen den zusammengetragenen Elementen – so glauben es wenigstens die fiktiven Biographen – entgleitet der wahre Mensch. Manchmal haben sie den Eindruck, etwas zusammenzustellen, was nie existierte. Was schließlich als Biographie publiziert wird, wahrt offensichtlich den Charakter des Unfertigen. Der beauftragte Autor hat den Eindruck, daß man ihn zwingt, etwas zu schreiben, was sich der Fixierung entzieht. Gilt es, den Menschen oder den Maler Amadeo de Souza-Cardoso, der in seinen Bildern lebt, zu rekonstruieren? Die verschiedenen Sammler von Dokumenten befinden sich in der Position des Voyeurs, den ein Bild des zu Porträtierenden darstellt, das dieser «Trou de Serrure» nannte. Man übernimmt geometrische Konzepte des Malers zur Annäherung an seine Person, schafft Figuren, die wie der Versuch erscheinen, sich selbst in ihnen zu porträtieren, so wie der Maler das Selbstporträt im Bild des Fremden verwirklichte. Figuren aus der Bildwelt mischen sich unter die Biographen. Diese sehen sich immer wieder reduziert auf ihre Situation des Schreibenden.

Die Biographie weitet sich in *A Quinta das Virtudes* (1990) zur Chronik eines Adelshauses in Porto, die die Beschreibung einer Reihe von Mitgliedern des königlichen Hauses zwischen der Epoche des Marquês de Pombal und dem Tod D. Marias II (1853) umfaßt. Die Verwicklungen in der Quinta das Virtudes werden zum Anlaß von mannigfachen Reflexionen zu Vergeblichkeit und Vergänglichkeit menschlicher Unternehmungen. Geschichte und Fiktion mischen sich in einer weitläufigen Erzählung, die wegen ihres elitären konzeptistischen Stils spröde und unzugänglich ist. Mit einem in rigoroser Präzision verwendeten Vokabular und einer rhythmisch ausgewogenen Sprache, die auch in der Metaphorik der Darstellung der Logik von architektonischen Gesetzmäßigkeiten folgt, ersteht in diesem Roman unverhofft ein Brückenschlag zur großen portugiesischen Erzähltradition des 19. Jahrhunderts. Über Jahrzehnte wird das adlige Haus des José Pinto de Meirelles durch alle politischen Wirren insbesondere der Franzosenzeit und der kriegerischen Auseinandersetzungen mit den Liberalen in Porto beschrieben bis hin zur Industrialisierung des Nordens. Den Abstieg und die Verbürgerlichung der Familie macht schließlich die Hochzeit des João Manuel Meirelles mit einer Hausangestellten sichtbar. Das historische Fresko wird abgelöst durch die Satire der *Tocata para Dois Clarins* (1992), in der die zwei Erzähler Maria und António die Geschichte Portugals nach 1936 mit der Einbeziehung außenpolitischer Implikationen in Spanien, Deutschland und Italien erstehen lassen. Ähnlich wie in der Caféhaus-Trilogie Álvaro Guerras ist die Darstellung impressionistisch, aber der Verweis auf die zentrale Stellung des Salazarismus und seines Untergangs nach den Kolonialkriegen wird nicht aus den Augen verloren. Es geht darüber hinaus um die Infragestellung liebgewonnener Klischees von nationaler Größe, um die Karikatur von Unantastbarem, um den kritischen Blick auf die heroische Geschichte eines ganzes Volkes. Ausgangspunkt sind die kleinen persönlichen Ereignisse: Liebschaft, Hochzeit, Familienleben und Beruf. Diese werden eingebettet in die Atmosphäre der gesellschaftspolitischen Realität, die Auslöser wird für den Umbruch in den persönlichen, familiären und beruflichen Wertvorstellungen der Erzähler. Der Zusammenbruch der politischen Visionen des Estado Novo nach Kolonialkrieg und Revolution macht die betrügerische Täuschung eines Volkes offenbar: man kehrt wieder zu sich zurück.

Die leiseren lyrisch-poetischen Töne im Werk Mário Cláudios (*Estâncias* – 1980; *Terra Sigilata* – 1982) sind sensorial vermittelte Erinnerungen, die wiederum nicht ohne Referenzen an die Erfahrungswelt des Lesers auskommen. Im Theater profilierte sich der Autor mit den Stücken *A Ilha do Oriente* (1989) und *Noites de Anto* (1988), doch scheint das Publikum seinem epischen Werk größere Aufmerksamkeit zu widmen. *Noites de Anto* konzentriert die Handlung auf den Dichter

António Nobre, dessen Person ein ähnliches Objekt der Rekonstruktion wird wie Amadeo, Guilhermina und Rosa. „Allegorie in sieben Bildern" nennt Mário Cláudio das Stück, in dem der Protagonist entsprechend der Regieanweisung mal von einem Schauspieler, mal von einer Schauspielerin interpretiert werden soll. Die Person des Dichters wird so von verschiedenen Seiten gespiegelt, so wie sein poetisches Werk *Só* multiple Aspekte einer Persönlichkeit zu determinieren sucht. Das von der Präsenz von Nacht und Tod überschattete Leben organisiert sich aus Elementen aus António Nobres Welt und Werk und aus kommentierenden Stimmen, die wie ein Chor aus den Kulissen Antos Textpassagen mit Fragezeichen versehen. Antos Texte sind der Versuch, eine Vergangenheit zu fixieren, eine Utopie, die als Leiden und Leidenschaft zugleich, als Passion oder „Kalvarienberg" bezeichnet wird. Anto scheint nur seine Stimme zu verstehen, nicht die Kommentare der übrigen und versinkt schließlich in die Nacht des Wahnsinns. Die kürzeren Prosatexte (*Improviso para Duas Estrelas de Papel* – 1983) sind sprachliche „Etüden" – der Ausflug in die musikalische Terminologie bietet sich hier an –, in denen poetische Procédés wie die Nutzung von Anaphern und Alliterationen semantische Differenzierungen überwinden. Grenzüberschreitungen wie die vom Männlichen zum Weiblichen, vom Gott zum Heros werden sprachlich begründet und durch Ausschaltung von Tempusdeterminierungen veranschaulicht.

1981 publizierte Mário de Carvalho (geb. 1944) mit *Os Contos da Sétima Esfera* einen ersten Band Novellen, die realistische Beobachtung mit ungewöhnlichen Vorkommnissen, die pikaresk, legendär oder phantastisch genannt werden können, verbinden. Es folgten weitere Erzählungen (*Os Casos do Beco das Sardinheiras* – 1981), die wie *A Inaudita Guerra da Avenida Gago Coutinho* (1984) die Übertreibung und das Ungewöhnliche zur Grundlage der Reflexion über die Normalität machen. Die Grenzüberschreitung geschieht durch exzessives Beharren auf Prinzipien, durch phantastisches Eingreifen von Übermenschlichem oder einfach Elimination historischer Schranken. Der im Titel genannte „unerhörte Krieg" kann so Mauren des Jahres 1148 mit Automobilisten des Jahres 1984 und einer polizeilichen Interventionstruppe in Lissabonner Straßen zusammenbringen. Die meist lateinischen Titel der Erzählungen („Ignotus Deus", „In Excelsum") deuten auf durch literarische Vorgaben chiffrierte Textkonstituenten hin, die in ironischer Brechung praktizierte Intertextualität zum Strukturprinzip erheben. Der Text entschlüsselt sich unterschiedlich je nach der Lektüreerfahrung des Lesers, an die bereits im Titel appelliert wird: *O Livro Grande de Tebas, Navio e Mariana* (1983). Ein allwissender Erzähler hält sich außerhalb der erzählten Geschichte, er macht hier und da einem Erzähler in der Erzählung Platz oder auch nur einem Verweis auf in öffentlichen Bibliotheken archivierte Dokumente. Der Erzähler kann so leicht eine ironische Distanzierung praktizieren und seine Schöpfungsallmacht benennen. In Märchen- und Fabelwelten führen die *Era uma vez um Alferes* (1984) und *Fabulário* betitelten Bände, während der Roman *A Paixão do Conde de Fróis* (1986) den Humor und das erfindungsreiche Gespür des Autors für die Entflechtung von verwickelten Geschichten vorführt. Die Aktionen des jungen Grafen Fróis, der mit seinem geistlichen Berater in die ferne Provinz geht, um dort administrative und militärische Aufgaben zu übernehmen, gefallen dem Geistlichen keineswegs. Zum Überfluß sorgen die Aktivitäten, die jeweils vom Erzähler aus der Sicht des Geistlichen einschließlich all seiner Befürchtungen und Widerstände vermittelt werden, für kriegerische Auseinandersetzungen in dem sonst von aller Welt vergessenen Provinzort. Die Situation des Don Quijote entsteht durch die Reduzierung des Blickwinkels auf die beiden Antagonisten. Während der Graf die militärische Auseinandersetzung mit den Spaniern vorbereitet, organisiert der Geistliche eine Bittprozession zur Verhinderung des Krieges, der als Strafgericht Gottes für die Sünden des Ortes gedeutet wird. Der Krieg findet nach den Spielregeln des Schachspiels statt, der Erzähler folgt den Präzepten der epischen Literatur und berichtet von den Aktivitäten der beiden Seiten, die mit antiken Größen verglichen werden. Natürlich kann der Graf Fróis in der homerischen Situation der Forderung nach Übergabe der besetzten Stadt nicht nachkommen. Die Penetranz seiner unnachgiebigen Unbeweglichkeit läßt den epischen Helden schließlich auf der Flucht jämmerlich umkommen. Doch die Rhetorik der Pose holt ihn bei der Totenfeier wieder ein. Zur Beerdigung sind selbst Diakone aus dem feindlichen Spanien angereist.

Die Satire auf eine agonisierende politisch-militärische Macht, die weder Argumenten der Menschlichkeit noch der Vernunft zugänglich ist, reiht diesen Roman in die Literatur der Bewältigung der portugiesischen Vergangenheit ein, der sich u.a. die umfangreiche Kolonialkriegsliteratur widmet.

Der militärische Aspekt der soziopolitischen Normalität Portugals war schon vor der Revolution, etwa bei Álvaro Guerra, Thema fiktionalen Schreibens geworden. Nach 1974 wurde die konkrete Auseinandersetzung mit dem Krieg in Afrika, der wie ein psychosoziales Trauma auf dem ganzen Volk lastete, mit Engagement aufgenommen.

Außer Lobo Antunes' *Os Cus de Judas* sind dabei Carlos Vale Ferraz mit *Nó Cego* (1982), Manuel Alegre (geb. 1936) mit *Jornada de África* (1989) und João de Melo (geb. 1949) mit *Autópsia de um Mar de Ruínas* (1984) zu nennen.

Carlos Vale Ferraz (geb. 1946) erlebte als Insider den Krieg in seiner falschen Größe und macht die Grenzsituation mit dem höllischen Schrecken unter den Beteiligten für den Leser dingfest. Manuel Alegre, dessen poetisches Werk in zwei Bänden (*O Canto e as Armas* und *Atlântico* – 1989) bereits im Titel das Engagement in sozialen und historischen Perspektiven ersehen läßt, publizierte mit *Jornada de África* eine Mischung aus Chronik, Reportage und realistischer Erzählung. In ihr reihen sich Episoden ohne Chronologie, reinen Impressionen folgend, um Ereignisse, die von der offiziellen Geschichtsschreibung nicht erfaßt werden, die des Autors Einsatz für eine sozialistische Gesellschaft um so eindringlicher verdeutlichen.

João de Melo, der als Sanitäter in Angola diente, skizziert menschlich ergreifende Situationen, die der ursprüngliche Titel seiner Afrikaeindrücke mit *A Memória de Ver Matar e Morrer* (1977) in bedrükkender Deutlichkeit formuliert. Der Azorianer João de Melo hat darüber hinaus mit den Romanen *O Mundo não é deste Reino* (1983) und mit Erzählungen (*Histórias da Resistência* – 1975; *Entre Pássaro e Anjo* – 1987; *Em Tempo de Náufrago* – 1990) Akzente gesetzt, die den Kampf der Benachteiligten und Armen um das Überleben schildern.

Die Landschaft bestimmt als Lebensraum auch den Grad der Lebenswirklichkeit ihrer Bewohner. Die oft humorvolle Darstellung benutzt dabei Elemente, die das Epitheton des magisch-realistischen Erzählens rechtfertigen. *Gente Feliz com Lágrimas* (1988) benennt mit Melancholie die azorianische Realität der eine falsche Harmonie vortäuschenden hierarchisch-repressiven Familienstrukturen, wo das Individuum als Wirtschaftsfaktor auswechselbar ist und dem versteinerten Verhalten des Familienoberhauptes nur mit Haß begegnet.

Der soziokulturelle Wandel vom Autor zur Autorin

Die schreibende Frau hat in der portugiesischen Literatur durchaus Tradition. Die Marquesa de Alorna, Florbela Espanca und Natália Correia haben als wichtige Repräsentanten der Literaturgeschichte zweifelsohne auch unangefochtene Zustimmung gefunden. Es erstaunt dennoch, wenn im letzten Viertel des 20. Jahrhunderts eine Vielzahl von Schriftstellerinnen einen substantiellen Beitrag zur literarischen Bewältigung der Zeitprobleme leistet. Mehr noch überrascht es, daß die Produktionsbedingungen, die Rezeptionsmechanismen und das Publikum sich diesem "Boom" der Literatur von schreibenden Frauen öffnen. Dazu hat sicher der demokratische Wandel der portugiesischen Gesellschaft, der mehr war als ein einfacher Regimewechsel, entscheidend beigetragen. Die Thematik der neuen Schriftstellerinnengeneration unterscheidet sich nicht fundamental von den Inhalten der fiktionalen Prosa der Autoren. Erstaunlich ist allerdings die Penetranz, mit der Intentionen und Ziele des Schreibens zum Mittelpunkt des Schreibakts gemacht werden. Es sieht so aus, als ob der Vorgang des Schreibens selbst als Akt der Befreiung gedeutet wird. In die Selbstsuche integriert sich die tastend erfahrene Vergangenheit, welche die Situierung in der Gegenwart ermöglicht. So wird das Erlebnis der politischen Umwälzungen, der Emigration und des Exils zur Parabel für die Selbstentfremdung und das Gesellschaftliche gleichzeitig zum Persönlichen stilisiert.

Lídia Jorge (geb. 1946) debütierte 1980 mit *O Dia dos Prodígios*, einem Roman, der sowohl die Vorstellung einer vergessenen Landschaft, der die Menschen auf der Suche nach Arbeit und Brot entfliehen, gestaltet, wie auch die Einsamkeit der Zurückgebliebenen, zumeist Frauen, mit ihrer immer wieder enttäuschten Hoffnung beschreibt. Der fiktive Ort, an dem das „Wunder", von dem der Romantitel spricht, geschieht, liegt fern von der Hauptstadt und unberührt vom Tourismus. Das Leben des Dorfes entsteht für den Leser durch das Sprechen seiner Bewohner, Greise, Frauen und Kinder. Sie sprechen über sich, über ihre Träume und Erinnerungen, nicht miteinander, eher jeder für sich. Die Gesprächsinhalte vermischen Vergangenheit und Gegenwart, Imaginiertes und Realität. Objekte werden vermenschlicht und die Menschen animalisiert, so daß abergläubischen Transformationen alle Wege offen sind. Die Erzählsituation wird unklar gehalten. Dem Leser fehlen die sicheren medialen Vermittler, dennoch erkennt er die großen Themen wie Gewalt, Opfer und Aufbegehren, vor allem aber die eher passivische Erwartung, die sich in mythische Bilder und Wunderglauben kleidet. Das im Titel angedeutete Wunder ist die fliegende Schlange, die nach ihrer Tötung auf dem Dorfplatz entkommt. Das Ereignis ist Ausgangspunkt für andere wunderbare Dinge, die sich in der Folge der Nelkenrevolution auch einstellen: Landbesetzung, neue Betriebsformen unter Leitung der Arbeiterschaft und vor allem die Ankunft der Revolutionssoldaten, die für Wesen einer anderen Welt gehalten werden. Die Erwartung wird enttäuscht, das Rätsel der entflogenen Schlange bleibt unaufgeklärt, und die Soldaten verlassen auch wieder den Ort.

Die graphische Anordnung und die Zeichensetzung forcieren den Eindruck der oral vermittelten Wirklichkeit, die sich aus den auf einzelne Sprecher nicht mehr zu fixierenden Repliken erstellt. Die dargestellte soziale Welt enthält diverse Bühnen, die in Einzelszenen simultan oder nacheinander bespielt werden und in Zeitlupenform die Monotonie des ländlichen Lebens gestalten, in der zwischen Erinnerung und Erwartung nach neuem Lebensmut gesucht wird.

Die Verwirrung durch die Anzahl der Erzählenden und den permanenten Wechsel der Rede, die Vielzahl der Dialoge, die sich graphisch nicht voneinander abheben, dauert in *O Cais das Merendas* (1982) an. Die Dialoge im Telegrammstil, die refrainartig wie in volkstümlicher Epik die Meinung der Redenden und die Gedanken der Anwesenden wiederholen, schaffen labyrinthische Strukturen, hinter denen ein Erzähler mit konstanten Reflexionen über den Binnenroman das Romanschreiben selbst zum Problem macht. Der Binnenroman ist eine Reflexion über die kollektive Erinnerung, die Wiederentdeckung einer verlorenen Zeit.

Mit ihrem dritten Roman (*Notícias da Cidade Silvestre* – 1984) werden affektive Bindungen zwischen zwei Frauen und einem Mann zum Thema erhoben. Hierbei überrascht der Verzicht auf die Logik des zeitlichen Fortschritts. Die episodenhaften Geschichten entbehren einer einigenden Kohärenz, erscheinen wie eine alogische Reihung, die keine Intrige erstellt. Es handelt sich um ein ungeordnetes Tagebuch, das Reflexionen über Freundschaft und Liebe vermerkt und sie mit banalen Eintragungen vermischt. Die kurzen Dialoge wechseln mit indirekter Rede und notieren die als Disharmonie erfahrene Realität mit den Mitteln der Unordnung und Banalität. Die Erinnerungen, Entdeckungen und Geständnisse der Personen konstituieren diese Personen, die nicht durch eine erzählerische Linearität konditioniert sind. Im Mittelpunkt des Erzählens steht die Phänomenologie der Ereignisse, die Faktizität selbst. In der Banalität der Alltäglichkeit, im ständigen Wandel der Realität, entdeckt sich der Leser selbst inmitten von sich auflösenden Bindungen, die der Verstand konzipiert hatte. In *A Costa dos Murmúrios* (1988) erstellen Ellipsen, Fragen, Ausrufe, Paradoxa, Antithesen eine erzählerische Realität, die sich um den portugiesischen Kolonialkrieg rankt. In den «murmúrios» finden sich die komplizenhaften Stimmen der Leidenden und der Schuldigen als Individuationen des kollektiven Bewußtseins wieder.

Die Position der Frau in der Gesellschaft ist das zentrale Thema von

Teolinda Gersãos (geb. 1940) in ihren Romanen *Silêncio* (1981) und *Paisagem com Mulher e Mar no Fundo* (1982). Der neue literarische Diskurs versteht sich als Suche, welche die gewohnten Verbindungen der Sprache zur Realität aufbrechen soll. Auf diese Weise können soziale Konventionen, Autoritäten, Marginalisierungen und Entfremdungen hinterfragt und Wege zur Überwindung aufgewiesen werden. Die Romane stehen zugleich in der Tradition des Subjektivismus und der Sozialkritik. Die Annäherung an die Außenrealität dient der Verhinderung von Herrschaftsstrukturen, die nur von einer klaren, individuell gefestigten Position angegriffen werden können, deren Erforschung sich das subjektivistische Interesse widmet. Hauptpersonen sind bis zu *O Cavalo de Sol* (1988) Frauen, die inmitten eines oppressiven Kollektivs um die Herausbildung ihrer persönlichen Identität kämpfen.

O Silêncio thematisiert die Fragen in den familiären Beziehungen zwischen Mann und Frau oder Mutter und Tochter. Eine phantasiereiche junge Malerin trifft auf einen routinierten Arzt, der nach einer ersten gescheiterten Ehe eine geordnete und beengende Beziehung zu ihr aufbaut, aus der sich die Spontaneität der Künstlerin hinaussehnt. Was für sie notwendiges Mittel der Selbstentfaltung bedeutet, heißt für ihn Träumerei und Lebensfremdheit. Die Erinnerung an ihre Mutter, die als russische Immigrantin ohne Integrationsfähigkeit in die fremde Sprache und Kultur verblieben war und auch nach ihrer Flucht aus der Bürgerlichkeit innere Leere und Einsamkeit nicht durch die Eigenständigkeit einer akzeptierten Identität überwinden konnte, führt die Protagonistin zur Trennung von der ihr fremden Welt des Ehemanns. Der Zukunft gilt ihr eigener Weg. Der Titel deutet die verweigerte Kommunikation an, und materielle Metaphern wie Haus, Mauern, Fenster und Türen, das Meer usw. verfestigen den von den Figuren determinierten Kontrast zwischen Ordnung und Freiheit, Begrenzung und Offenheit. Mit *Paisagem com Mulher e Mar no Fundo* wird die Fragestellung in den historisch-politischen Bereich verwiesen. Die Protagonistin sieht sich hier durch zweifachen Tod von Ehemann und Sohn auf sich selbst zurückgeworfen. Der Ehemann hatte seine Kräfte im politischen Widerstand aufgezehrt, der Sohn war im Kolonialkrieg gestorben. In ihrem Haus am Meer reflektiert sie in tiefer Depression das Verhältnis des autoritären Staates zur individuellen Situation der Bürger, denen keine Möglichkeit zur Selbstdefinition gegeben wird. Elternhaus und Schulzeit erscheinen ihr wie Repräsentanten der repressiven Macht, vor der sie in die glückliche Ehe geflüchtet war, aus der sie jetzt wieder vertrieben wurde. Aber nicht die Verzweiflung triumphiert, sondern der Vorsatz, jede Passivität zu überwinden und mit dem Einsatz für die Veränderung einer neuen Zukunft zuzuarbeiten. Inhalt der Romane ist die psychologische Krise. Die Elemente der Außenwelt werden nur ausschnitthaft als erlebte Welt deutlich oder verschmelzen in der Erinnerung mit phantastischen Aspekten. Erlebte Rede und innerer Monolog suggerieren eine distanzlose Anteilnahme des Lesers, der sich fast in den Erzählvorgang, der die unpersönliche Formulierung liebt und konkret Subjekte der relativen Indetermination durch Pronomina opfert, einbezogen sieht – orientierungslos einer wechselnden Raum- und Zeitperspektive ausgesetzt. Insgesamt entspricht es der Innenschau, daß die Tempora der erzählten Welt sich der Erzählgegenwart anpassen. Da eine präzise Differenzierung der zeitlichen und modalen Ebenen nicht angestrebt ist, ist die Parataxe das vorherrschende Satzmuster, das reihend, wiederholend und variierend thematische Impressionen vermittelt. Als „impressionistisches Tagebuch" wurde dann auch das 1984 erschienene Buch *Os Guarda-chuvas cintilantes* bezeichnet, in dem es um die Konditionierung von Literatur und um Möglichkeiten, sich davon zu befreien, geht.

Seit den 60er Jahren publiziert Maria Ondina Braga (geb. 1932) Poesie, Chroniken, Novellen und Romane, in denen sie der für die portugiesische Literatur nicht unüblichen Neigung zum thematischen Exotismus und der Verlockung des Orients nachgibt: *A China fica ao lado* (1968), *Angústia em Pequim* (1984), *Nocturno em Macau* (1991). Ihre Biographie und ihr literarisches Anliegen dokumentieren ihre Bereitschaft, die Widersprüche des Lebens in konkreten Erfahrungen zu gestalten. In *Nocturno em Macau* sind dies das Zusammentreffen unterschiedlicher Kulturen und die individuelle Suche nach Erfüllung in Liebe und Beruf, die jenseits von Maske und Verstellung durchscheint. Drei Frauen, Inderin, Chinesin und Europäerin, die sich in Macau treffen, überlassen sich den Ahnungen, Verführungen, der Atmosphäre des Gesagten und Nichtgesagten, um die Grenze des Möglichen und Unmöglichen zu erproben. Ankunft in und Abfahrt von Macau determinieren eine Raumstruktur, in der sich Begegnungen des Ichs mit dem anderen, d.h. die Modulationen des Beziehungsgeflechts ereignen können. Soziale, politische und mentalitätsorientierte Probleme des Orients und Chinas spielen eine Rolle, doch eigentliches Thema sind die in nicht zu entschlüsselnde Briefe projizierten Wünsche der Protagonistin, welche die Realität entsprechend ihren persönlichen Träumen und Sehnsüchten deformiert. Der „andere" bleibt so lange ein anderer, wie sich die Erzählerin selbst fremd bleibt.

Formal geht Ondina Braga den Weg der Metamorphosen: Sie wechselt zwischen Realität und Imagination und auch zwischen unterschiedlichen Erzählperspektiven und deutet damit die Unmöglichkeit einer Lösung in dem Aufeinandertreffen von kolonialer und kolonisierter Welt an. Die 1992 publizierte Anthologie von Gedichten, Chroniken und Erzählungen früherer Jahre unter dem nicht minder exotischen Titel *A Rosa-de-Jericó* bezeugt die Beständigkeit ihrer Beschäftigung mit dem Orient. Die Verinnerlichung der chinesischen Spiritualität und die Auseinandersetzung zwischen China und Japan werden wieder als Paradigma von Harmonie und Konfrontation begriffen, so wie frühere Titel der Autorin existentielle Diskrepanzen einzufangen suchen: *Amor e Morte* (1970); *Os Rostos de Jano* (1973); *Lua de Sangue* (1986); *Antes do Dilúvio* (1967) und *Estátua de Sal* (1969), wo sie sich der Gattung des autobiographischen Romans zuwendet. In 15 Briefen an eine fiktive Freundin versucht die Heldin von *A Casa Suspensa* (1982) die eigene Zwiespältigkeit zu reflektieren. Die Erzählung kontrastiert die bedrohliche Atmosphäre eines traditionellen Hauses und den Wunsch nach Selbstvollendung der Protagonistin, wobei ununterdrückbare Schuldgefühle eine glückliche Lösung verhindern. Der Suche nach Klarheit und Transparenz widersetzt sich ein Netz ungeklärter Fragen und Zweifel. Am Ende triumphiert die Einsamkeit, das Fatum, dem sich die Protagonistin als Vorausdeutung des Todes zu fügen scheint. Die Figuren Maria Ondina Bragas bleiben unter der Last ihrer individuellen oder kollektiven Erinnerungen den Phantasmen der Vergangenheit ausgeliefert. Sie sind zur Passivität verurteilt, wenn auch das Sichfügen nicht die Konformierung mit den Sachzwängen bedeutet.

Die Prosa der Fiama Hasse Pais Brandão (*Falar sobre o Falado* – 1989) entspricht dem intertextuellen Diskurs, den ihr Theater praktiziert. *O Retratado* (1976) behandelt den Schriftsteller Fernando Pessoa im Spiegel einer sprachlichen Bildanalyse von Almada Negreiros berühmtem Bild des Dichters. Ihr Thema ist der Schaffensprozeß des Künstlers und das Verhältnis der Künste zueinander. Das Gespräch zwischen Autor, der gleichzeitig Leser ist, Maler und Dichter verweist auf Wirkungsmechanismen der Künste. Der als «novela poética» bezeichnete Text *Movimento Perpétuo* (1991) benennt mit Camões' Idee von der Transformation des Liebenden durch das geliebte Objekt wirkungsästhetische Möglichkeiten der künstlerisch-literarischen Kreation, die die Autorin in ihrer Poesie (*Obra Breve* – 1991) erprobt. Es ist eine hermetische Poesie, die sich an gefestigten Regeln reibt und im spielerischen Umgang mit der rhetorischen Tradition die Aussage als ein bei der Lektüre zu erstellendes Element vorbereitet.

Olga Gonçalves (geb. 1929) thematisiert die Emigration im weiten Sinn: Gastarbeiter im nördlichen Europa (*Este Verão o Emigrante là-bas* – 1978), Afrikaflüchtlinge (*Rudolfo* – 1985), die rebellische Jugend (*Mandei-lhe uma Boca* – 1977) und die Prostitution (*Armandina e Luciano, o Traficante de Canários* – 1988). Während die ehemalige Prostituierte als Hausangestellte in einer Art innerem Monolog Auskunft über ihre vergangenen und gegenwärtigen Lebensverhältnisse gibt und dabei die soziale Unterschicht mit pittoreskem Blick als ein Teil der soziokulturellen Realität des nachrevolutionären Portugal erscheinen läßt, besorgt in anderen Romanen die Dialogstruktur die Zurückdrängung des allwissenden Erzählers. Immer bevorzugt Olga Gonçalves die gesprochene Sprache, wobei fehlende Verbindungsglieder die Texte bruchstückhaft, fragmentarisch erscheinen lassen. *Contar de Subversão* (1990) bezieht den Leser in einer Art metafiktionalen Dialog in den Schaffensprozeß mit ein. Es handelt sich um ein Dutzend Erzählungen, die Metamorphosen beschreiben, Verhaltensänderungen, Neuanfänge, die ein durch Monotonie bedeutungslos gewordenes Leben hervorgebracht hat. In *A Floresta em Bremerhaven* (1975) beschreibt Olga Gonçalves ein soziales Spannungsfeld im politisch instabilen Sommer 1975, als die Unsicherheit der einen, der bescheidene Erfolg der anderen, die Angst der ehemals Bestimmenden und die fordernde Aggressivität der Erwartungsvollen die Alltäglichkeit im Alentejo bestimmten. Bezugspunkt für die Positionsbestimmung heimgekehrter Emigranten ist Deutschland, das als Gefahr und als notwendige Voraussetzung für den sozialen Aufstieg in den diversen Reden und Gesprächen, die den Roman als eine Art Protokoll erscheinen lassen, immer präsent ist. Hauptsächliche Sprecher sind zwei befreundete ehemalige Gastarbeiterehepaare, die untereinander und mit einem Feriengast, einer wohl als Schriftstellerin tätigen Dame aus Lissabon, der man ein Zimmer vermietet hat, Gespräche führen. Die Schriftstellerin kommt nicht zu Wort, ihre Repliken bei gemeinsamen Unterhaltungen lassen sich durch Antworten und Fragen der übrigen Sprecher erschließen. Man kann den ganzen Text als Rohmaterial für einen noch zu schreibenden Roman interpretieren. Für diesen sind die im Abschlußkapitel während der Rückreise nach Lissabon aufkommenden Erinnerungen an das Gehörte Teil der memorierten Gespräche, die wie ein Echo aus der Romanwelt, die die Schriftstellerin verläßt, in ihre Lissabonner Realität hinüberklingen, um dort von ihr verarbeitet zu werden.

Der Roman beginnt mit der Ankunft des Feriengastes und endet nach vierzehn Tagen mit dessen Abreise. Die namenlose Dame ist Auslöser aller Gespräche und Handlungen, aber dennoch Nebenperson und konsequenterweise sprachlos, ein immanenter personaler Erzähler, der sich aber nie expressis verbis zu Wort meldet.

Die Gesprächsinhalte lassen sich weitgehend auf das soziale und ökonomische Leben im Küstenbereich des Alentejo reduzieren. Die ärmliche Herkunft, mangelnde Schulbildung, herausfordernde Demütigungen durch die Besitzenden, Krankheit, Not, aber auch Härte und Konsequenz bei der Übernahme traditioneller Verhaltensmuster kennzeichnen den Charakter der Sprecher. Bremerhaven gilt als Chiffre für die Veränderung. Die Erfahrung des Fremden dient der Erkenntnisbereicherung. Das Fremde, das im Bewußtsein der Protagonisten erscheint, ist nicht ein Objektiv-Fremdes, sondern das als fremd Erlebte. In der Vorstellungswelt der Fiktion vermischen sich deshalb Urteile und Vorurteile, Realitäten und Stereotypen, die in gleicher Weise die Entscheidungsprozesse beeinflussen.

Die deutschstämmige Ilse Losa (geb. 1913) ist vor allem als Kinderbuchautorin bekannt geworden, ihre seit langem vorliegenden Romane und Novellen (*Histórias quase Esquecidas* – 1950; *Aqui havia uma Casa* – 1955; *O Barco Afundado* – 1979) gelangten dagegen erst in den letzten Jahren zur vollen Anerkennung. Ihr eigenes Schicksal als Emigrantin beeinflußte die Thematik ihrer 1987 neuaufgelegten Romane (*O Mundo em que Vivi* – 1949; *Rio sem Ponte* – 1952). Fremdbilder, Exil und Emigration bestimmen Figuren, Motive und Aktionsrahmen ihrer fiktionalen Welt. In *Sob Céus Estranhos* (1962) wird das Fremdsein in der Figur des deutschen Halbjuden, der sich in Portugal auf der Flucht vor den Nazis eine neue Heimat aufbaut, zum beherrschenden Thema. Er lebt in der Distanz zwischen einer objektiven Realität und seinem deutenden Bewußtsein, das von der Erinnerung gespeist wird. Dort entdeckt er die Disharmonie als sein Wesen konstituierendes Element: Der halbe Jude und halbe Christ macht das Aufeinanderbezogensein zum Merkmal der eigenen Identität. Der Gepeinigte trägt Aspekte seiner Peiniger in sich. Als geschichtliches Wesen ist er der Veränderung unterworfen, eine einfache Rückkehr ist nicht möglich. Für den „Fünfzigprozentigen" (halb Deutscher – halb Portugiese) bedeutet die Rückkehr in die Heimat keine Heimkehr. Der Verlust der Ursprünge wird aber kompensiert durch den Traum von der Sozialisierung des Ichs, der die Vorstellung von der Einheit in der Vielheit oder der „Verbundenheit mit den Menschen, die wir lieben", ermöglicht. Die Zerrissenheit der Identität des Emigranten, seine

Existenz als Fünfzigprozentiger wird dennoch während des ganzen Romans nicht aufgehoben. Vielmehr wird die Fluchtsituation als eine allgemein menschliche Situation begriffen: Die Erfahrung des Fremdseins im ureigenen Selbst führt zur allmählichen Erkenntnis des Eigenen im Fremden. Die existentialistische Ungeborgenheit, die dem Roman der 60er Jahre zugrunde liegt, hat – wie die jüngste Rezeption des Romans in einer von der Autorin besorgten deutschen Fassung (1992) zeigt – ihre Aussagekraft noch nicht verloren.

Diese Erfahrung des Fremden und der Fremde bestimmt auch Biographie und Werk der Maria Gabriela Llansol (geb. 1931), die sich lange Jahre pädagogischen Aufgaben in Belgien widmete. Ihren frühen Novellen (*Os Pregos na Erva* – 1962) folgten erst in den 80er Jahren die von ihrer Lebenserfahrung der belgisch-niederdeutschen Landschaft und Geschichte geprägten wichtigen Bände ihres erzählerischen Werks: *A Restante Vida* (1983), *Causa Amante* (1984), *Da Sebe ao Ser* (1988) und *Um Beijo Dado mais Tarde* (1991).

Formal sind die Texte mit klassischen Gattungsmerkmalen kaum zu unterscheiden. Sie konstituieren sich als Texte so, wie sich ihr Inhalt gebärdet: als Suche von ontologischen Gewißheiten, als Meditation, die die Sprache auf die Dimension ihrer Möglichkeiten hin befragt und als Ausdruck des menschlichen Denkens erforschend benutzt. Die Erzählungen behandeln Bilder der Vergangenheit, religiöse und philosophische Kontroversen der Renaissance, Fragen von Mystik und Häresie, Bauernunruhen und Wiedertäufer. In *Na Casa de Julho e Agosto* (1984) kennzeichnet die fehlende Intrige die Absicht der Autorin: Nicht die greifbare Realität, sondern das Aufspüren von Gefühlen, die Reflexion über das Geschehene, die Landschaft, den Traum oder auch nur der Metadiskurs zu Ansichten über das Schreiben nähern die Texte dem Bereich des Journal intime. Tagebuch nennt die Autorin denn auch folgerichtig die Werke *Um Falcão no Punho* (1985) und *Finita* (1987).

Nicht um determinierbare Menschen zentrieren sich die Texte, sondern um vielfältige Gruppen, Kollektive, Ausgeschlossene, Marginalisierte. Die Texte selbst zerfließen, wuchern und integrieren Zitate, werden zu einer gewaltigen Textmontage, die der Titel *O Livro das Comunidades* (1977) anzudeuten scheint. Sie sind poetisch in der Weise, daß sie die Mimesisfunktion ablegen und der semantischen Eindeutigkeit die Erforschung des Ichs in seiner Relation zum anderen unterschieben. Die entstehende Mehrdeutigkeit entspricht der Unfaßbarkeit der Lebensfunktionen. Briefe und Anreden integrieren ein Du, das der Leser sein kann, in den Text. Das Du wird so an der Suche nach Wahrheit beteiligt. Historische Figuren, wie die Beginen von Brügge, gehen über in Vestalinnen oder Vertreterinnen kontemplativer Orden in Portugal und erweisen sich als Ausdruck eines mystisch-vitalistischen Impulses, der weder zeitliche noch örtliche Begrenzungen kennt und im Bild des Hermaphroditen eine mythische Entsprechung findet (*Contos do Mal Errante* – 1986). Schreiben bedeutet Eintauchen in den Lebensstrom und ist Garantie für das Überleben. Der formale Umgang mit Texten, die wie in der Tradition des Palimpsests von den neuen Texten überzogen werden, aber nicht verschwinden, zeigt, wie sehr Form und Inhalte der Texte Gabriela Llansols sich dem Prinzip der Intertextualität verschrieben haben. Die Endgültigkeit eines Textes bleibt Utopie, das Vorhandene ist stets zu ergänzendes Fragment.

Luisa Dacosta (geb. 1927), die in den 80er Jahren ihre frühen Erzählungen (*A Província* – 1955 und *Vovó Ana, Bisavó Filomena e Eu* – 1969) in Neuauflagen zusammen mit neuen Texten *(A-Ver-o-Mar, Morrer a Occidente)* einem breiteren Publikum zugänglich machte, gestaltet ihre persönlichen Erfahrungen in Figuren, Legenden und Mythen, die ohne heldische Pose Meditationen über das Alltägliche darstellen und mit *Na Água do Tempo* (1992) auch Tagebuch genannt werden. Monologisierende Frauen benennen ihre Lebenserwartungen und -enttäuschungen im minutiös beschriebenen Rahmen des alltäglichen Großstadtlebens, das wiederum einem Ich die Stätten seiner Kindheit im erinnernden Rückblick erschließt. Unscheinbare Nichtigkeiten eröffnen den Blick für die Wesenhaftigkeit der Dinge.

Mit *Corpo Recusado* (1985) erscheint ein Buch aus vierzehn unterschiedlich langen Texten, die als individuelle Erzählungen, aber auch als fragmentierte Romanteile gedeutet werden können. Eine Erzählerin gibt Einblick in ihre Psyche, die im Rückblick auf die Phantasmen und Träume ihrer Jugend von Vorahnungen und Ängsten geplagt wird. Aus den sich offenbarenden Stimmen erstellt sich die Geschichte einer Frau, die sich einem geordneten und äußerlich glücklichen Leben entzieht und sich einer neuen Zukunft mit einem Mann widmet, der sie schließlich wieder verläßt. Kontrastiv zu dieser Haupthandlung spiegeln einzelne Geschichten karikaturhaft die Hypokrisie der bürgerlichen Moral, die sich äußerlich mit den Werten einer homogenen Gesellschaft schmückt, aber ansonsten gefühllos die Würde des einzelnen mißachtet. Den Text durchziehen Kontraste wie Vertrauen und Verrat, Glück der Kindheit, das Elternhaus und die liebenswerte Natur sowie deren Zerstörung durch Bilder der Zersetzung und der

Fäulnis. Diese äußeren Kontraste sind nur Indikatoren einer inneren Landschaft in dauernder Bewegung.

Missa in Albis (1988), *Casas Pardas* (1977) und *Lucialima* (1983), drei Romane von Maria Velho da Costa (geb. 1938), sind konsequenter Ausdruck experimentellen Schreibens, das die referentielle Funktion nicht aufgibt. Die fiktionale Welt verweist bei aller Diskontinuität und fragmentarischer Nebeneinanderstellung auf eine Außenrealität, in der der antibürgerliche Kampfeswille der Autorin eine Umstrukturierung erzwingen will. Maria Velho da Costa ist mit Maria Isabel Barreno und Maria Teresa Horta Verfasserin der *Novas Cartas Portuguesas* (1972), einer Sammlung von Briefen, Gedichten und Texten, die die Stellung der Frau in der Gesellschaft beleuchten und der Anklage gegen die Unterdrückung im privaten Bereich das Aufbegehren gegen ihre Ausschaltung im öffentlichen Bereich hinzufügen. Die *Novas Cartas Portuguesas* können als feministische Artikulierung einer bedrückenden Last, die individuell und kollektiv zu ertragen ist, gedeutet und als vorrevolutionärer Protest, der den Verfasserinnen persönliche Nachteile einbrachte, bewundert werden. In den letzten Romanen zeigt sich ihre ikonoklastische Absicht in der Variation semiotischer Vorgaben, in der intertextuellen Konstruktion neuer Realitäten, die den Prozeß der Umformung literarisch veranschaulichen. Ein Lyrikband *Corpo Verde* (1979) nutzt zu diesem Zweck das *Hohelied* Salomons. Die Autorin ordnet das von den biblischen Schöpfungsberichten tradierte Bild der Rollenverteilung in den erotischen Bildern über die Schönheit der Liebenden neu. Der weibliche Blick auf den Körper des Mannes fixiert keine stereotypen Schemata, sondern die Totalität des Begehrten. Der paradiesische Zustand ist ein Wunschbild, nicht ein schuldhaft verlorener Ort. Die Liebe generiert ein neues Sein, so wie die Genesisberichte Schöpfungsberichte sind. Dieses neue Sein ist ein friedliches Miteinander von Mensch und Natur. Es gibt keinen Sündenfall, der mit der Bestrafung Herrschaftsstrukturen sichtbar machte. Die hier besungene Liebe ist herrschaftsfrei und grenzüberwindend. Die intimen Texte meinen über den Liebesdialog hinaus eine gesellschaftliche Dimension, so daß sich die Grenze zwischen Lyrik und Roman als offen erweist und eine Realität sichtbar wird, in der die Macht einem anderen Gesetz weicht. Dieses andere Gesetz gilt als das Gesetz der Natur, in der weder Fluch noch Scham über der Sexualität liegen.

In der Novellistik Hélia Correias überwiegt wie schon bei Lídia Jorge ein pseudoreligiöses Klima, das in dem realistischen Milieu der portugiesischen Provinz für das plötzlich auftretende Wirken von abergläubischen Vorurteilen sorgt. In *Montedemo* (1983) führt die unerklärliche Geburt eines farbigen Kindes, dessen weiße Mutter sichtbar keine Beziehungen zu einem möglicherweise farbigen Vater hatte, zum Erwachen von irrationalen Instinken, in *A Casa Eterna* (1991) wird der Leser mit Personen konfrontiert, die aus der Bildwelt des Hieronymus Bosch zu stammen scheinen. Die Gewalt der Instinkte betrifft die Sexualität und die das physische Überleben garantierende Überwindung sozialer Schranken. *O Número dos Vivos* (1982) beschreibt den sozialen Aufstieg einer Analphabetin zu bürgerlichen Verhältnissen, in *O Separar das Águas* (1981) – auch hier enthält der Titel einen religiösen Verweis – gelingt dies einem ländlichen Schweinehirten.

Behandelt Hélia Correia soziale Themen in einer magisch-realistischen Dimension, so widmet sich Filomena Cabral (geb. 1944) dem intersubjektiven Beziehungsgeflecht, das in *Finale* (1992) auf einer abstrahierenden Ebene von pronominalen Ausdrücken ohne individuelle Charakterisierung analysiert wird. Die Gattungsbestimmung schwankt auch hier zwischen Journal, Dialog, philosophischer Reflexion oder auch dramatischem Gedicht, in dem es durch die psychische Entwicklung der Frau zur Veränderung der Statik des Partners kommt. Durch die fehlende Individualisierung überwiegt die begriffliche Konzeptualisierung in den Texten, die jedem Konfessionscharakter abhold sind, obwohl sie Elemente der klassischen Liebesgeschichte enthalten. Die Problemstellungen stehen so in ihrer psychoanalytischen Präzision im Vordergrund: das Ich, das sich in seiner Verwirklichung durch soziale Bedingungen behindert sieht.

Filomena Cabral veröffentlichte nach ihrer Rückkehr aus Angola, wo sie seit den 60er Jahren gelebt hat, eine Vielzahl von Erzählungen (*Staccato* – 1981; *Play it Sam, again* – 1986) und Romanen (*Tarde de Mais Mariana* – 1985; *Maldamor* – 1988; *Obsidiana* – 1990), aber auch Lyrik (*Sol Intermitente* – 1976; *Muxima* – 1979; *Iluminuras* – 1987). Sie bezeichnet *Muxima* als ihre Liebeserklärung an Afrika, in der sie ein lyrisches Ich, in dem sie das angolanische Volk verkörpert sehen will, zur Erforschung zwischenmenschlicher Beziehungen heranzieht.

Afrikanische Lebenserfahrungen prägen auch Wanda Ramos (geb. 1948), die in Poesie (*E contudo cantar sempre* – 1979; *Intimidade da Fala* – 1983; *Poe-mas-com-sentidos* – 1986) vorzugsweise Erinnerungen zu bewältigen sucht, welche die Gegenwart belasten. *Percursos (do Luachimo ao Luena)* erschien 1981 mit Erinnerungen an die angolanische Kindheit, wobei die im Titel benannten Flüsse Bewußtseinsströme zwischen Vergangenheit und Gegenwart (der Erwachsenenzeit) kanalisieren.

Die Erzählzeit und die erzählte Zeit werden mit der Verwendung der dritten Person durch den Erzähler in ihrer Distanz verdeutlicht. Reflexionen zur Erzählweise stützen die Zweigleisigkeit des Romans, der in der Wiederbelebung der Vergangenheit durch den Erzähler eine Katharsisfunktion initiiert. Die Kindheit um den Luachimofluß wird als geschlossener repressiver Kosmos empfunden, aus dem Reisen einen vorübergehenden Ausbruch ermöglichen. Später bewirkt die Rückkehr an diesen Fluß den endgültigen Bruch mit den Normen von Familie und Gesellschaft. Dazwischen liegen Entwicklungsstadien des Ichs, die erprobt und überwunden werden und die zur Entscheidungsfähigkeit des Erwachsenendaseins beitragen. Die Erzählzeit erlaubt dem Erzähler die Bewußtseinsanalyse, die Bewertung der Ereignisse und die schließliche Befreiung von der Last, die die gesellschaftlichen Stereotypen des Elternhauses, des Ehelebens und die Lügen des Kolonialkriegs darstellten. Der Vorgang des Schreibens profiliert sich als Instrument der Erkenntnis, zu der der Erzähler nach Erkundung der Ströme von Erinnerung und Bewußtsein zu gelangen hofft.

Mit *As Incontáveis Vésperas* (1983) thematisiert Wanda Ramos das Erwachen der weiblichen Sexualität in trostlosen Jahren der portugiesischen Provinz, wo die Notwendigkeit zur Verstellung innerhalb von Familie, Kirche und Schule, die parabelhaft für ein ganzes Land stehen, das Überleben garantiert. Die Novellensammlung *Os Dias depois* (1990) konfrontiert wieder eine Erzählerin mit ihrer Vergangenheit, die sie stückweise beim Aufräumen von Fächern in den dort gelagerten Briefen, Zeitungsausschnitten, Tonbändern und Kassetten wiederentdeckt. Auch hier verbindet sich der Metadiskurs der Erzählerin, ihre Einsamkeit und ihre Nostalgie mit der erzählten Vergangenheit und der in Imaginationen und phantastischen Visionen sich andeutenden Zukunft. Der zunächst wie ein Detektivroman erscheinende Roman *Litoral – Ars Solis* (1991) entpuppt sich schließlich ebenfalls als ein Versuch der Selbstfindung, der die Chiffren für das Labyrinth des psychischen Raums zur Verfügung stellt. Der Ich-Roman kreist um den Neffen der Erzählerin, Miguel Cê, der aus nicht geklärten Umständen stirbt. Sein Leben und seine Gegenwart in dem Landhaus im galicischen Finisterra enthält glückliche Stunden, aber eine Reihe von Indizien lassen das tragische Ende unausweichlich erscheinen. Sind die Elemente seines Charakters und seiner Konstitution dafür verantwortlich oder unterliegt sein Schicksal einem Fatum, das Mythen und Legenden des galicischen Nordens um Liebe, Tod, Leidenschaft und Einsamkeit offenbaren können?

Die Erzählerin sucht die Gründe zu eruieren für den Tod des Neffen. Sie befragt Zeugen, sucht Indizien, kommentiert Gespräche, interpretiert Gesten und Handlungen. Sie verfolgt den toten Helden auf seinem Weg nach Galicien und bei seiner Rückkehr in das Land seiner Vorfahren. Indem die Erzählerin die Recherche aufnimmt, vollzieht sie ein Identifizierungsverfahren, das die Ergebnisse des Detektivromans verfälscht. Statt die Gründe für Miguels Tod zu erfahren, verstrickt sie sich immer mehr in die Mäander ihrer eigenen Psyche. Ein gewisser Skeptizismus unterliegt dem sich herausbildenden Konzept einer tragischen Existenz.

Als *Esta Noite Sonhei com Brueghel* (1987) von Fernanda Botelho (geb. 1926) erschien, hatte die Autorin schon ein umfangreiches Werk verfaßt, das biographischen Entwicklungen folgend (*Ângulo Raso* – 1957; *Calendário Privado* – 1958; *Xerazade e os Outros* – 1964) Jugend und Erwachsensein in einer realistisch-bürgerlichen Umwelt schildert. Die Sterilität eines solchen Lebens löst die Frage nach den Gründen für persönliches Glück aus, der die Protagonistin von *Esta Noite Sonhei com Brueghel* nachgeht, die in einer Art Rahmengeschichte sich selbst zur Erzählerin einer fiktionalen Autobiographie macht, so daß der Metadiskurs, die Reflexionen über das Schreiben, auch für Fernanda Botelho hier wie in *Festa em Casa de Flores* (1989) zum Thema des Romans werden kann. Hinter der Wahrheitssuche oder dem Konzept von Literatur als Erkenntnisbereicherung verbirgt sich möglicherweise auch die Hoffnung, neue Enttäuschungen vermeiden zu können. Die Protagonistin Luiza jedenfalls gibt den Personen ihres Romans die Möglichkeit, die ihnen zugeschriebenen Meinungen wie Zeugenaussagen mit in die Rekapitulation ihres Lebens einzubringen. In der Biographie ist die Rede von einer ersten Ehe und einer neuen Beziehung, die wiederum von einem Seitensprung gestört wird. Längst Vergangenes erscheint im Vergleich mit jüngeren Erfahrungen einer neuen Bewertung zugeführt werden zu können, so daß die Wahrheitsfindung keiner Chronologie unterworfen wird, sich aber dem Prozeß von Täuschung und Selbsttäuschung ausgeliefert sieht. Die Erzählerin ist sich dieser Gefahr bewußt. Der von ihr verharmloste Seitensprung wird trotz aller qualvollen Folgen für die durch ihn gestörte Beziehung als notwendig für die Identitätsfindung der Protagonistin angesehen und als Initiationsphase interpretiert. Erlebendes und erzählendes Ich sind also sichtlich unterschieden. Die Deutungen der Erzählerin führen vom individuellen Fall zur typologischen Interpretation des Geschehens.

Die Suche nach der eigenen Identität, nach Befreiung aus Fesseln, und seien es nur die des eigenen Unterbewußtseins, ist eine Eigentümlichkeit der Literatur der vorgestellten Autorinnen, sie ist aber – wie wir seit Pessoa wissen – Zeichen des Modernismus in der Literatur überhaupt. Sie wird exemplifiziert an der Beziehung des Individuums zur gesellschaftlichen Umgebung, die konkret in den politischen Ereignissen (Kolonialkrieg, Nelkenrevolution, Emigration) oder parabelhaft in historischen Bezügen erscheint.

Auch die Historie dient dem Verständnis der Gegenwart, und sie erscheint in der Chronik und der fiktiven Biographie, wie sie Agustina Bessa Luís mit *Florbela Espanca* (1979) und *Sebastião José* (1981) pflegt, ebenso gegenwärtig wie die in Reflexionen, Tagebüchern und Dialogen gestalteten direkten Zeugnisse der Aktualität.

Privates und Öffentliches verbinden sich darin, das Unbedeutende erhält ungewöhnliches Gewicht, und eine affektive Annäherung an die Realität bestimmt häufig den Erzählduktus, der die Objektwelt zum Ausgangspunkt der schweifenden Erinnerungen macht. Subjekte dieser Erinnerungen sind weibliche Protagonisten, die sich dem Abenteuer einer von der meßbaren Chronologie unabhängigen psychischen Zeit anvertrauen. Die Analyse von Möglichkeiten der schreibenden Erforschung von Wirklichkeit wird durch poetologische Reflexionen mitgeliefert, scheint hier und da sogar Hauptthema zu werden und die wichtige Thematik des Beziehungsgeflechts zwischen Mann und Frau oder Individuen allgemein beiseite zu schieben. Bei der affektiven Annäherung wird stilistisch der gesprochenen Sprache und ihrer Fixierung ein bevorzugter Raum zugestanden. Man kann den fragmentarischen Charakter, die scheinbare Chaotik und die sprunghaften Erzählformen vieler Texte als Ausdruck einer alogischen Schreibart interpretieren, aber auch als formale Skizzierung jenes thematischen Anliegens, das man mit Suche nach Erkenntnis und Gewißheit umschrieben hat. Daß die Texte keine definitiven Antworten gefunden haben, daß sie „offen" enden, wird man den Autorinnen nicht zum Vorwurf machen.

KOMMENTIERTE BIBLIOGRAPHIE

Es wird nur übergreifende Literatur zu Themen, Gattungen und Epochen aufgeführt. Für Studien zu einzelnen Autoren und Werken wird auf die im folgenden genannten Bibliographien verwiesen.

Allgemeine Nachschlagewerke und Bibliographien

Boletim de Bibliografia Portuguesa, Lisboa (Biblioteca Nacional) (1–17) 1935–1951, (21–30) 1955–1964, (37) 1971, (39–48) 1973–1982, (53) 1987.

Monatliche Bibliographien, die zu Jahresbänden mit Indizes zusammengefaßt werden und die Neuerscheinungen und Anschaffungen der portugiesischen Nationalbibliothek aus allen Wissensgebieten registrieren. Für in Portugal erschienene Werke ist eine gewisse Vollständigkeit garantiert. Ansonsten sind die Eintragungen vielen Zufällen ausgesetzt.

João Manuel Esteves Pereira und Guilherme Rodrigues (Hrsg.), Portugal – Dicionário histórico, corográfico, biográfico, bibliográfico, heráldico, numismático e artístico, 7 Bde., Lisboa 1904–1915.

Enthält wichtige biographische Informationen und z. T. überholte literarische Wertungen zu Autoren bis zum Ende des 19. Jahrhunderts.

Inocêncio Francisco da Silva, Dicionário Bibliográfico Português, continuado par Brito Aranha e Álvaro Neves, Lisboa 1858–1923, 22 Bde. und ein Bd. *Adiamentos* von Martinho da Fonseca (1927) sowie ein *Guia Bibliográfico* von Ernesto Soares (1958).

Unerschöpfliche Fundgrube für biographische und bibliographische Daten von Autoren bis zum Ende des 19. Jahrhunderts. Im Einzelfall können die Angaben überholt sein.

Zeitschrift für Romanische Philologie, Supplementhefte 1–79, Halle bzw. Tübingen 1878–1964.

Romanische Bibliographie, Tübingen 1965 ff.

Mit Ausnahme des Berichtszeitraumes 1914–1923 vollständige Jahresbibliographie ab 1875 (z. T. in Mehrjahresbänden) zur romanischen Sprach- und Literaturwissenschaft. Die Studien zur portugiesischen Literatur des 19. und 20. Jahrhunderts sind in entsprechenden Sektionen übersichtlich zusammengestellt. Mit dem Berichtszeitraum 1961 wechselt der Titel in *Romanische Bibliographie*.

Massaud Moisés, Bibliografia da Literatura Portuguesa, São Paulo 1968.

Handliche Auswahlbibliographie.

Jacinto do Prado Coelho (Hrsg.), Dicionário de Literatura (Literatura Portuguesa, Literatura Brasileira, Literatura Galega, Estilística Literária), 5 Bde., Porto ^{4}1994.

Unerläßliches Hilfsmittel. Enthält thematische, biographische und historische Analysen und Werkinterpretationen sowie bibliographische Angaben bei jedem Artikel.

João José Cochofel (Hrsg.), Grande Dicionário da Literatura Portuguesa e de Teoria Literária, Lisboa 1978ff.

Artikel verschiedener Mitarbeiter zu unterschiedlichen literarischen Themen, Gattungen, Werken der Weltliteratur (z.B. „Bovarysmo" von João Medina), die in Bezug zur portugiesischen Literatur stehen. Die Veröffentlichung erfolgt in mehreren Bänden (Bd. 1 = 1978). Bisher (1994) erschien nur Bd. 1.

Ernst Gerhard Jacob, Grundzüge der Geschichte Portugals und seiner Übersee-Provinzen, Darmstadt 1969.

Knappe und sehr impressionistische Darstellung, die die umfassende Information zu sehr von der Zufälligkeit der benutzten Quellen abhängig macht.

Eugénio Lisboa, Dicionário Cronológico de Autores Portugueses, Mem Martins 1985ff. (Bd. III: 1994).

Das zunächst in drei Bänden konzipierte Werk bringt Kurzbiographien und Werkbeschreibungen von den mittelalterlichen Anfängen bis zum Ende des 19. Jahrhunderts (Bd. III). Dem 19. Jahrhundert sind Bd. II und III gewidmet. Die Eintragungen sind nach Geburtsjahren der Autoren gegliedert. Der Zugang wird über ein alphabetisches Autorenverzeichnis erleichtert. Anonyme und kollektive Werke sind ebenso wie Pseudonyme über Verweise in Indices erschließbar. Die Konzeption des Lexikons betont die historische Perspektive und erlaubt seine Benutzung als Ersatz einer Literaturgeschichte. Ein Werk mit hohem Informationswert.

António Henrique de Oliveira Marques, Historia de Portugal, 3 Bde., Lisboa ^{1}1972ff.

Die jetzt in 10. Auflage vorliegende Geschichte Portugals ist eine wissenschaftlich exakte Analyse und dennoch primär für ein großes Publikum von Nichtspezialisten bestimmt. Vermeidet jede ideologische Fixierung, verzichtet aber nicht auf die Bewertung der Einzelfakten, die jeweils mit Verweisen auf Quellen und Literatur interpretiert werden.

–, História de Portugal, Lisboa (Imprensa Nacional) 1991 (Sínteses da Cultura Portuguesa – Europália 91).

Kurzgefaßte Zusammenstellung der wichtigsten Ereignisse der portugiesischen Geschichte aus Anlaß der Präsentation Portugals auf der Europalia-Ausstellung 1991 in Brüssel.

Joel Serrão (Hrsg.), Dicionário de História de Portugal, 4 Bde., [Lisboa 1971] (erschien in Faszikeln ab 1963), Neuauflage in 6 Bänden: Porto 1992.

Nützliches Nachschlagewerk als Informationsquelle und als Überblick über den Forschungsstand zu Institutionen, Kultur- und Wirtschaftsgeschichte, Parteien und Persönlichkeiten. Umfangreicher internationaler Mitarbeiterstab. Die Artikel schließen mit bibliographischen Hinweisen.

Geschichte der portugiesischen Literatur

Antônio Soares Amora (Hrsg.), Presença da Literatura Portuguesa, 5 Bde., São Paulo (Difel) 1983–1985.

Didaktische Intentionen leiten die Darstellung, die jeden Band mit einer Epochenkennzeichnung einführt, die Autoren mit einer kurzen Einleitung vorstellt und jeweils Textauszüge folgen läßt. Die Bände 3 bis 5 betreffen das 19. und 20. Jahrhundert (Massaud Moisés: *Romantismo – Realismo* in 5. Auflage; Antônio Soares Amora: *Simbolismo* in 6. Auflage; Massaud Moisés: *Modernismo* in 4. Auflage). Wichtig wegen der bibliographischen Angaben.

Aubrey Fitzgerald Bell, Portuguese Literature, Oxford 1970.

Standardliteraturgeschichte aus dem Jahre 1922, der eine ausführliche Bibliographie in der Neuausgabe beigefügt wurde.

Maria Leonor Carvalhão Buescu, História da Literatura, Lisboa (Imprensa Nacional) 1991 (Sínteses da Cultura Portuguesa – Europália 91).

Kurzgefaßte Darstellung der portugiesischen Literaturgeschichte aus Anlaß der Präsentation Portugals auf der Europalia-Ausstellung 1991 in Brüssel. Zur ersten Orientierung und Einführung geeignet.

Joaquim Ferreira, Historia da Literatura Portuguesa, 3. Auflage ([1]1939), Porto [1964].

Gut dokumentierte schulmäßige Literaturgeschichte bis zum Beginn des 20. Jahrhunderts. Veraltet (das 19. Jahrhundert trägt bezeichnenderweise das Etikett «Época Contemporânea»).

Georges Le Gentil, La Littérature portugaise, Paris 1935.

Knapper, aber seriöser Überblick über die portugiesische und brasilianische Literatur.

Óscar Lopes u. a., História da Literatura Portuguesa, Teil III: Época Contemporânea, Lisboa (Estúdios Cor) 1973 (História Ilustrada das Grandes Literaturas Bd. VIII, 2).

Fortsetzung der zweibändigen portugiesischen Literaturgeschichte gleichen Titels von António José Saraiva (vgl. unten) für das 20. Jahrhundert. Im Sinne der Offenlegung der Interdependenzen zwischen sozioökonomischen Bedingungen, ideologischen Hintergründen und Literatur werden den chronologischen Schnitten (1890–1910; 1910–1926; 1926–1965) Kapitel über die politische, soziale und geistige Situation der Epoche vorangestellt. Die literarische Beschreibung folgt herkömmlichen Etiketten und der Methode der Kurzmonographie, die sich hier und da – ohne daß Prinzipien feststellbar wären – zu längeren Werkuntersuchungen weitet. Die Darstellung endet historisch bei der Generation der «Presença». Die Texte aus der Feder von Oscar Lopes wurden – ergänzt durch einige jüngere Analysen – neu herausgegeben unter dem Titel: Oscar Lopes, Entre Fialho e Nemésio – Estudos de Literatura Portuguesa Contemporânea, 2 Bde., Lisboa 1987.

João Mendes, Literatura Portuguesa, 4 Bde., Lisboa (Verbo) [1974–1979].
Es handelt sich um Fragmente einer Literaturgeschichte, die von Schülern des Priesters und Lehrers João Mendes herausgegeben wurden. Die Bände III und IV sind dem 19. und 20. Jahrhundert gewidmet. Sie untersuchen Stil- und Epochenfragen und Leben und Werk der wichtigsten Autoren. Die Literaturgeschichte ist für João Mendes Darstellung der in der Literatur sich manifestierenden Geschichte von Menschen und Werten, die über sie hinausweisen und die er mit der Verantwortung des Moralisten aufspürt.

Feliciano Ramos, História da Literatura Portuguesa deste o Século XII aos Meados de Século XX, 7. Aufl., Braga o. J.
Unveränderte Neuauflage einer älteren Überblicksgeschichte mit didaktischer Zielsetzung. Das 20. Jahrhundert wird nur bis zum Modernismus vorgestellt.

Giuseppe Carlo Rossi, Geschichte der portugiesischen Literatur, Tübingen 1964.
Erweiterte deutschsprachige Ausgabe des italienischen Originals: *Storia della letteratura portoghese*, Firenze 1953. Die Übersetzung ist eine Zumutung für den Leser. Das Buch enthält allerdings eine Vielzahl biobibliographischer Angaben, die – wenn sie auch mit Vorsicht zu benutzen sind – nützlich für die Hinführung zu den Texten sein können.

Albino Forjaz de Sampaio (Hrsg.), História da Literatura Portuguesa Ilustrada, 4 Bde., Paris–Lisboa und Porto (Bd. 4) 1929–1942.
Sammlung von Einzelbeiträgen zu Themen und Autoren. Band IV (1942) enthält das 19. und 20. Jahrhundert mit Beiträgen von Vitorino Nemésio («A Segunda Geração Romântica»), Fidelino de Figueiredo, Jacinto do Prado Coelho u. a.

António José Saraiva und Óscar Lopes, História da Literatura Portuguesa, Porto ^{16}1992.
Beste handliche Literaturgeschichte vom Mittelalter bis heute mit bibliographischen Hinweisen. Die kuriose Epocheneinteilung (das ganze 19. Jahrhundert wird unter dem Begriff «Romantismo» subsumiert, das 20. Jahrhundert heißt «Época Contemporânea») kann die Nützlichkeit des Werks nicht beeinträchtigen. Bei der Literatur der zweiten Hälfte des 20. Jahrhunderts beschränkt sich die Darstellung auf die ordnende Registrierung von Namen und Titeln nach thematischen oder gattungstypischen Gemeinsamkeiten. Auswahlbibliographien zu den einzelnen Abschnitten.

António José Saraiva, História da Literatura Portuguesa, Teil I: Das Origens ao Romantismo, Teil II: O Romantismo, Lisboa (Estúdios Cor) 1966 (História Ilustrada das Grandes Literaturas Bd. VIII, 1).
Diese Literaturgeschichte konzentriert die Darstellung auf die wichtigsten Autoren und Ereignisse, die treffend und im Detail dokumentiert werden. Einzelne komplementäre Kapitel stellen die Verbindung zwischen den monographischen Artikeln und den Gesamttendenzen, die sich in den weniger herausragenden Autoren zeigen, her. Für das 20. Jahrhundert existiert ein Abschlußband von Óscar Lopes (vgl. oben).

Einzelne Gattungen

Roman

Adolfo Casais Monteriro, O Romance e os seus Problemas, Lisboa 1950.
Aus der Sicht eines Vertreters der «Presença» werden neben Gattungsfragen und Beispielen aus der russischen, angelsächsischen und französischen Romantradition moderne brasilianische und portugiesische Romanciers in einer kritischen Wertung vorgestellt.

João Gaspar Simões, História do Romance Português, 2 Bde., Lisboa (Estúdios Cor) 1967 ff.
Bd. II (1969) enthält die kenntnisreiche, wenn auch persönlichen Urteilen folgende Darstellung der großen Romane und Romanciers des 19. Jahrhunderts. Sie wird ergänzt durch einen Anthologieteil.

–, Perspectiva Histórica da Ficção Portuguesa – Das Origens ao Século XX, Lisboa 1987.
Das Buch ist eine um vier Kapitel ergänzte Neuausgabe der *História do Romance Português* ohne den Anthologieteil.

Theater

José Oliveira Barata, História do Teatro Português, Lisboa (Universidade Aberta) 1991.
Exemplarische Darstellung der Theatergeschichte Portugals von der Renaissance bis in die Gegenwart anhand von ausgewählten Autoren und Stücken der unterschiedlichen Epochen in der Art einer Vorlesungsreihe.

Duarte Ivo Cruz, Introdução à História do Teatro Português, Lisboa 1983.
Die zweite Hälfte der Studie befaßt sich mit dem 19. und 20. Jahrhundert. Der Verfasser ist ein guter Kenner der Materie mit weltweiter Theatererfahrung. Die Analysen sind von unterschiedlichem Wert: von der aufzählenden Orientierung bis zur thematischen und stilistischen Analyse.

Duarte Ivo Cruz, O Ciclo do Romantismo (Do Judeu a Camilo), Lisboa 1988.
Erster Band einer geplanten Geschichte des portugiesischen Theaters, die sich als Mosaik zusammensetzt aus Einzelstudien, die bisher nicht zusammenhängend beschriebene Epochen umfassen. Der vorliegende Band behandelt das 18. und die erste Hälfte des 19. Jahrhunderts unter den Überschriften Klassizismus, Vorromantik, Romantik und Ultraromantik.

José Pinto Loureiro, O Teatro em Coimbra (1526–1910), Coimbra 1959.
Chronologische Zusammmenstellung der Theaterereignisse in Coimbra sowie alphabetische Aufzählung der Stücke, die im angegebenen Zeitraum aufgeführt wurden. Ein abschließender Überblick informiert über die Theatersäle, Autoren, Musiker und Schauspieler sowie über die finanzielle Lage, insbesondere im 19. Jahrhundert.

Luiz Francisco Rebello, História do Teatro, Lisboa (Imprensa Nacional) 1991 (Sínteses da Cultura Portuguesa – Europália 91).
Kurzgefaßte Zusammenfassung der portugiesischen Theatergeschichte aus Anlaß der Präsentation Portugals auf der Europalia-Ausstellung 1991 in Brüssel. Informative und ausgewogene Darstellung, deren Kapitel 7 bis 10 (S. 58–108) dem 19. und 20. Jahrhundert gewidmet sind.

Luciana Stegagno Picchio, Storia del teatro portoghese, Roma 1964, in portugiesischer Übersetzung: História do Teatro Português, Lisboa [1969].
Nützliche Darstellung und unentbehrliche Informationsquelle für alle Arbeiten zum portugiesischen Theater. Umfangreiche Bibliographien, Anmerkungen und Indizes.

Gino Saviotti, Teoria de Teatro em Portugal de Garrett aos nossos Dias, in: Bulletin d'Histoire du Théâtre Portugais, Bd. I (Lisboa: Institut Français au Portugal 1950), S. 121–152.

–, Teoria de Teatro em Portugal: Tendências contemporâneas, in: Bulletin d'Histoire du Théâtre Portugais, Bd. IV (Lisboa: Institut Français au Portugal 1953), S. 177–205.
Kurze informative Studien zu dramentheoretischen Äußerungen portugiesischer Autoren, Grundsätzen der Theaterkritik und Aufführungspraktiken.

Poesie

Hernâni Cidade, O Conceito da Poesia como Expressão da Cultura. A Sua Evolução através das Literaturas Portuguesa e Brasileira, Coimbra ²1957.
Versuch, die poetischen Impulse jeder Epoche der Poesiegeschichte zu definieren, ohne in die Aufzählung von Werken und ihrer äußeren Entstehungsgeschichte zu verfallen. Die jeweilige Poesie soll aus der Gesamtheit des kulturellen Lebens und als dessen Bestandteil erklärt werden. Viele unhaltbare Werturteile, besonders über Autoren und Werke des 20. Jahrhunderts, schaden dem Versuch der Synthese, die ansonsten in ihrer Beschreibung stilistischer Phänomene ihren Wert nicht verleugnet.

João Gaspar Simões, História da Poesia Portuguesa das Origens à Actualidade, 3 Bde., Lisboa 1955 ff.
Beschreibende Darstellung mit Anthologieteil aus der Sicht eines Literaturkritikers. Der 3. Band erschien unabhängig mit dem Titel: *História da Poesia Portuguesa do Século Vinte*, Lisboa 1959, und stellt eine unverzichtbare Informationsquelle zur Beschäftigung mit der portugiesischen Poesie nach 1875 dar. Die Analysen und Wertungen sind allerdings sehr persönlich und müssen durch jetzt vorhandene Studien zur Lyrik des 19. und 20. Jahrhunderts ergänzt werden.

Periodika

Clara Rocha, Revistas Literárias do Século XX, Lisboa 1985.
Auf eine soziologische Annäherung an das Phänomen der literarischen Zeitung folgt die chronologische Darstellung der Zeitschriften, gegliedert durch die epochemachenden Titel wie «A Águia», «Orpheu», «Presença» usw. Der Sichtbarmachung des intellektuellen Diskurses zwischen den Zeitschriften auch in ihrer zeitlichen Abfolge gilt das besondere Interesse der Autorin. Gut dokumentiert.

José Tengarrinha, História da Imprensa Periódica Portuguesa, Lisboa 1965.
Informativer Gesamtüberblick mit allgemeiner Bibliographie und Angaben zu Spezialfragen.

Geschichte der portugiesischen Literatur des 19. und 20. Jahrhunderts

João Ameal, Panorama de la littérature portugaise contemporaine, Paris 1949.
Ameal erstellt Porträts von Autoren des 19. und 20. Jahrhunderts. Auswahl und Bewertung der Autoren und ihrer Werke folgen, insbesondere im 20. Jahrhundert, recht persönlichen Einschätzungen.

Costa Barreto (Hrsg.), Estrada Larga, 3 Bde., Porto [1958–1961].
Estrada Larga ist die Zusammenstellung literaturkritischer und essayistischer Artikel zum 19. und 20. Jahrhundert, die in der anspruchsvollen Kulturbeilage der Zeitung «Comércio do Porto» erschienen sind. Ein wichtiges Dokument literarischer Wertung aus den 50er Jahren.

[José Pereira de Sampaio] Bruno, A Geração Nova, Ensaios Críticos: Os Novelistas, Porto [1886].
Frühe Darstellung des Romans und der Novelle im 19. Jahrhundert nach Sachgruppen und Genera (historischer Roman, romance íntimo, romance rural usw.), die für die Literaturgeschichtsschreibung wertvolle Akzente setzte, heute aber mehr als Quelle für die Geschichte der literarischen Rezeption anzusehen ist.

Jacinto do Prado Coelho, A Letra e o Leitor, Lisboa 1969.
Zusammenstellung von Analysen zu Autoren insbesondere des 19. und beginnenden 20. Jahrhunderts des philologisch gebildeten, Schulenbildung abholden Universitätsprofessors. Thematische und stilistische Untersuchungen.

[Fundação Calouste Gulbenkian] (Hrsg.), L'Enseignement et l'expansion de la littérature portugaise en France – Actes du colloque, Paris (Fondation Calouste Gulbenkian) 1986.
Die Akten des internationalen Kolloquiums enthalten neben komparatistischen Fragen der Wirkungsforschung zu Stoffen und Themen (Inês de Castro, der romantische Held) substantielle Beiträge über Eça de Queirós, Autoren des Segundo Modernismo und des Neorealismus sowie zu Roman, Theater und Poesie der Gegenwart.

Álvaro Manuel Machado, O Francesismo na Literatura Portuguesa, Lisboa 1984 (Biblioteca Breve 80).

Der Versuch, das portugiesische Frankreichbild und seine Wirkung auf die portugiesischen Autoren insbesondere des 19. und 20. Jahrhunderts als eine Reaktion auf die Furcht vor einem iberischen Provenzialismus unter spanischer Vorherrschaft zu erklären, die paradoxerweise zu einem Provenzialismus in bezug auf die französische Literatur geführt habe. Außer den Romantikern werden die Autoren des Realismus, Symbolismus und Modernismus unter der genannten Fragestellung behandelt.

Álvaro Manuel Machado, Les Romantismes au Portugal: modèles étrangers et orientations nationales, Paris (Fondation Calouste Gulbenkian) 1986.

Monumentales Werk, dessen einzelne Teile komparatistische Studien zu den folgenden Gebieten darstellen: I: Die vorromantischen literarischen Einflüsse aus Frankreich, Deutschland und England und das Bild dieser Länder in den wichtigsten Literatur- und Kunstzeitschriften Portugals bis etwa 1850; II: Romantik und Spätromantik in ihrem Verhältnis zur englischen, französischen und deutschen Literatur; III: Die romantischen Grundlagen französischen und deutschen Ursprungs bei den Realisten und Positivisten (Antero de Quental, Teófilo Braga, Fialho de Almeida, Gomes Leal u. a.); IV: Postromantik und Dekadenz bei Raul Brandão. Wenn auch der Romantikbegriff des Autors in der hier definierten Weite umstritten sein wird, so besticht das Werk durch die Präzision der Einflußforschung, die Dokumentation des Details und die umfassende Bibliographie.

Vasco Graça Moura, Várias Vozes, Lisboa 1987.

Aufsätze eines „Liebhabers“ von Literatur, wie der Autor in der Einleitung untertreibend sagt, zu Themen der Literatur des 19. und 20. Jahrhunderts.

David Mourão-Ferreira, Hospital das Letras, Lisboa 1966.

Neben kurzen Abhandlungen zur älteren portugiesischen Literatur und zur brasilianischen Lyrik enthält der Essayband Interpretationen zu Autoren und Einzelwerken des 19. und 20. Jahrhunderts.

Joel Serrão, Portugueses somos, Lisboa 1975.

Essays zu politischen Denkern des 19. und 20. Jahrhunderts, zum literarischen Antiklerikalismus, zu sozialen und lyrischen Themen in der modernen Literatur. Anthologie verstreut publizierter Texte.

–, Temas Oitocentistas. Para a História de Portugal no Século Passado, Lisboa 1959 und 1962, Neufauflage 1978.

Studien zu Alltagspraktiken (Werkzeuge und Industrie) und zum Lebensgefühl im 19. und 20. Jahrhundert sowie ihren Reflexen in der Literatur (Poesie und Roman).

Maria Leonor Machado de Sousa, O «Horror» na literatura portuguesa, Lisboa 1979 (Biblioteca Breve 32).

Knappe Darstellung der Autoren und Werke des 19. und 20. Jahrhunderts (Lyrik, Theater und Roman), die sich aus der gemeinsamen Tradition der Literatur des „Schrecklichen“ (18. Jahrhundert) und der „schwarzen“ Romantik (Friedhofs- und Nachtthematik) erklären lassen.

Einzelne Gattungen

Roman

António Álvaro Dória, A Vida Rural no Romance Português, Lisboa 1950.
Thematische Untersuchung zum romantischen, realistischen und modernen Roman (20. Jahrhundert), die sich der Spiegelung des Landlebens im Roman widmet (Mensch – Umwelt, Kleidung, Wohnung, Arbeit, Glaube und Aberglaube, Sprache)

Theater

[António de] Sousa Bastos, Dicionário do Teatro Português, Lisboa 1908.
–, Carteira do Artista, Lisboa 1898.
Aufzeichnungen eines Zeitgenossen zur Geschichte des portugiesischen Theaters mit Hinweisen auf Autoren und Schauspieler.
Duarte Ivo Cruz, O Simbolismo no Teatro Português (1890–1990), Lisboa 1991 (Biblioteca Breve 124).
Eigenwillige Interpretation des portugiesischen Theaters im ausgehenden 19. und im 20. Jahrhundert unter dem Etikett des Symbolismus. Das verbindende Element der Autoren von D. João da Câmara über Fernando Pessoa, Régio bis Bernardo Santareno liegt in der unterschiedlichen Verwirklichung der Aspekte des „Symbolismus". Der Symbolismus existiert danach als indeciso, incompleto, intermitente, difuso, intuido, esquecido oder als simbolismo menor. Insgesamt eher eine Studie zur Gattungsfrage.
Luiz Francisco Rebello, 100 Anos de Teatro Português, Porto 1984.
Auf eine kurze historische Übersicht folgen eine alphabetisch geordnete Serie von Lexikonartikeln zu Theaterautoren und eine ebenfalls alphabetisch gegliederte Darstellung einzelner Stücke (Publikation, Aufführungsdaten und Schauspieler, Inhalte und Kritik). In einem Anhang werden Szenenfotos publiziert.
–, História do Teatro de Revista em Portugal, 2 Bde., Lisboa 1984/85.
Die beiden Bände behandeln die rund 130 Jahre der Existenz der Gattung «Revista». Die Geschichte der Gattung, eine Mischung aus Vaudeville und Kabarett, konnte wegen der bisher kaum veröffentlichten Quellen noch nicht geschrieben werden. Diesem Mangel kommt ein umfangreicher Anthologieteil entgegen. Die Darstellung analysiert die Gattung und beschreibt ihre historische Entwicklung bis in die neueste Zeit. Mit Illustrationen und verschiedenen Indizes, aber ohne Inhaltsverzeichnis im 2. Band.
– (Hrsg.), Teatro Português do Romantismo aos nossos Dias – uma Antologia seleccionada, prefaciada e anotada por L. F. R., Lisboa (Círculo do Livro) [1960].
Luiz Francisco Rebello gibt in der Einleitung eine kurze, aber substantielle Darstellung der Theaterproduktion von Garrett bis etwa 1960 (S. XIII–LXXIX).

[G.] Matos Sequeira, História do Teatro Nacional D. Maria II, 2 Bde., Lisboa 1955.
Chronologische Darstellung der äußeren Geschichte des portugiesischen Nationaltheaters. Ausgehend von der Theatersituation in der 2. Hälfte des 18. Jahrhunderts werden Gründungsvorbereitungen, Gründung und die Geschichte des Nationaltheaters detailliert beschrieben. Bauliche Fragen, Repertoire, Schauspieler, Finanzen und Administration ergeben zusammen eine unersetzliche Dokumentation zur Geschichte des portugiesischen Theaters im 19. und 20. Jahrhundert. Listen aller im Nationaltheater aufgeführten Stücke mit Daten und Aufführungszahlen sowie alle dort aufgetretenen Künstler schließen das Werk ab.

Poesie

Fernando Guimarães, Linguagem e Ideologia, Porto 1972.
Das Buch umfaßt außer einigen literaturtheoretischen Überlegungen stilistische Untersuchungen zu einzelnen Dichtern des 19. und 20. Jahrhunderts.

19. Jahrhundert (allgemein)

Hernâni Cidade, Século XIX. A Revolução Cultural em Portugal e alguns dos seus Mestres, Lisboa 1961.
Anthologie von verstreut publizierten Untersuchungen zu Autoren der Romantik und des Realismus (Garrett, Herculano, Eça de Queirós, Teófilo Braga, Antero de Quental und Ramalho Ortigão). Die Autoren werden auf ihren patriotischen Beitrag zur geistigen Erneuerung Portugals hin untersucht.

Alberto Ferreira, Estudos de Cultura Portuguesa (Século XIX), Lisboa 1980.
Anthologie von Einzelstudien zu Fragen der Pädagogik, Literatur und Gesellschaft im 19. Jahrhundert. Mehr problemorientierte als historische Vorgehensweise eines engagierten Kämpfers für eine humane Gesellschaft.

Fidelino de Figueiredo, História da Literatura Romântica (1825–1870), Lisboa ^{1}1913, São Paulo ^{3}1946.

–, História da Literatura Realista, Lisboa ^{2}1924.
Die beiden Bände des berühmten Literaturhistorikers des beginnenden 20. Jahrhunderts sind durchaus noch lesenswert wegen der heute kaum noch praktizierten, Akzente setzenden Gesamtschau. Von der Biographie geht die Darstellung über zur beschreibenden inhaltlichen und formalen Analyse und zur literaturhistorischen Einordnung mit Hilfe von Vergleichen. Auf Quellenforschung wird verzichtet.

Vitor de Sá, A Crise do Liberalismo e as Primeiras Manifestações das Ideias Socialistas em Portugal (1820–1852), Lisboa ^{3}1978 (^{1}1969).
Die als Doktorarbeit (doctorat d'Etat) an der Sorbonne angefertigte Arbeit

behandelt die politischen, sozialen und ökonomischen Probleme, die sich der portugiesischen Gesellschaft in der Zeit des Liberalismus stellten: Verfassungsfragen, Bürgerkriege, Aufstände, Arbeiterbewegungen, Frühsozialismus und die Diskussion um das Privateigentum. Grundlegendes Werk mit umfangreicher Bibliographie.

João Gaspar Simões, Liberdade do Espírito, Porto 1948.

Essays zur portugiesischen und europäischen Literatur des 19. und 20. Jahrhunderts, die in ihrer impressionistischen Zusammenstellung Einblick in die Literaturkonzeption des Verfassers und der modernistischen Bewegung («Presença») erlauben.

– (Hrsg.), Perspectiva da Literatura Portuguesa do Século XIX, 2 Bde., Lisboa 1947 f.

Sammlung von Autorenbeiträgen zu einzelnen Schriftstellern. Einleitung und bibliographische Hinweise durch den Herausgeber.

Maria Leonor Machado de Sousa, A Literatura «Negra» ou de Terror em Portugal (Séculos XVIII e XIX), Lisboa 1978.

Akademische Studie über englische Schauerliteratur im 18. Jahrhundert und die Vorromantik in Deutschland und deren Wirkungen auf Frankreich, Spanien und Portugal bis 1865. Innerhalb der portugiesischen Literatur werden Übersetzungen, Artikel in Zeitschriften, Balladen, Theater und Romane mit Schauerthematik unterschieden. Umfangreiche Bibliographie zum Thema.

Romantik

Joaquim Barradas de Carvalho, As Ideias Políticas e Sociais de Alexandre Herculano, Lisboa [2]1971.

Wichtiger Beitrag zur Ideengeschichte des 19. Jahrhunderts, der unter anderem die umstrittene Frage der deutschen und französischen Einflüsse auf Herculano und damit auf die portugiesische Philosophie und Historiographie behandelt. Umfangreiche kommentierte Bibliographie.

Centro de Estudos do Século XIX do Grémio Literário (Hrsg.), Estética do Romantismo em Portugal, Lisboa 1974.

30 Kolloquiumsbeiträge zu einem Kolloquium des Lissabonner Grémio Literário im Jahre 1970 zu verschiedenen Aspekten (Literatur, Theater, Geschichte, Architektur) der genannten Epoche. Obwohl von unterschiedlichem Gewicht, eröffnen die Vorträge dem Kenner der Grundlinien portugiesischer Geistesgeschichte des 19. Jahrhunderts neuartige Perspektiven bei der Interpretation von Einzelfragen.

Alberto Ferreira, Perspectiva do Romantismo Português (1833–1865), Lisboa 1971 ([2]1979).

Nach einer eingehenden Begriffsbestimmung der Romantik im europäischen Kontext werden Beginn und Wege der zwei Generationen umfassenden Romantik bis zu den sie ablösenden Polemiken als eine konkrete Wechselbeziehung des sozialen und literarischen Lebens beschrieben. Für die erste Generation der Romantik wird eine klassisch-aufgeklärte Strömung (Garrett) einer subjektivistisch-sentimentalen an die Seite gestellt. Die zweite Phase der Romantik, die „soziale" Romantik, wird zwar mit entsprechenden europäischen Bewegungen verbunden, aber vorzugsweise in ihrer portugiesischen Ausprägung analysiert. Die subjektiven Wertungen überzeugen nicht immer.

José-Augusto França, O Romantismo em Portugal, 6 Bde., Lisboa o. J. Übersetzung des französischen Originals: Le Romantisme au Portugal – Etude de faits socio-culturels, Paris [1975]. 2. Auflage in 1 Bd.: Lisboa 1993.
Kultursoziologische Epochenskizzierung, die Literatur, Kunst, Theater und Philosophie und die politischen, ökonomischen und sozialen Umwälzungen zu einer Gesamtschau des 19. Jahrhunderts zu verbinden sucht. Der Begriff «Romantismo» wird extensiv interpretiert als ein das Jahrhundert insgesamt prägendes Lebensgefühl.

Álvaro Manuel Machado, As Origens do Romantismo em Portugal, Lisboa 1979 (Biblioteca Breve 36).
Auf den Spuren der französischen Vertreter der vergleichenden Literaturwissenschaft wird die Existenz einer Präromantik für Portugal angedeutet (S. 43–70) und die Konzeption einer eigenständigen portugiesischen Romantik eher bezweifelt als verfestigt. Werk mit Übersichtscharakter.

Gerd Moser, Les Romantiques portugais et l'Allemagne, Paris 1939.
Erste umfassende Studie über die Beziehungen der portugiesischen Romantiker zur deutschen Kultur. Im Mittelpunkt steht die Zeit von 1825–1865 mit Garrett, Herculano und Castilho.

Vitorino Nemésio, A Mocidade de Herculano até à Volta do Exílio, 2 Bde., Lisboa 1934.
Zweibändige Doktorarbeit über die Anfänge und das Exil Herculanos in einer Zusammenschau seiner Persönlichkeit und der Geschichte seiner Zeit.

–, Relações Francesas do Romantismo Português, Coimbra 1936.
Untersuchung der französischen Quellen der portugiesischen Romantiker. Das Verhältnis der Romantiker zu französischen Autoren, speziell zu Madame de Staël, Chateaubriand, Lamartine, Hugo, Musset und Vigny steht im Mittelpunkt der vergleichenden Studie, die die portugiesische Rezeption dieser Schriftsteller vermerkt und mit einem Kapitel über das Portugalbild französischer Autoren des 19. Jahrhunderts schließt.

Maria Laura Bettencourt Pires. Walter Scott e o Romantismo Português, Lisboa 1979.
Die akademische Untersuchung behandelt Scotts Einfluß auf den europäischen historischen Roman und auf den Roman, das Drama und die Poesie in Portugal. Die Kapitel schließen jeweils mit umfangreichen Anmerkungen. Der zweite Teil des Buchs enthält eine vielseitige Bibliographie zum Thema.

Lia Noémia Rodrigues Correia Raitt, Garrett and the English Muse, London 1983.

Untersuchung über die Einflüsse englischer Autoren auf Garrett (Addison, Byron, Scott, Sterne und Shakespeare). Positivistische philologische Arbeit, die die Einflüsse jeweils in Garretts Werken am Text oder in der gedanklichen bzw. stilistischen Intention sichtbar werden läßt. Umfangreiche Bibliographie.

António José Saraiva, Herculano e o Liberalismo em Portugal, Lisboa ²1977.
Das politische Denken Herculanos erscheint als Ausdruck seiner Auseinandersetzung mit den praktischen Problemen seiner Epoche, als Antwort auf politische Ereignisse und in der Auseinandersetzung mit den Ideen seiner Zeit. Seriöse Analyse eines der wichtigsten Denker und Literaturhistoriker Portugals im 20. Jahrhundert.

Einzelne Gattungen

Roman

Castelo Branco Chaves, O Romance Histórico no Romantismo Português, Lisboa 1979 (Biblioteca Breve 45).
Kurze Geschichte dieser ausgesprochen romantischen Romangattung in Portugal. Sie ist von informativem Wert und behandelt in Einzeldarstellungen die Romanautoren von Herculano bis Camilo Castelo Branco.

Jacinto do Prado Coelho, Introdução ao Estudo da Novela Camiliana, Coimbra 1946.
Dissertation des berühmten Literaturwissenschaftlers über das Romanwerk Camilo Castelo Brancos.

Theater

Teófilo Braga, História do Teatro Português, Bd. IV: Garrett e os Dramas Românticos, Porto 1871.
Innerhalb seiner 15bändigen *História da Literatura Portuguesa* (Porto 1870–1875) stellt dieser Band den vierten und letzten Band seiner Serie *História do Teatro Português* dar. Er behandelt das vorromantische Theater der späten Arkadier, Garretts Verhältnis zum zeitgenössischen europäischen Theater und seinen konkreten Einsatz für ein Konservatorium und das Nationaltheater. Die Methode des umstrittenen, subjektive und polemische Wertungen nicht scheuenden Literaturhistorikers Teófilo Braga zeichnet sich durch positivistischen Biographismus aus, der heute längst Geschichte geworden ist. Der Band interessiert wegen der Darstellung der doppelten Rolle Garretts als Dramatiker und Organisator des Theaterlebens in Lissabon.

Luiz Francisco Rebello, O Teatro Romântico (1838–1869), Lisboa 1980 (Biblioteca Breve 51).
Das Theater des ausgehenden 18. Jahrhunderts, Garrett und die Formen des historischen Theaters des Melodramas und des sozialen Theaters, bilden die Grundlage der Darstellung, die die Entwicklung des Theaters mit

den Veränderungen in der portugiesischen Gesellschaft von der Feudalaristokatie bis zu den Angriffen auf die bürgerliche Kapitalgesellschaft verbindet. Mit kurzer Anthologie.

Vitor Manuel de Aguiar e Silva, O Teatro de Actualidade no Romantismo Português (1849–1875), in: Revista de História Literária de Portugal, Bd. II (Coimbra 1964), S. 127–198.
Kenntnisreiche Darstellung der Dramatiker Gomes Leal, Ernesto Biester, António Enes, Serpa Pimentels und ihrer Bedeutung für die portugiesische Bühne.

Poesie

Álvaro Manuel Machado, O Romantismo na Poesia Portuguesa, Lisboa 1986 (Biblioteca Breve 104).
Konzise Erläuterung der poetischen und poetologischen Entwicklung von der Vorromantik der Marquesa de Alorna bis zu Antero de Quental mit literatursoziologischer Bindung an die epochenspezifischen Aspirationen und unter Verweis auf die ausländischen Vorbilder.

Realismus und Literatur der Jahrhundertwende

Augusto da Costa Dias, A Crise da Consciência Pequeno-Burguesa –, Bd. I: O Nacionalismo Literário da Geração de 90, Lisboa ³1977 (¹1962).
Studie über den Neogarrettismus und Autoren des endenden 19. Jahrhunderts und Analyse des sich aus den Texten ergebenden Lebensgefühls zwischen Krisenstimmung und Flucht in die ländliche Idylle.

Alberto Ferreira, Maria José Marinho (Hrsg.), Bom Senso e Bom Gosto (Questão Coimbrã), 4 Bde., Lisboa 1966–1970.
Die Anthologie enthält die wichtigsten Artikel der Polemik zwischen den Vertretern der neuen realistisch-positivistischen Literaturkonzeption und den Verfechtern der traditionellen Formen der Romantikergeneration (1865 ff.,). Die Bände haben jeweils eine gut fundierte historisch situierende Einleitung.

Fundação Calouste Gulbenkian Paris (Hrsg.), Regards sur la Génération de 1870, Paris (Ed. Fundação Gulbenkian) 1971 (Série Histórica e Literária, Bd. VIII).
Enthält Aufsätze bekannter Literaturhistoriker und Universitätslehrer (Vitorino Nemésio, Eduardo Lourenço u. a.) zum Thema, eine kommentierte Bibliographie zur Epoche, die Geschichte der Ereignisse einschließlich der Bezüge zu Frankreich.

Pierre Hourcade, Temas de Literatura Portuguesa, Lisboa 1978.
Aufsätze über Autoren und literarische und kulturelle Aktivitäten von Zeitungen und Zeitschriften zu Beginn der realistischen Literatur in Portugal (z. B. Guerra Junqueiro).

Álvaro Manuel Machado, A Geração de 70 – uma Revolução Cultural e Literária, Lisboa 1977 (Biblioteca Breve 4).
Kurze Übersicht über die Generation, die zwei Phasen der portugiesischen Romantik ablöste und dennoch von ihr nicht loskam. Im Mittelpunkt stehen Ramilho Ortigão, Antero de Quental, Oliveira Martins, Eça de Queirós.

João Medina, Herculano e a Geração de 70, Lisboa 1977.
Rezeptionsgeschichtlich interessante Studie, die das Verhältnis der Autoren des beginnenden Realismus zu Herculano untersucht. Mit einem Anthologieteil und einer Bibliographie.

–, As Conferências do Casino e o Socialismo em Portugal, Lisboa 1984.
Die politischen Implikationen der umstrittenen Veranstaltungsreihe sind Ausgangspunkt für die Darstellung des Verhältnisses von Literatur und Politik im Umfeld des portugiesischen Realismus anhand der Dokumente der Zeit, die João Medina in einer Anthologie zusammenstellt.

João Gaspar Simões, A Geração de 70, Lisboa o.J.
Kurze Darstellung der Polemik zwischen den Vertretern der Romantik und den jungen Dichtern und Literaten aus Coimbra. Programmatische Skizzierung der Intentionen der neuen realistischen Schule.

Einzelne Gattungen

Roman

João Medina, Eça de Queiroz e a Geração de 70, Lisboa 1980.
Anders als der Titel vermuten läßt, handelt es sich um eine Anthologie von Aufsätzen und Vorträgen zu unterschiedlichen Aspekten von Eças Werk und fünf Artikeln zu Zeitgenossen Eças. Die Artikel betreffen politische Anschauungen, Lebenseinstellungen und die Entwicklung der Romanfiguren. Sie schließen die Polemik nicht aus.

Theater

Luiz Francisco Rebello, O Teatro Naturalista e Neo-Romântico (1870–1910), Lisboa 1978 (Biblioteca Breve 16).
Beschreibung der Theaterszene im Gefolge der romantischen Bewegung, die nicht durch durchgreifende Neuerungen verändert wurde und sich auf Auseinandersetzungen in politischen und sozialen Tagesfragen beschränkte. Die Jahrhundertwende wird im Nebeneinander sich naturalistisch gebender Sozialanalysen, historischer Dramen und einzelner symbolischer Stücke dargestellt. Die reihende Aufzählung von Autoren und Stücken wird abgelöst von einem Überblick über die zeitgenössischen Produktionen des Musiktheaters. Mit Anthologie.

Luiz Francisco Rebello, O Teatro Simbolista e Modernista (1890–1939), Lisboa 1979 (Biblioteca Breve 40).

Der dritte Band in der Reihe über das Theater seit der Romantik stellt die theatralische Entwicklung Portugals wie die vorhergehenden im Blickwinkel der europäischen (insbesondere französischen) Theaterentwicklungen dar und erläutert den portugiesischen Anteil an den zukunftsweisenden Theaterformen, die sich aus dem Symbolismus gegen die naturalistische Theaterszene herausgebildet haben. Die literatursoziologische Betrachtungsweise verführt manchmal zu vorschnellen Urteilen bei der Bindung künstlerischer Versuche an soziale Verhaltensformen. Mit Anthologie.

Poesie

Fernando Guimarães, Poética do Saudosismo, Lisboa 1988.

Der erste Teil enthält eine Studie zu Saudosismo und Renascença Portuguesa, zur Geschichte der Zeitschrift «A Águia» und zum Verhältnis Pessoas zum Saudosismo. Der zweite Teil besteht aus einer Anthologie poetischer Texte des Saudosismo.

Rainer Hess, Die Anfänge der modernen Lyrik in Portugal (1865–1890), München 1978.

Wichtiger Beitrag der deutschen Lusitanistik zur Erforschung des zunächst turbulenten und dann im wesentlichen resignierten letzten Drittels des 19. Jahrhunderts. Die sozialhumanitäre Dichtung wird neben der subjektiven und formal experimentierenden Lyrik untersucht und jeweils auf dem Hintergrund der literarischen Theorie gewertet. Im Anhang liegt eine umfangreiche Textsammlung vor.

José Carlos Seabra Pereira, Decadentismo e Símbolismo na Poesia Portuguesa, Coimbra 1975.

Enthält eine Definition der Begriffe, behandelt frühe portugiesische Vertreter der Strömungen und untersucht stilistische und thematische Ausprägungen. Mit bibliographischen Hinweisen.

20. Jahrhundert (allgemein)

José-Augusto França, A Arte e a Sociedade Portuguesa no Século XX, Lisboa ^{3}1991.

Chronologie der Geschichte der Literatur und Kunst in ihren Beziehungen zur politischen Geschichte im 20. Jahrhundert.

Fernando Mendonça, A Literatura Portuguesa no Século XX, São Paulo 1973.

Zusammenstellung verstreut publizierter Essays des Autors zu einem Panorama der portugiesischen Literatur des 20. Jahrhunderts: Vorgeschichte, Tendenzen, ausgewählte Autoren und Werke, die mit sicherem Urteil vorzugsweise in ihrer formalen Struktur analysiert werden.

Massaud Moisés (Hrsg.), Literatura Portuguesa Moderna, São Paulo 1973.
Der Untertitel: «Guia biográfico, crítico e bibliográfico» weist das Werk als ein nützliches Hilfsmittel aus, das lexikonartig die portugiesischen Autoren des 20. Jahrhunderts bis in die jüngste Zeit behandelt.

David Mourão-Ferreira, Tópicos de Crítica de História Literária, Lisboa 1969.
Essays, Lektürenotizen, thematische Untersuchungen und Vorlesungsmanuskriptseiten, die zu einer Anthologie über Autoren vorzugsweise des 20. Jahrhunderts zusammengestellt wurden. Wichtig der Aufsatz über Vitorino Nemésio!

António Quadros, Crítica e Verdade – Introdução à Actual Literatura Portuguesa, Lisboa 1964.
Kritische Deutung der Romanproduktion und des Theaterschaffens im zweiten Drittel des 20. Jahrhunderts. Die Klassifizierungskriterien, nach denen Autoren und Werke beurteilt werden, entsprechen thematischen, ideologischen, philosophischen und ästhetischen Kategorien.

Mário Sacramento, Ensaios de Domingo (I und II), Coimbra–Porto 1959 und 1974.
Die Sammlungen kurzer literarischer Essays und kritischer Artikel aus Zeitungen und Zeitschriften zu Neuerscheinungen vermitteln ein lebendiges Bild von der modernen portugiesischen Literatur und deren Rezeption.

João Gaspar Simões, Crítica (I–VI), Lisboa 1941, 1962, 1969, 1981 ff.
Die Bände umfassen Kritiken des „portugiesischen Sainte-Beuve", die zwischen 1936 und 1982 von diesem in Zeitungen publiziert wurden. Sie wurden entsprechend den behandelten Gattungen (Zeitgenössischer Roman: I und III, Poesie: II und Novellistik: IV) zusammengefaßt. Band VI (1985) enthält Theaterkritiken der Jahre 1942–1982.

Einzelne Gattungen

Roman

Nelly Novaes Coelho, Escritores Portugueses, São Paulo 1973.
Die Studien zu Aquilino Ribeiro, Fernando Namora, José Cardoso Pires, Ruben A., Vergílio Ferreira u. a. stellen eine gute Einführung in Stile und Techniken des zeitgenössischen portugiesischen Romans dar. Die Autorin behandelt insbesondere das historische Bewußtsein, das sie thematisch in den untersuchten Texten entdeckt, und die ästhetische Suche, die die Texte mit einer Reihe von europäischen und amerikanischen Autoren verbindet.

Poesie

E. M. de Melo e Castro, As Vanguardas na Poesia Portuguesa do Século Vinte, Lisboa ^{2}1987 (Biblioteca Breve 52).
Kurze Darstellung der herausragenden poetischen Bewegungen des 20. Jahrhunderts von «Orpheu» bis zur experimentellen Poesie der 70er Jahre. Vorsichtig wertend befragt sie die Konzepte nach innovativen Impulsen und schlägt nützliche Differenzierungen vor. Nicht mehr als ein Überblick, als solcher aber zuverlässig.

Adolfo Casais Monteiro, A Poesia Portuguesa Contemporânea, Lisboa 1977.
Es handelt sich um eine Anthologie von Kritiken des Autors aus der Gruppe der «Presença», die dieser im Laufe von mehr als 40 Jahren verfaßt hat und kurz vor seinem Tod in dieser Anthologie vereinigte. Die Kritiken betreffen Autoren vom Ende des 19. Jahrhunderts bis zum Surrealismus.

David Mourão-Ferreira, Vinte Poetas Contemporâneos, Lisboa 1960.
Kritiken und Essays zu zeitgenössischen Dichtern und einzelnen Poesiebänden. Stilfragen, immanente Kritik und Herausarbeitung epochenspezifischer Elemente sind Charakteristika der vorliegenden Literaturbetrachtung.

João Gaspar Simões, Perspectiva Histórica da Poesia Portuguesa, Porto 1976.
Neuausgabe des 3. Bandes seiner *História da Poesia Portuguesa das Origens à Actualidade* (História da Poesia Portuguesa do Século Vinte, Lisboa 1959), die um die ersten beiden Kapitel gekürzt und in den letzten Kapiteln leicht verändert wurde. Das letzte Kapitel behandelt Autoren und Werke bis etwa 1975. Der Anthologieteil wurde fortgelassen. Als Informationsquelle nützlich. Die Bibliographie ist sehr unvollständig.

Modernismus und Surrealismus

Georges Güntert, Das fremde Ich – Fernando Pessoa, Berlin, New York 1971.
Früher deutschsprachiger Beitrag zur Pessoaforschung, dessen scharfsinnige Interpretationen zum Zeit- und Raumproblem und dessen Analyse der poetischen Heteronyme den Zugang zum Werk des schwierigen Dichters erleichtern können.

Georg Rudolf Lind, Estudos sobre Fernando Pessoa, Lisboa 1981.
Dieser Sammelband enthält außer dem Neuabdruck der Bochumer Habilitationsschrift des Autors (*Teoria Poética de Fernando Pessoa,* Porto 1970) vier Aufsätze zur englischsprachigen Poesie des portugiesischen Dichters und gewährt Einblick in die Theorie des Modernismus.

Eugénio Lisboa, O Segundo Modernismo em Portugal, Lisboa 1977 (Biblioteca Breve 9).
Gut dokumentierte kurze Darstellung der äußeren Entwicklung, der programmatischen Aussagen und der Vorbilder der Presença-Bewegung. Im letzten Kapitel befindet sich eine ausgewogene Bewertung.

Maria de Fátima Marinho, O Surrealismo em Portugal, Lisboa 1987.
Voluminöse Studie (mit Anthologieteil unveröffentlichter Texte) zu Autoren, die sich zeitweilig den Praktiken und Theorien des Surrealismus öffneten. Die Textanalysen zeigen deutlich Auf- und Niedergang der surrealistischen „Manier", aber auch die Einflüsse der Bewegung auf jüngere Autoren.

Petrus (Hrsg.), Os Modernistas Portugueses., Escritos Públicos, Proclamações e Manifestos coordenados por Petrus, 8 Bde., Porto (C. E. P.) o. J.
Die Bände enthalten eine Vielzahl programmatischer oder polemischer Artikel aus der Zeit des «Orpheu», der «Presença», des Surrealismus und neuerer literarischer und künstlerischer Bewegungen. Bd. 6 bringt eine Zusammenstellung kritischer Wertungen zu dem behandelten Zeitraum.

Jorge de Sena, Régio, Casais, a Presença e outros afins, Porto 1977.
Zusammenstellung von Essays und Studien zu Autoren und Werken aus dem Umfeld der Presença, insbesondere zu Poesie, Theater und literarischer Kritik. Zum Teil einfache Rezensionen.

Einzelne Gattungen

Theater

Luiz Francisco Rebello, O Teatro Simbolista e Modernista (1890–1939), Lisboa 1979 (Biblioteca Breve 40).
Vgl. oben.

Poesie

Fernando Guimarães, A Poesia da „Presença" e o Aparecimento do Neo-Realismo, Porto 1969.
Der historische Aspekt der Darstellung wird ergänzt durch die strukturelle Bestimmung von Ausdrucksformen der Dichtung in den 20er und 30er Jahren. Den im Titel genannten Themen gehen Untersuchungen zum «Saudosismo» und «Integralismo Lusitano» voran. Den zweiten Teil des Buches bildet eine Anthologie.

Winfried Kreutzer, Stile der portugiesischen Lyrik im 20. Jahrhundert, Münster 1980.
Eindrucksvolle stilistische Untersuchungen der vier wichtigsten Tendenzen der modernen portugiesischen Lyrik: Pessoa, Presença, Neorealismus und Surrealismus. Textinterpretationen machen das thematische und formale Anliegen jeweils deutlich.

Eugénio Lisboa, Poesia Portuguesa do „Orpheu" ao Neo-Realismo, Lisboa 1980 (Biblioteca Breve 55).
Bei aller Kürze aufschlußreiche Einführung in Konzeption und Programmatik der Haupttendenzen portugiesischer Poesie der ersten Hälfte des

20. Jahrhunderts. Einer allgemeinen Kennzeichnung („erster" und „zweiter" Modernismus, Neorealismus) folgen kurze Autorenporträts.

Helmut Siepmann, Die portugiesische Lyrik des Segundo Modernismo, Frankfurt a. M. 1977.

Theorie der Presença-Bewegung und Analyse von Themen, Motiven, Formproblemen sowie die Beschreibung unterschiedlicher Tendenzen innerhalb dieser modernistischen Lyrik bilden den Inhalt der Studie.

Dieter Woll, Wirklichkeit und Idealität in der Lyrik Mário de Sá-Carneiros, Bonn (Diss.) 1960 oder in portugiesischer Übersetzung: Realidade e Idealidade na Lírica de Mário de Sá-Carneiro, Lisboa 1968.

Einzelstudie zu der im Thema genannten Polarisierung, die nicht nur für die Lyrik Sá-Carneiros von Bedeutung ist.

Neorealismus und Literatur der Gegenwart

Elfriede Engelmayer, Renate Heß (Hrsg.), Die Schwestern der Mariana Alcoforado – Portugiesische Schriftstellerinnen der Gegenwart, Berlin 1993.

Zusammenstellung von Interpretationen zu Lyrik und Romanen moderner Autorinnen unter einem feministischen Aspekt. 13 Schriftstellerinnen werden mit ihrem Werk oder mit Ausschnitten aus ihrem Werk in Einzelinterpretationen vorgestellt. Die Qualität der Literatur und das analytische Gespür der Interpretierenden hebt das Buch über ein feministisches Insiderprogramm weit hinaus.

Jahresring 82–83, Jahrbuch für Kunst und Literatur, 29. Jahrgang, Stuttgart 1982.

Die Seiten 7–85 des Jahrbuches sind im Rahmen von „Länderporträts" Portugal gewidmet. Kurze Übersichten und Beispiele (Poesie, Theater, Prosa, Film, Malerei, Musik) erstellen ein Panorama des gegenwärtigen kulturellen Lebens.

Cremilda de Araújo Medina, Viagem à Literatura Portuguesa Contemporânea, Rio de Janeiro (Nórdica) 1983.

27 Porträts moderner Autoren mit Lebens- und Publikationsbeschreibungen, Kommentar und Anthologieteil.

José de Melo, Encontros, Lisboa 1960.

Präsentation von fünf zeitgenössischen Autoren in Form von biographischen Notizen und kurzer Werkanalyse (Vergílio Ferreira, Tomaz de Figueiredo, Natália Correia, Urbano Tavares Rodrigues und Tomaz Kim).

Paula Morão, Viagens na Terra das Palavras – Ensaios sobre Literatura Portuguesa, Lisboa 1993.

Zusammenstellung literaturkritischer Artikel und Rezensionen der Lissabonner Romanistin aus der Zeit zwischen 1979 und 1990 zu Poesie und Prosa von Autoren der zweiten Hälfte des 20. Jahrhunderts. Die Artikel beleuchten auf dem Hintergrund einer konstanten literaturtheoretischen Reflexion facettenhaft ausgewählte Werke von rund 20 modernen Autoren.

Carlos Reis (Hrsg.), Textos Teóricos do Neo-Realismo Português, Lisboa 1981.
Die Anthologie wird von einer kurzen Synthese der literarischen Dogmen eingeleitet.

Urbano Tavares Rodrigues, Um Novo Olhar sobre o Neo-Realismo, Lisboa 1981.
Enthält Interpretationen zu fünf Autoren des Neorealismus, die ausgehend von jeweils einer thematischen und stilistischen Werkanalyse vorgestellt werden.

Alexandre Pinheiro Torres, O Neo-Realismo Literário Português, Lisboa 1977.
Definition des Neorealismus auf der Basis marxistisch-leninistischer Ideologie als Antwort auf den utopischen Sozialismus der geistigen Väter des portugiesischen Realismus des 19. Jahrhunderts. Der Band enthält Essays zu Autoren des Neorealismus wie auch neue Interpretationsversuche zu Werken des Realismus und Naturalismus. die manchmal polemische literarische Kritik erstreckt sich auch auf surrealistische, modernistische Autoren sowie auf das Phänomen der portugiesischsprachigen «Négritude» und versteht sich als Vollzug neorealistischer Praxis.

–, O Movimento Neo-Realista em Portugal na sua Primeira Fase, Lisboa 1977 (Biblioteca Breve 10).
Darstellung des Neorealismus zwischen 1935 und 1950 in seinem Bezug zum Realismus des 19. Jahrhunderts und in seiner Auseinandersetzung mit der Literaturkonzeption der Autoren des Modernismus (Presença). Der Übersicht über die poetischen und erzählerischen Produktionen der Neorealisten geht eine summarische Kennzeichnung der theoretischen Grundlagen voraus.

Einzelne Gattungen

Roman

[Fundação Calouste Gulbenkian] (Hrsg.), Le Roman portugais contemporain – Actes du colloque, Paris 24–27 Octobre 1979, Paris (Fondation Calouste Gulbenkian) 1984.
Torga, Branquinho da Fonseca, Fernando Namora, Carlos de Oliveira, Augustina Bessa Luís, David Mourão-Ferreira, Ruben A. und Abel Botelho bilden mit ihren Romanen das Textcorpus zur Analyse von Fragen um den Neorealismus.

Helder Godinho (Hrsg.), Estudos sobre Vergílio Ferreira, [Lisboa] 1982.
Anthologie von verstreut publizierten Einzelstudien zu Vergílio Ferreira. Die Studien werden gemäß der Chronologie der in ihnen besprochenen Werke zusammengestellt und bilden eine rezeptionsästhetische und literatursoziologische Quelle für die Geschichte der Rezeption eines zeitgenössischen Romanciers. Den Abschluß bilden Beiträge eines einwöchigen Kolloquiums aus dem Jahre 1977 über Vergílio Ferreira.

Gesa Hasebrink, Wege der Erneuerung – Portugiesische Romane nach der 'Nelkenrevolution', Berlin 1993.

Eine Darstellung von Themen und Formen des modernen Romans im Zusammenhang mit der literaturgeschichtlichen Entwicklung vom Modernismus der «Presença» bis zu den Umwälzungen nach der Revolution von 1974. Texttypologische, narratologische, linguistische Aspekte, Leserlenkung und Metadiskurs werden an einem Textcorpus von 10 Romanen von ebenso vielen Autoren thematisiert.

Rainer Hess (Hrsg.), Portugiesische Romane der Gegenwart (Interpretationen), Frankfurt a. M. 1992.

Zusammenstellung von Einzelinterpretationen aus dem deutschen Sprachraum zu Romanen der großen Autoren der 60er, 70er und 80er Jahre (Agustina Bessa Luís, José Saramago, António Lobo Antunes u. a.).

Álvaro Manuel Machado, A Novelística Portuguesa Contemporânea, Lisboa ²1984 (Biblioteca Breve 14).

Kurze Begriffsbestimmungen literarischer Schulen und ihrer theoretischen Grundlagen gehen der Übersicht über Autoren und Werke der Zeit zwischen 1950 und 1975 voraus.

Carlos Reis, O Discurso Ideológico do Neo-Realismo Português, Coimbra 1983.

Kenntnis- und umfangreiche akademische Studie zur Theorie und Praxis der neorealistischen Schule. Ein letztes Kapitel (200 Seiten) untersucht Erzählformen, Personengestaltung und Strukturfragen ausgewählter Romane.

João Camilo dos Santos, Carlos de Oliveira et le roman, Paris (Fondation Calouste Gulbenkian) 1987.

Kenntnisreiche Spezialuntersuchung zu narratologischen, formalen und inhaltlichen Aspekten des Romans *Uma Abelha na Chuva* von Carlos de Oliveira, der sich Reflexionen zu anderen Romanen des Autors und zu seinem Verhältnis zur neorealistischen Literatur anschließen.

Maria Alzira Seixo, A Palavra do Romance – Ensaios de Geneologia e Análise, Lisboa 1986.

Zusammenstellung von Interpretationen zu Romanen, die auf dem Hintergrund gattungstypologischer Reflexionen eine perspektivenreiche Übersicht über das Romanschaffen zwischen 1950 und 1985 erstellen.

Teresa Cristina Cerdeira da Silva, José Saramago entre a História e a Ficção: uma Saga dos Portugueses, Lisboa 1989.

Am Beispiel von drei Romanen Saramagos wird eine neue Konzeption des historischen Romans erläutert, in der die Überschreitung der Grenzen zwischen Fiktion und Wahrheit zur Grundlage einer literarischen Form gemacht wird.

Theater

Kian-Harald Karimi, Das portugiesische Gegenwartsdrama unter der politischen Zensur (1960–1974), Frankfurt a. M., Bern, New York, Paris (Peter Lang) 1991 (Bonner Romanistische Arbeiten 40).
Die Dissertation sucht die Frage nach der geringen gesellschaftlichen Bedeutung des Theaters in Portugal mit den repressiven politischen Strukturen der behandelten Epoche zu erklären. Sie stellt Dokumente zusammen und beleuchtet gleichzeitig Intentionen von Autoren und Regisseuren, deren Stücke und Inszenierungen erläutert werden.

Fernando Mendonça, Para o Estudo do Teatro em Portugal (1946–1966), [São Paulo] 1971.
Studiert Tendenzen des modernen Theaters und erläutert sie an einzelnen Stücken.

Carlos Porto, Em Busca do Teatro Perdido (1958–1971), 2 Bde., Lisboa 1973.
Theaterkritiken aus dem Besprechungszeitraum 1958–1971, die nach Aufführungstheatern geordnet sind, so daß gleichzeitig eine Geschichte der verschiedenen Theater in Lissabon, Porto, Coimbra und Cascais und ihrer Inszenierungen entsteht.

Poesie

Fernando Pinto do Amaral, O Mosaico Fluido – Modernidade e Pós-Modernidade na Poesia Portuguesa mais recente, Lisboa 1990.
Auf Begriffsbestimmungen folgt die Analyse einzelner Dichter, die in ihren zumeist in den 70er Jahren publizierten Texten untersucht werden.

Gastão Cruz, A Poesia Portuguesa de Hoje, Lisboa 1973.
Anthologie kurzer Kritiken, Vorträge, etc., zu zeitgenössischen Dichtern.

Manuel Martins Frias, 10 anos de poesia em Portugal (1974–1984), Lisboa 1986.
Ein Versuch, konvergierende Linien in die poetische Produktion des im Titel genannten Zeitraums zu bringen. Die Studie erfreut durch Textnähe und Informationsreichtum, ohne daß mit ihr endgültige Akzente gesetzt werden.

Eduardo Lourenço, Sentido e Forma da Poesia Neo-Realista, Lisboa 1968, ²1983.
Das Buch besteht aus drei umfangreichen, mit Textbeispielen dokumentierten Studien zu dem dichterischen Werk der Schriftsteller João José Cochofel, Joaquim Namorado und Carlos de Oliveira, die in ihrer Bedeutung für die neorealistische Literaturkonzeption untersucht werden.

PERSONENREGISTER

Nicht aufgenommen wurden die in der Bibliographie genannten Autoren.

TITELREGISTER

Nicht aufgeführt werden Titel, die gleichzeitig Gattungs- und Genusbezeichnungen darstellen (Rimas, Sonetos, Ensaios, Contos usw.). Da diese Titel zumeist zusammen mit dem Autor genannt werden, wird auf das Personenregister verwiesen.